# SCHULDRECHT BT 3

## Bereicherungsrecht, GoA und Auftrag

**2021**



Dr. Tobias Langkamp
Rechtsanwalt und Repetitor

**ALPMANN UND SCHMIDT Juristische Lehrgänge Verlagsges. mbH & Co. KG**
**48143 Münster, Alter Fischmarkt 8, 48001 Postfach 1169, Telefon (0251) 98109-0**
**AS-Online: www.alpmann-schmidt.de**

*Zitiervorschlag: Langkamp, Schuldrecht BT 3, Rn.*

**Dr. Langkamp, Tobias**

Schuldrecht BT 3
Bereicherungsrecht, GoA und Auftrag

21., überarbeitete Auflage 2021

ISBN: 978-3-86752-798-9

Verlag Alpmann und Schmidt Juristische Lehrgänge
Verlagsgesellschaft mbH & Co. KG, Münster



Unterstützen Sie uns bei der Weiterentwicklung unserer Produkte.
Wir freuen uns über Anregungen, Wünsche, Lob oder Kritik an:
**feedback@alpmann-schmidt.de**.

## Inhaltsverzeichnis

## LITERATURVERZEICHNIS

Verweise in den Fußnoten auf „RÜ“ und „RÜ2“ beziehen sich auf die Ausbildungszeitschriften von Alpmann Schmidt. Dort werden Urteile so dargestellt, wie sie in den Examensklausuren geprüft werden: in der RechtsprechungsÜbersicht als Gutachten und in der Rechtsprechungs-Übersicht 2 als Urteil/Behördenbescheid/Anwaltsschriftsatz etc.

RÜ-Leser wussten mehr: Immer wieder orientieren sich Examensklausuren an Gerichtsentscheidungen, die zuvor in der RÜ klausurmäßig aufbereitet wurden. Die aktuellsten RÜ-Treffer aus ganz Deutschland finden Sie auf unserer Homepage.

Abonnenten haben Zugriff auf unser digitales RÜ-Archiv.


| | |
|---|---|
| Bamberger/Roth | Kommentar zum Bürgerlichen Gesetzbuch<br>4. Auflage 2019<br>zit.: BeckOK/Bearbeiter |
| Brox/Walker | Besonderes Schuldrecht<br>45. Auflage 2021<br>zit.: Brox/Walker |
| Erman | Handkommentar zum Bürgerlichen Gesetzbuch<br>1. Band (§§ 1–853)<br>2. Band (§§ 854–2385)<br>16. Auflage 2020<br>zit.: Erman/Bearbeiter |
| Jauernig | Bürgerliches Gesetzbuch, Kommentar<br>18. Auflage 2021<br>(zit.: Jauernig/Bearbeiter bzw. Jauernig) |
| Looschelders | Schuldrecht, Besonderer Teil<br>16. Auflage 2021<br>zit.: Looschelders |
| Medicus/Petersen | Bürgerliches Recht<br>27. Auflage 2019<br>zit.: Medicus BR |
| Medicus/Lorenz | Schuldrecht II, Besonderer Teil<br>18. Auflage 2018<br>zit.: Medicus SchuldR II |

| | |
|---|---|
| Münchener Kommentar | zum Bürgerlichen Gesetzbuch |
| | Band 4: Schuldrecht Besonderer Teil<br>(§§ 535–630 h)<br>8. Aufl. 2019 |
| | Band 6: Schuldrecht Besonderer Teil III<br>(§§ 631–704)<br>8. Auflage 2020 |
| | Band 7: Schuldrecht Besonderer Teil IV<br>(§§ 705–853)<br>8. Auflage 2020 |
| | Band 8: Sachenrecht<br>(§§ 854–1296)<br>8. Auflage 2020 |
| | zit.: MünchKomm/Bearbeiter |
| Palandt | Bürgerliches Gesetzbuch<br>80. Auflage 2021<br>zit.: Palandt/Bearbeiter |
| Staudinger | J.v. Staudingers Kommentar zum Bürgerlichen Gesetzbuch |
| | Buch 2: Recht der Schuldverhältnisse:<br>§§ 662–675 b<br>Neubearbeitung 2017 |
| | Buch 2: Recht der Schuldverhältnisse:<br>§§ 677–704<br>Neubearbeitung 2015 |
| | Buch 2: Recht der Schuldverhältnisse:<br>§§ 812–822<br>Neubearbeitung 2007 |
| | Buch 3: Sachenrecht:<br>§§ 985–1011<br>Neubearbeitung 2012 |
| | zit.: Staudinger/Bearbeiter |

# 1. Teil: Auftragsvertrag und Geschäftsbesorgungsvertrag

## 1. Abschnitt: Auftragsvertrag

Der Auftrag verpflichtet den Beauftragten gemäß **§ 662**[1] zur unentgeltlichen Geschäfts- 1
besorgung. Da der Auftraggeber dafür keine Gegenleistung schuldet, handelt es sich **nicht** um einen **gegenseitigen Vertrag**. Die Aufwendungsersatzpflicht des Auftraggebers nach § 670 steht nämlich nicht im Gegenseitigkeitsverhältnis zur Geschäftsbesorgung. Der Auftragsvertrag ist deshalb die Grundform für alle Verträge mit **fremdnütziger Interessenwahrung**.

Auf die Regelungen des Auftragsrechts wird u.a. bei der Geschäftsführung des Vereinsvorstandes (§ 27 Abs. 3), beim Vorstand der Stiftung (§ 86), bei der Gesellschaft bzgl. der Rechte und Pflichten der geschäftsführenden Gesellschafter (§ 713), bei der Führung der Vormundschaft bzw. der Pflegschaft (§§ 1835 Abs. 1, 1915 Abs. 1) oder bei dem Rechtsverhältnis zwischen Testamentsvollstrecker und Erben (§ 2218 Abs. 1) verwiesen, denen eine vergleichbare Interessenlage der Parteien zugrunde liegt.

## A. Zustandekommen

Die Parteien oder deren berechtigte Vertreter müssen sich **wirksam über** den **Inhalt** des Auftrags **einigen**.

## I. Vertragsinhalt

Die von den Vertragsschließenden abgegebenen Erklärungen müssen darauf schließen 2
lassen, dass der Beauftragte verpflichtet sein soll, ein ihm vom Auftraggeber übertragenes Geschäft unentgeltlich zu besorgen. Sie müssen sich also mit dem Inhalt des **§ 662** einigen.

Eine **Geschäftsbesorgung** i.S.v. § 662 ist weit zu verstehen und umfasst **jede Tätigkeit** für den Auftraggeber, also sowohl rechtsgeschäftliches, geschäftsähnliches als auch rein tatsächliches Handeln.

**Beispiele:** Kunstkenner K ersteigert im Auftrag seines Freundes F auf einer Auktion ein Bild. Jurastudentin J mahnt für ihren rechtlich unerfahrenen Bekannten einen von dessen Schuldnern. Nachbar N führt den Hund des verreisten A aus.

Die **Unentgeltlichkeit** des Auftrags ist – wie auch bei der Schenkung[2] – eng zu verstehen, d.h., auch ein geringes Entgelt für die Tätigkeit führt zur Entgeltlichkeit und damit in den Bereich des Geschäftsbesorgungs-, Makler-, Dienst- oder Werkvertrags.

***Hinweis:*** *Von der Entgeltlichkeit ist der Anspruch auf Ersatz der erforderlichen Aufwendungen gemäß § 670 zu trennen, weil es sich dabei nicht um eine synallagmatische Leistungsverpflichtung handelt.*

1 §§ ohne Gesetzesangabe sind solche des BGB.

2 Vgl. AS-Skript Schuldrecht BT 2 (2020), Rn. 66.

## II. Vertragsschluss

3 Die erforderliche **Einigung** über die vorzunehmende Tätigkeit richtet sich nach der allgemeinen Rechtsgeschäftslehre, vgl. die **§§ 104 ff.**

Aus der Verpflichtung, die Ablehnung eines Auftrags unter bestimmten Voraussetzungen gemäß § 663 anzuzeigen, ergibt sich nicht, dass **bloßes Schweigen** auf das Angebot zu einem Vertragsschluss führt. Wird die Verpflichtung zur Ablehnungsanzeige verletzt, führt dies vielmehr zu einem Schadensersatzanspruch des potentiellen Auftraggebers wegen Verletzung vorvertraglicher Pflichten,[3] §§ 311 Abs. 2, 241 Abs. 2, 280 Abs. 1.

4 Der Auftragsvertrag ist grundsätzlich **formfrei**.

**Ausnahmen** können sich ergeben, wenn der Beauftragte ein formbedürftiges Rechtsgeschäft vornehmen soll. So bedarf z.B. der Auftrag zum Grundstückserwerb in der Regel gemäß **§ 311 b** der notariellen Beurkundung, weil der Auftraggeber sich hier schon bei der Beauftragung bindet und deshalb die Warnfunktion des § 311 b vorverlagert werden muss.

## III. Abgrenzung zu anderen rechtsähnlichen Vereinbarungen

5 Der Auftrag ist insbesondere abzugrenzen:

- Vom **Geschäftsbesorgungs-**, **Makler-**, **Dienst-** **oder Werkvertrag**, von denen er sich durch seine Unentgeltlichkeit unterscheidet.
- Gegenüber dem **unentgeltlichen Leihvertrag** und einer **unentgeltlichen Verwahrung**, die sich in der Gebrauchsüberlassung oder der Übernahme der Obhut über bewegliche Sachen erschöpfen, während der Auftrag eine Tätigkeit des Beauftragten erfordert.[4]
- Die **bloße Gefälligkeit** hat mit dem Auftrag die Fremdnützigkeit und die Unentgeltlichkeit gemein. Die Abgrenzung wird danach vorgenommen, ob ein **Rechtsbindungswille** erklärt worden oder nach den Umständen deshalb anzunehmen ist, weil der andere Teil aus der Zusage oder der Übernahme der Besorgung nach Treu und Glauben mit Rücksicht auf die Verkehrssitte auf einen solchen Willen schließen müsste.[5]

  **Abgrenzungskriterien** sind u.a. die wirtschaftliche Bedeutung der Tätigkeit, die Nachteile, die für den Begünstigten durch eine schlechte Ausführung entstehen können und das Haftungsrisiko, das für den Handelnden durch die Übernahme der Tätigkeit entsteht.[6]

  **Beispiele:**

  **1.** Wenn minderjährige Mitglieder eines Amateursportvereins von ihren Familienangehörigen oder Angehörigen anderer Vereinsmitglieder zu Sportveranstaltungen gefahren werden, handelt es sich grundsätzlich – auch im Verhältnis zum Sportverein – um eine reine Gefälligkeit, die sich im außerrechtlichen Bereich abspielt, sodass Aufwendungsersatzansprüche gegen den Verein (etwa der Ersatz eines Verkehrsunfallschadens) ausscheiden.[7]

---

3 Looschelders § 39 Rn. 2.
4 Palandt/Sprau Einf. v. § 662 Rn. 5.
5 AS-Skript BGB AT 1 (2020), Rn. 54.
6 BGH RÜ 2021, 347, 348.
7 BGH RÜ 2015, 694.

**2.** Das Angebot einer Autofahrerin, das Fahrzeug eines Rollstuhlfahrers für diesen aus der Parklücke auf dem Parkplatz einer Arztpraxis zu fahren, erfolgt zwar im Interesse des Rollstuhlfahrers, um ihm ohne weiteres Zuwarten den Einstieg auf der Fahrerseite zu ermöglichen, wenn dies für ihn als Rollstuhlfahrer aufgrund eines daneben geparkten Fahrzeugs gerade nicht möglich war. Wesentliche Interessen wirtschaftlicher Art sind auf Seiten des Rollstuhlfahrers jedoch nicht betroffen. Zwar überlässt er der Autofahrerin die tatsächliche Gewalt über einen Gegenstand von nicht unerheblichem Wert. Das sollte jedoch nur kurzfristig, unter Anleitung und im Beisein des Rollstuhlfahrers sowie in einer überschaubaren, nicht besonders gefahrgeneigten Verkehrssituation erfolgen.[8]

Der Kläger selbst hatte an der von ihm angebotenen Hilfeleistung ersichtlich auch kein eigenes rechtliches oder wirtschaftliches Interesse

- Von einer **Vollmacht** gemäß **§§ 164 ff.**, die häufig mit dem Auftragsvertrag verbunden wird. Der Auftragsvertrag gestaltet nur das **Innenverhältnis** zwischen Auftraggeber und Beauftragtem und gibt Aufschluss darüber, ob der Beauftragte im Verhältnis zum Auftraggeber zur Vornahme des Rechtsgeschäfts berechtigt ist (**rechtliches Dürfen**).[9]

  Die Vollmacht regelt dagegen das rechtliche Können im **Außenverhältnis** zu einem Dritten, d.h., ob der Beauftragte als bevollmächtigter Vertreter im Namen des Vollmachtgebers rechtsgeschäftliche Erklärungen mit Wirkung für und gegen den Vollmachtgeber gegenüber Dritten abgeben kann.

- Vom **Begriff** des „Auftrags", wie er oft **im Geschäftsverkehr** gebraucht wird.

  **Beispiele:** Ein Sachverständiger wird mit der Erstellung eines Gutachtens „beauftragt" (Antrag zum Abschluss eines Werkvertrags) oder ein Händler wird von einem Kunden „beauftragt", an ihn Ware zu liefern (Antrag zum Abschluss eines Kaufvertrags). Schließlich werden auch Weisungen im Rahmen eines anderen Rechtsverhältnisses gelegentlich als „Auftrag" bezeichnet, wie z.B. die des Dienstherrn an den Angestellten, in einer bestimmten Art und Weise zu verfahren.

## B. Pflichten aus dem zustande gekommenen Auftragsvertrag

Die Pflichten des Auftraggebers und des Beauftragten ergeben sich vorrangig aus der vertraglichen Vereinbarung. Fehlt eine solche Vereinbarung, so gelten die speziellen Bestimmungen der §§ 662 ff. Enthalten auch diese Bestimmungen keine für die sachgerechte Abwicklung des Auftrags erforderliche Regelung, greifen die Vorschriften des Allgemeinen Schuldrechts (§§ 241 ff.) ein. 6

## I. Pflichten des Beauftragten

**Hauptpflicht** des Beauftragten ist gemäß **§ 662**, das ihm übertragene **Geschäft auszuführen**. Auch wenn für den Beauftragten eine Pflicht zur Ausführung besteht, resultiert hieraus für ihn kein Recht auf Ausführung, weil es sich um einen Gefälligkeitsvertrag allein im Interesse des Auftraggebers handelt.[10] 7

Haben die Parteien es versäumt, die sachgerechte Abwicklung der Hauptpflicht zu regeln, kommen insbesondere nachfolgende Vorschriften zur Anwendung.

8 Vgl. BGH RÜ 2021, 347.
9 Vgl. BGH NJW 2003, 578 f.
10 Palandt/Sprau § 662 Rn. 9.

8 ■ Wegen der zwischen den Parteien bestehenden Vertrauensbeziehung ist es dem Beauftragten nach **§ 664 Abs. 1 S. 1** im Zweifel nicht gestattet, das Geschäft einem Dritten zu übertragen. Da es sich bei § 664 Abs. 1 S. 1 aber um eine Auslegungsregel handelt, können die Umstände ergeben, dass von einer **Höchstpersönlichkeit** abgesehen werden kann.

- Ist es dem Beauftragten gemäß § 664 Abs. 1 S. 2 gestattet, die Ausführung des Auftrags auf einen Dritten zu übertragen, so ist für die Übertragung erforderlich, dass dieser Dritte bei der Ausführung als „Substitut" alleinverantwortlich an die Stelle des Beauftragten tritt (sog. **Substitution**).[11]
- Wie sich aus § 664 Abs. 1 S. 3 ergibt, kann der Beauftragte, der zur persönlichen Besorgung verpflichtet ist, sich eines **Gehilfen** bedienen.

9 ■ Aus **§ 665** folgt, dass der Beauftragte **Weisungen** des Auftraggebers, mit denen dieser jederzeit auch nach Vertragsschluss den Inhalt des Auftrags konkretisieren kann, beachten muss.

- Er kann von ihnen gemäß § 665 S. 1 nur abweichen, wenn er annehmen darf, der Auftraggeber werde die Abweichung billigen. Er muss sich also nach dem mutmaßlichen Willen des Auftraggebers richten. Gemäß § 665 S. 2 muss er den Auftraggeber **vor der Abweichung** informieren und dessen Entschließung abwarten, wenn nicht mit dem dadurch bedingten Aufschub Gefahr verbunden ist.
- Konnte der Beauftragte wegen Vorliegens einer Gefahr keine Entscheidung des Auftraggebers mehr erlangen und ist er von einer Weisung abgewichen, muss er den Auftraggeber gemäß § 666 **nachträglich** benachrichtigen.

10 ■ Gemäß **§ 666** ist der Beauftragte weiterhin verpflichtet:

- den Auftraggeber falls erforderlich unaufgefordert zu benachrichtigen (§ 666 Alt. 1);

  Ob eine Benachrichtigung erforderlich ist, hängt von den Umständen des Einzelfalles ab. Häufigster Fall ist die geplante und erfolgte Abweichung von einer Weisung (s.o. Rn. 9);

- auf Verlangen dem Auftraggeber **Auskunft** über den Stand des Geschäfts zu erteilen (§ 666 Alt. 2) und

  Der Unterschied zur Benachrichtigung liegt darin, dass sich diese eher auf Einzelinformationen bezieht, während die Auskunftspflicht das Geschäft als Ganzes betrifft.

- nach Ausführung des Auftrags gegenüber dem Auftraggeber Rechenschaft abzulegen (§ 666 Alt. 3). Der Inhalt der **Rechenschaftspflicht** ergibt sich aus **§ 259 Abs. 1** (im Wesentlichen: Rechnungslegung). Eine Benachrichtigungspflicht besteht unabhängig davon, ob sich der Auftraggeber auch selber die Information beschaffen könnte.

**Beispiel:** Der Anspruch aus § 666 Alt. 3 ist erfüllt, wenn die Angaben des Schuldners nach seinem erklärten Willen die Auskunft im geschuldeten Gesamtumfang darstellen. Wird die Auskunft in dieser Form erteilt, steht ihre etwaige inhaltliche Unrichtigkeit einer Erfüllung nicht entgegen. Allerdings stellt eine unrichtige Auskunft eine Pflichtverletzung i.S.d. § 280 Abs. 1 S. 1 dar, die einen Scha-

11 BGH NJW 1993, 1704, 1705.

densersatzanspruch begründet, es sei denn, der Schuldner hat sie nicht zu vertreten. Der zu ersetzende Schaden kann insbesondere darin liegen, dass der Auftraggeber aufgrund der falschen Auskunft einen Herausgabeanspruch nach § 667 nicht geltend macht. Jedenfalls bei einer schweren, insbesondere vorsätzlichen Pflichtverletzung ist es gerechtfertigt, dem Gläubiger zur Durchsetzung dieses Schadensersatzanspruchs einen hierauf bezogenen ergänzenden Auskunftsanspruch zu gewähren.[12]

- Der Beauftragte ist gemäß **§ 667** verpflichtet, alles was er zur Ausführung des Auftrags erhalten oder aus der Geschäftsbesorgung erlangt hat, an den Auftraggeber **herauszugeben** (auch gezogene Früchte und Zubehör). 11

Das Erhaltene ist aber **nur soweit** zurückzugeben, wie es **nicht im Rahmen des Auftrags ordnungsgemäß verbraucht** wurde.[13] Erlangte Geldmittel müssen auch dann herausgegeben werden, wenn sie beim Beauftragten zwar nicht mehr vorhanden sind, aber nicht zu dem vorgesehenen Zweck verwendet wurden.[14]

Bei dem Erlangten kann es sich um Eigentum oder Besitz an Sachen oder um Forderungen handeln. Aus der Geschäftsbesorgung erlangt ist jeder Vorteil, den der Beauftragte im **inneren Zusammenhang** mit der Führung des Geschäfts erhält.[15] 12

**Beispiel 1:** Der Ortskundige E soll in B für die D-GmbH ein Ladenlokal mieten, weil diese dort eine Filiale eröffnen will. Hauseigentümer H wittert ein gutes Geschäft und zahlt 2.000 € an E, damit er für die D-GmbH seine Räume anmietet, was auch geschieht. Der Geschäftsführer der D-GmbH erfährt von dem Schmiergeld und verlangt es heraus.

Gemäß § 667 ist der Beauftragte verpflichtet, alles herauszugeben, was er aus der Geschäftsbesorgung erlangt hat. Dazu gehören auch **Provisionen, Schmiergelder und Geschenke**, die dem Beauftragten von dritter Seite zugewandt worden sind und die eine Willensbeeinflussung zum Nachteil des Auftraggebers befürchten lassen.[16] Hier hat H dem E die 2.000 € gezahlt, weil er ein günstiges Geschäft witterte. E muss das Geld also nach § 667 herausgeben, denn das Schmiergeld hat seine wirtschaftliche Ursache in der Ausführung des Auftrags. Dass der Sondervorteil nicht für die D-GmbH als Auftraggeberin, sondern nach dem Willen des H ausschließlich für E gedacht war, ist dabei unbeachtlich.[17]

**Beispiel 2:** A, ein stadtbekannter Sammler alter Uhren, bittet den B, für ihn als Strohmann beim Trödler T eine bestimmte Uhr zu kaufen, weil er annimmt, dass T ihm selbst keinen günstigen Preis machen werde. B kauft die Uhr und weil T ihn sympathisch findet, schenkt er ihm nach dem Kauf ein Buch über alte Chronometer. Als A davon erfährt, verlangt er das Buch heraus.

Ein Anspruch des A gegen B aus § 667 setzt voraus, dass B das Buch aus der Geschäftsbesorgung erlangt hat. Der T hat dem B jedoch das Buch nur geschenkt, weil er ihn sympathisch fand, und nicht im inneren Zusammenhang mit der Führung des Geschäfts. Es besteht kein Anspruch aus § 667, da er das Buch **nur anlässlich** der Ausführung des Auftrags und nicht durch die Geschäftsbesorgung als solche erlangt hat.

**Beispiel 3:** A beauftragt den B, im eigenen Namen ein Bild für 15.000 € zu verkaufen. B verkauft an C und erzielt wider Erwarten einen Erlös von 17.000 €.
B muss gemäß § 667 an A 17.000 € herausgeben, denn dieser Erlös ist aus der Geschäftsbesorgung erlangt und nicht nur bei Gelegenheit der Durchführung.

---

12 BGH RÜ 2021, 5.
13 BGH RÜ 2019, 291, 294.
14 BGH Report 2003, 331, 332.
15 Palandt/Sprau § 667 Rn. 3.
16 BGH NJW 2001, 2476.
17 BGH NJW 2001, 2476.

***Klausurhinweis:*** *Aus der Geschäftsbesorgung erlangt sein kann also auch der Erlös beim Verkauf einer Sache. Weitere Anspruchsgrundlagen auf* ***Herausgabe des Erlöses*** *sind: § 285 und § 816 Abs. 1 S. 1.*

§ 667 hat als Anspruchsgrundlage große Bedeutung, vor allem durch die zahlreichen Verweise auf diese Vorschrift aus anderen (vertraglichen oder gesetzlichen) Schuldverhältnissen, die ebenfalls eine Geschäftsbesorgung zum Gegenstand haben. Das gilt insbesondere für:

- entgeltliche Geschäftsbesorgungsverträge (§ 675 Abs. 1),
- die Geschäftsführung ohne Auftrag (§§ 681, 683),
- geschäftsführende Gesellschafter (§ 713)
- und die entsprechende Anwendung im Arbeitsrecht.

So ist etwa ein Arbeitnehmer nach § 667 zur Herausgabe der auf Dienstreisen erlangten Rabattvorteile (Bonus-Meilen) verpflichtet.[18] Gleiches gilt bei der Tätigkeit in einem Krematorium in Bezug auf Edelmetallrückstände aus der Krematoriumsasche.[19]

13 ■ Gemäß **§ 668** muss der Beauftragte, wenn er Geld für sich verwendet, das er an den Auftraggeber herauszugeben oder für ihn zu verwenden hat, dieses vom Zeitpunkt der Verwendung an **verzinsen**.

14 ■ Aufgrund des besonderen Vertrauensverhältnisses zwischen den Parteien können sich aus **§ 241 Abs. 2** im Einzelfall weitere Pflichten ergeben, z.B. bei besonderer Sachkunde des Beauftragten eine **Prüfungs- und Warnpflicht**.[20]

■ Die schuldhafte Verletzung einer solchen Pflicht kann – wie die Verletzung jeder nicht geregelten vertraglichen Nebenpflicht – zu einer Haftung aus **§§ 280 Abs. 1, 241 Abs. 2** führen. Bei unsachgemäßer Ausführung des Auftrags kann sich ein Schadensersatzanspruch aus **§§ 280 Abs. 1 u. 3, 281 Abs. 1** ergeben, wenn der Beauftragte die Leistung nicht „wie geschuldet" erbringt.[21]

## II. Pflichten des Auftraggebers

Da der Auftrag einen **Gefälligkeitsvertrag** allein im Interesse des Auftraggebers darstellt, ist dieser nicht verpflichtet, den Beauftragten den Auftrag auch durchführen zu lassen, wie sich aus der jederzeitigen **Widerrufsmöglichkeit** gemäß **§ 671 Abs. 1** ergibt.

Der Auftraggeber ist allerdings verpflichtet:

15 ■ Dem Beauftragten gemäß **§ 670** die zum Zwecke der Ausführung des Auftrags gemachten **Aufwendungen**, die dieser den Umständen nach für erforderlich halten durfte, zu ersetzen. Entscheidend ist eine objektive Betrachtung aus der Sicht eines sorgfältigen Beauftragten in gleicher Lage.

---

18 Lorenz JuS 2012, 6, 8.

19 BAG RÜ 2015, 84.

20 Palandt/Sprau § 662 Rn. 9.

21 Looschelders § 39 Rn. 10.

Aufwendungen sind **freiwillige Vermögensopfer**, welche dem Interesse des anderen dienen. Dabei muss es sich um Vorgänge handeln, die vermögensrechtlich bedeutsam sind und sich auf das Vermögen des Beauftragten negativ auswirken – wie etwa das Eingehen einer Verbindlichkeit oder das Bestellen dinglicher Belastungen.[22] 16

Für die Frage der **Erforderlichkeit** ist auf das Interesse des Auftraggebers im Zeitpunkt, zu dem der Beauftragte die Aufwendung tätigt, abzustellen. Auf den Erfolg der Tätigkeit kommt es damit für den Anspruch nicht an,[23] sodass auch objektiv sinnlose Aufwendungen zu ersetzen sind, wenn der Beauftragte sie im Zeitpunkt der Aufwendung aufgrund sorgfältiger, den Umständen nach gebotener Prüfung für erforderlich halten durfte.

Aus der Unentgeltlichkeit des Auftrags folgt, dass die **Arbeitskraft** und der gewöhnliche Verschleiß von Gegenständen des Beauftragten, die genutzt werden, um den Auftrag auszuführen, keine gemäß § 670 ersatzfähigen Aufwendungen sind, denn der Aufwendungsersatz soll **nicht zu einer Tätigkeitsvergütung** für den Beauftragten führen. 17

An der fehlenden Ersatzfähigkeit ändert sich – **anders als im Rahmen der GoA** – auch nichts, wenn die Geschäftsbesorgung zum Beruf oder Gewerbe des Beauftragten gehört.[24]

- Schäden sind unfreiwillige Vermögensopfer und damit gerade keine Aufwendungen. Beruhen die Schäden auf einem Verschulden des Auftraggebers, so sind sie nach §§ 280 ff. zu ersetzen. Handelt es sich um Zufallsschäden, die der Beauftragte aus den mit der Besorgung des Geschäfts verbundenen Gefahren erlitten hat **(risikotypische Begleitschäden)**, so besteht im Ergebnis Übereinstimmung, dass auch diese zu ersetzen sind.[25]

Umstritten ist nur die dogmatische Begründung. Zum Teil[26] wird der Grundsatz der schadensgeneigten Risikozurechnung bei Tätigkeit im fremden Interesse angewendet, der in **§ 110 Abs. 1 HGB** zum Ausdruck kommt. Dieser Grundsatz wird jedoch für zu allgemein und zu unbestimmt gehalten, um die Risikoverteilung zwischen Auftraggeber und Beauftragtem zu beurteilen.[27]

Die Rspr.[28] und ein Teil der Lit.[29] wenden **entweder § 670 direkt oder analog** an. Zwar hat der Beauftragte den Schaden nicht freiwillig übernommen, da er selbst bei erkannter Gefahr auf einen schadensfreien Ablauf gehofft haben wird, sodass eine direkte Anwendung des § 670 ausscheidet. Es entspricht aber der Billigkeit, dem fremdnützig unentgeltlich Tätigen nicht auch noch das tätigkeitsspezifische Risiko aufzuerlegen.[30] Hierfür spricht auch der in §§ 667, 670 enthaltene Rechtsgedanke,

22 BGH RÜ 2015, 356, 357.
23 Looschelders § 39 Rn. 12.
24 Palandt/Sprau § 670 Rn. 3.
25 BeckOK/Fischer § 670 Rn. 23.
26 Jauernig/Mansel § 670 Rn. 9.
27 Vgl. Martinek/Omlor § 670 Rn. 22.
28 BGH NJW 1993, 2235.
29 Martinek/Omlor § 670 Rn. 22, 23.
30 Palandt/Sprau § 670 Rn. 13.

dass der Beauftragte durch die Ausführung des Auftrags weder gewinnen noch verlieren soll.[31]

Ob auch **immaterielle Schäden** gemäß § 253 Abs. 2 erfasst werden, wird nicht einheitlich beurteilt.[32] Dafür spricht, dass gerade auch immaterielle Schäden risikotypisch sein können.

Nicht ersatzfähig sind jedenfalls gefahruntypische Schäden oder solche, die nur eine **Realisierung des allgemeinen Lebensrisikos** anlässlich der Geschäftsbesorgung darstellen.

Außerdem ist ein **Mitverschulden** des Geschädigten gemäß **§ 254** zu beachten.[33]

**Fall 1: Verflixte Fahrgemeinschaft**

Die bei der Firma F beschäftigten B und G fahren täglich gemeinsam in dem Pkw der G zur Arbeitsstelle. B zahlt an die G dafür monatlich 60 € als „Unkostenbeitrag". Eines trüben Tages kommt es zu einem Unfall, den weder der B noch die G zu verschulden haben. Der Wagen der G wird erheblich beschädigt. G verlangt von B den Ersatz von Reparaturkosten in Höhe von 1.800 €. Zu Recht?

G könnte gegen B einen Aufwendungsersatzanspruch aus **§§ 662, 670** haben.

I. Dazu müssten B und G einen **Auftragsvertrag abgeschlossen** haben. Da eine ausdrückliche Willensübereinstimmung nicht gegeben ist, kommt nur eine konkludente Einigung in Betracht. Dann müsste in dem Verhalten der G und der B jeweils eine konkludente Willenserklärung zu sehen sein.

18 1. Voraussetzung dafür ist ein **Rechtsbindungswille**. Der Wille, eine rechtsgeschäftliche Verpflichtung einzugehen und entgegenzunehmen, liegt insbesondere dann nahe, wenn erkennbar ist, dass für den Leistungsempfänger **wesentliche Interessen** auf dem Spiel stehen und er auf die Zusage vertraut.

   G wusste, dass B – wie sie selbst – pünktlich zur Arbeitsstelle kommen muss, dass diese sich darauf verließ, abgeholt zu werden, und dass B mit Rücksicht darauf davon abgesehen hat, andere Möglichkeiten zum pünktlichen Erreichen des Arbeitsplatzes in Betracht zu ziehen. B konnte deshalb auf den Willen der G schließen, dass diese sie mit ihrem Fahrzeug abholt und nach Arbeitsschluss wieder zurückbringt, zumal B einen **Unkostenbeitrag** leistete.

   Das Verhalten der G ließ also auf einen Rechtsbindungswillen schließen.

2. G hat auch zum Ausdruck gebracht, dass sie eine bestimmte Leistung erbringen, nämlich, dass sie verpflichtet sein will, die B mit zur Arbeitsstelle zu nehmen und nach Arbeitsschluss wieder mit zurückzunehmen. Folglich liegt auch ein **Geschäftswille** vor.

31 Martinek/Omlor § 670 Rn. 23.

32 Vgl. Palandt/Sprau § 670 Rn. 13 m.w.N.

33 Jauernig/Mansel § 670 Rn. 10.

3. Durch die Zahlung der monatlichen Unkostenbeiträge erklärte B auch ihre Übereinstimmung mit dem Angebot, das die G ihr gemacht hat. Daher haben die Parteien einen Auftragsvertrag abgeschlossen.

II. Als **Rechtsfolge** kann G gemäß § 670 die für die Durchführung des Auftrags erforderlichen Aufwendungen ersetzt verlangen.

1. Aufwendungen sind indes nur freiwillige Vermögensopfer, sodass die anlässlich der Durchführung des Auftrags entstandenen Schäden nicht vom Aufwendungsbegriff umfasst werden.

2. Allerdings findet § 670 nach h.M. bei **risikotypischen Begleitschäden** des Beauftragten (analoge) Anwendung. Eine unter normalen Bedingungen stattfindende Autofahrt ist jedoch keine risikobehaftete Tätigkeit in diesem Sinne. Im Übrigen hat sich hier kein tätigkeitsspezifisches Risiko, sondern ein allgemeines, mit der Durchführung des Auftrags verbundenes Risiko verwirklicht. Daher sind die Schäden nicht gemäß § 670 analog auszugleichen. **19**

**Abwandlung:**

B und G bilden keine Fahrgemeinschaft. Da sich B wegen des Todes ihres Großvaters nicht wohl fühlt, wird sie beurlaubt und von der G während der Frühstückspause nach Hause gefahren. Es kommt zu einem Unfall, den weder B noch G zu verschulden haben. G verlangt von B Ersatz der Schäden. Zu Recht?

G könnte gegen B einen Aufwendungsersatzanspruch aus **§§ 662, 670** haben.

Das setzt voraus, dass B und G einen Auftragsvertrag abgeschlossen haben. Dann müsste die G der B gegenüber geäußert haben, dass sie verpflichtet sein will, sie nach Hause zu fahren. Die Auslegung ergibt indes, unter Berücksichtigung der Einzelumstände und der Verkehrsauffassung, dass die G der B eine **alltägliche Gefälligkeit** ohne Rechtsbindungswillen erwiesen hat. Wer eine Arbeitskollegin, die sich nicht wohl fühlt, während der Arbeitspause nach Hause fährt, will keine rechtliche Bindung, insbesondere werden keine Leistungspflichten vereinbart.[34] **20**

---

- **Große Bedeutung** hat die Vorschrift des **§ 670** auch dadurch, dass zahlreiche Vorschriften auf sie verweisen. **21**
  - § 27 Abs. 3: Geschäftsführung des Vorstands beim Verein
  - § 675: Geschäftsführer beim Geschäftsbesorgungsvertrag
  - § 675 c: Zahlungsdienstleister (Bank) gegen den Kunden
  - **§ 683: Geschäftsführer bei berechtigter GoA**
  - § 713: geschäftsführender Gesellschafter
  - **§ 994 Abs. 2: unberechtigter Besitzer**
  - § 1835: Vormund

34 BGH RÜ 1992, 121.

## C. Haftung der Parteien bei Pflichtverletzung

22 Der Auftrag ist ein **unvollkommen zweiseitig verpflichtender Vertrag**, weil die Vertragspflicht des Beauftragten zur Ausführung des Geschäfts nicht mit den Pflichten des Auftraggebers (z.B. Aufwendungsersatz gemäß § 670, Vorschusspflicht gemäß § 669) im Gegenseitigkeitsverhältnis steht.

Bei Leistungsstörungen gelten daher die §§ 275 ff. und die Sekundäransprüche aus §§ 280 ff., **nicht** aber die **§§ 320–322**.

Erfüllen die Parteien ihre Vertragspflichten nicht oder nicht ordnungsgemäß, so haften sie nach den allgemeinen Vorschriften (§§ 280 ff.).

**Beispiel:** Nimmt der Auftragnehmer im Rahmen der Ausführung des Auftrags Schmiergelder entgegen, so muss er diese nicht nur herausgeben (s.o. Rn. 12), sondern haftet nach §§ 280 Abs. 1, 241 Abs. 2 auch auf Schadensersatz.

Besonderheiten bei der Anwendung der §§ 280 ff. können bestehen, soweit es bei der Verletzung der Herausgabepflicht aus § 667 um die Herausgabe von Geld geht. Bei dieser Pflicht handelt es sich nicht um eine gewöhnliche **Geldschuld**, da der Beauftragte sie nicht wirtschaftlich aus seinem eigenen Vermögen aufzubringen hat. Dementsprechend erfährt der Grundsatz, dass bei Geldschulden Unmöglichkeit nicht in Betracht kommt („Geld hat man zu haben."), eine Ausnahme. Geht das im Rahmen eines Auftrages erlangte Geld verloren, tritt Unmöglichkeit ein. Es verbleibt ein Anspruch aus §§ 280, 283, soweit Verschulden vorliegt.[35]

23 ■ Anders als bei anderen unentgeltlichen Verpflichtungen, z.B. der Haftung des Schenkers (§ 521), des Verleihers (§ 599) oder des unentgeltlichen Verwahrers (§ 690), ist der Beauftragte hinsichtlich seiner Haftung nicht privilegiert. Er haftet deshalb für **jede Fahrlässigkeit**.

24 ■ Durfte der Beauftragte das ihm aufgetragene Geschäft auf einen Dritten übertragen, so haftet er gemäß **§ 664 Abs. 1 S. 2** nur für das ihm bei der Übertragung zur Last fallende Verschulden.

Ein solches ist gegeben, wenn der Dritte nicht für die Geschäftsbesorgung geeignet war, wenn er nicht ausreichend instruiert worden ist oder wenn der Beauftragte selbst weiteren Überwachungspflichten, die ihn trotz der Delegation aufgrund einer Parteivereinbarung treffen, nicht oder unzureichend nachgekommen ist.

Durfte er sich eines **Gehilfen** bedienen, haftet der Beauftragte gemäß **§§ 664 Abs. 1 S. 3, 278** nur bei Verschulden seines Gehilfen. War dem Beauftragten eine Übertragung des Geschäfts auf einen Dritten nicht erlaubt oder durfte er sich keines Gehilfen bedienen, so haftet er für die Schäden, die durch die Übertragung bzw. durch den Gehilfen eingetreten sind, ohne dass es für seine Haftung auf ein Verschulden des Dritten oder des Gehilfen ankommt.

25 ■ Der Beauftragte macht sich schadensersatzpflichtig, wenn er schuldhaft weisungswidrig vom Auftrag abweicht und so seine Pflichten gemäß **§ 665** verletzt. Die Scha-

35 BGH NJW 2006, 986, 987 f.; Palandt/Sprau § 667 Rn. 7.

densersatzpflicht entfällt, wenn der Auftraggeber sich die Vorteile des weisungswidrigen Geschäfts zu eigen macht.

## D. Beendigung des Auftragsvertrags

Der Auftrag endet mit der **Erfüllung** oder mit **Ablauf der vereinbarten Vertragsdauer**. Auch wenn der Vertrag für eine bestimmte Dauer abgeschlossen worden ist, kann sich jede Partei jederzeit aus **wichtigem Grund** (§ 314) vom Vertragsverhältnis lösen. Fehlt eine Vereinbarung, so gilt: 26

- Der Auftrag endet durch den jederzeit möglichen **Widerruf** des Auftraggebers gemäß § 671 Abs. 1 Hs. 1 oder durch **Kündigung** des Beauftragten gemäß § 671 Abs. 1 Hs. 2, die jedoch gemäß § 671 Abs. 2 S. 1 nicht zur Unzeit erfolgen darf, es sei denn, es liegt ein wichtiger Grund vor. 27

  In diesem Fall kann der Beauftragte gemäß § 671 Abs. 3 selbst dann kündigen, wenn er auf sein Kündigungsrecht verzichtet hat. Kündigt der Beauftragte zur Unzeit ohne wichtigen Grund, macht er sich gemäß § 671 Abs. 2 S. 2 schadensersatzpflichtig. Erfolgt die Kündigung zur Unzeit, so hat dies nur die Schadensersatzpflicht, nicht aber die Unwirksamkeit der Kündigung zur Folge.[36]

- Das Fortbestehen oder Erlöschen im **Falle des Todes** des Beauftragten oder des Auftraggebers ist in den **§§ 672 und 673** geregelt. 28

  Bei Tod des Auftraggebers erlischt der Auftrag im Zweifel nicht, § 672 S. 1. Bei **Tod des Beauftragten** hingegen erlischt aufgrund der Vertrauensbeziehung zu dem Beauftragten der Auftrag im Zweifel, § 673 S. 1.

  Im Fall der **Geschäftsunfähigkeit des Auftraggebers** ist § 672 einschlägig, sodass der Auftrag im Zweifel nicht erlischt. Wird der Beauftragte geschäftsunfähig, so wird er in dem Fall, dass er rechtsgeschäftlich tätig werden sollte, nach § 275 Abs. 1 von seiner Leistungspflicht frei. Sollte er hingegen eine tatsächliche Handlung ausführen, dürfte die Auslegungsregel des § 673 entsprechend anwendbar sein. 29

- Zum Schutz des Beauftragten wird, falls der Auftrag anders als durch Widerruf endet, der **Fortbestand** des Auftragsvertrags **gemäß § 674 fingiert**, bis der Beauftragte Kenntnis vom Erlöschen des Auftrags erlangt oder das Erlöschen kennen muss. 30

  Beendigungsgründe sind z.B. Zweckerreichung, Zeitablauf, Unmöglichkeit, Tod oder Eintritt der Geschäftsunfähigkeit des Auftraggebers, falls die Zweifelsregel des § 672 S. 1 nicht eingreift.

  War mit dem Auftrag eine **Vollmacht** verbunden, so besteht diese gemäß **§§ 674, 168 S. 1** fort; allerdings nicht zugunsten eines Dritten, der bei der Vornahme eines Rechtsgeschäfts das Erlöschen kennt oder kennen muss.

---

36 Brox/Walker § 29 Rn. 37.

31

## Auftragsvertrag

### Zustandekommen

**Wirksame Einigung** der Parteien oder der Vertreter über den Vertragsinhalt:

- Die Parteien müssen sich mit dem Inhalt des § 662 einigen, also darüber, dass der Beauftragte **unentgeltlich** ein **Geschäft für den Auftraggeber besorgen** soll.
- Die Einigung muss wirksam sein (§§ 104 ff.). Der Auftrag ist grundsätzlich **formfrei**.

### Pflichten des Beauftragten

- Besorgung des übertragenen Geschäfts gemäß § 662; grundsätzlich persönlich (§ 664) und weisungsgemäß (§ 665)
- Benachrichtigungs-, Auskunfts- und Rechenschaftspflicht, § 666
- **Herausgabe** alles zur Ausführung des Auftrags Erhaltenen und aus der Geschäftsbesorgung Erlangten, **§ 667**
- Verzinsung verwendeten Geldes, § 668
- Nebenpflichten aufgrund eines besonderen Vertrauensverhältnisses und nach allgemeinen schuldrechtlichen Regeln

### Pflichten des Auftraggebers

- **Ersatz von Aufwendungen**, die Beauftragter für erforderlich halten durfte, **§ 670**. Aufwendungen sind alle freiwilligen Vermögensopfer, die aus der Sicht des Beauftragten benötigt wurden, um den Auftrag auszuführen oder solche, die sich als notwendige Folge der Geschäftsbesorgung ergeben. Auch **tätigkeitsspezifische Schäden**, aber nicht solche, die nur Verwirklichung des allgemeinen Lebensrisikos sind.
- Nebenpflichten nach allgemeinen schuldrechtlichen Regeln

### Haftung bei Pflichtverletzung

- Es gelten die Regeln für nicht synallagmatische Verhältnisse (§§ 275 ff., insbesondere §§ 280 ff., nicht aber §§ 320–322).
- Beauftragter haftet für **jede Fahrlässigkeit** und gemäß §§ 664 Abs. 1 S. 3, 278 für Verschulden seines Gehilfen. Bei erlaubter Übertragung des Geschäfts auf Dritten nur Haftung für Übertragungsverschulden.

### Beendigung

- **Erfüllung** der beiderseitigen Pflichten oder Ablauf der vereinbarten Vertragszeit
- **Widerruf** des Auftraggebers oder Kündigung des Beauftragten, § 671 (aber Schadensersatzpflicht bei Kündigung zur Unzeit ohne wichtigen Grund, § 671 Abs. 2 S. 2)
- Im Zweifel durch **Tod des Beauftragten**, § 673, aber nicht durch Tod oder Geschäftsunfähigkeit des Auftraggebers, § 672
- **Fiktion des Fortbestands** gemäß § 674

## 2. Abschnitt: Geschäftsbesorgungsvertrag

Anders als beim Auftrag erhält der Geschäftsführer im Rahmen des Geschäftsbesorgungsvertrags ein **Entgelt**. Es handelt sich daher um einen **gegenseitigen Vertrag**, sodass auch die §§ 320 ff. Anwendung finden. 32

Im Geschäftsbesorgungsvertrag sind Elemente des Auftragsrechts sowie des Dienst- und Werkvertragsrechts miteinander verknüpft. Die Dienst- und Werkverträge, die eine Geschäftsbesorgung zum Gegenstand haben, werden gemäß **§ 675** nach den Regeln des Auftragsrechts abgewickelt, weil zwischen den Parteien eine auftragsähnliche Vertrauensbeziehung besteht.

### A. Vertragsinhalt

Der Geschäftsführer muss, wie beim Auftrag, Aufgaben des Geschäftsherrn wahrnehmen. Er muss also im **Fremdinteresse** handeln. 33

Doch unterscheidet sich der Geschäftsbesorgungsvertrag vom Auftrag, weil nicht alle Fremdaufgaben Gegenstand des Vertrags sein können, sondern nur solche,

- die **wirtschaftlichen** Charakter haben, also vermögensrechtlicher Natur sind,
- und vom Geschäftsführer **selbstständig** unter eigenverantwortlicher Willensbildung erledigt werden.

Vom Dienst- und Werkvertrag unterscheidet sich der Geschäftsbesorgungsvertrag wiederum, weil der Geschäftsführer im fremden Interesse tätig wird und nicht nur, um eine eigene Vertragspflicht zu erfüllen.

Demnach ist der Gegenstand des Geschäftsbesorgungsvertrags die **entgeltliche** Tätigkeit wirtschaftlicher Natur, die nicht in der bloßen Leistung an einen anderen, sondern in der **selbstständigen** Wahrnehmung **fremder Vermögensinteressen** besteht.[37] 34

**Indizien**, die für die Einordnung eines Vertrags unter § 675 sprechen, sind das Entstehen eines Treuhandverhältnisses, ein besonders enges Vertrauensverhältnis der Parteien, die Verpflichtung zur Diskretion, eine variable, situationsangepasste Wahrung der Interessen des Geschäftsherrn durch den Geschäftsbesorger sowie der Umstand, dass das Schwergewicht auf der Wahrnehmung von Aufgaben liegt, die der Geschäftsherr sonst selbst erfüllen müsste.

**Typische Sachverhalte** der Geschäftsbesorgung sind Vermögensverwaltung, Treuhand-, Bank- und Kommissionsgeschäfte, Baubetreuung, die Tätigkeit von Wirtschaftsprüfern und Steuerberatern sowie die Beratung und Vertretung durch einen Rechtsanwalt.[38]

37 Sog. enger Geschäftsbesorgungsbegriff, vgl. Palandt/Sprau § 675 Rn. 2 ff. m.N. auch zu abweichenden Begriffen.

38 OLG Düsseldorf VersR 1993, 702, 703 zum Rechtsanwalt. Zur umfangreichen Kasuistik bzgl. der Zuordnung zu § 675 vgl. Palandt/Sprau § 675 Rn. 9 ff.

## B. Pflichten aus dem Geschäftsbesorgungsvertrag

35 § 675 Abs. 1 ordnet für den Geschäftsbesorgungsvertrag die entsprechende Anwendung des Auftragsrechts (mit Ausnahme der §§ 662, 664, 671 Abs. 1 S. 3) an.

### I. Vorrang anderer Vorschriften

36 Vorrangig sind jedoch **Parteivereinbarungen** und nach ihnen die speziellen Vorschriften für gesetzlich geregelte Typen des Geschäftsbesorgungsvertrags zu berücksichtigen, beispielsweise:

- Bei Verträgen mit Rechtsanwälten sind vorrangig verschiedene **Sondervorschriften** wie z.B. die Bundesrechtsanwaltsordnung (BRAO) oder das Gebührenrecht (RVG) zu beachten. Der Geschäftsbesorgungsvertrag mit einem Rechtsanwalt hat in der Regel Dienstvertragscharakter, insbesondere bei einer Dauerberatung oder einer Prozessführung.[39] Werkvertragscharakter ist hingegen bei einem Gutachten oder bei einer Rechtsauskunft im Einzelfall anzunehmen.
- Auch bei Verträgen mit Steuerberatern ist vorrangig das Berufsrecht zu beachten.
- Es können Verträge zum Immobilienerwerb durch Treuhänder vorliegen.
- Bei Zahlungsdiensten gelten die besonderen Vorschriften der **§§ 675 c–676 c**.[40]

### II. Anwendung der §§ 675, 675 a

37 Fehlen besondere Vereinbarungen und Regelungen in Spezialgesetzen, so sind die §§ 675, 675 a maßgebend.

- Gemäß § 675 Abs. 1 sind insbesondere die **Regeln des Auftragsrechts** anzuwenden.
  - Die **§§ 669, 670** – Vorschusspflicht und Ersatz von Aufwendungen – greifen typischerweise bei Diensten höherer Art (Steuerberater, Wirtschaftsprüfer) ein.

  Bei Werkverträgen kommen sie dagegen regelmäßig nicht zur Anwendung, da die Aufwendungen des Werkunternehmers durch die Vergütung mit abgegolten werden. Die **Vorschusspflicht** des § 669 ist unabhängig von der Fälligkeit des Vergütungsanspruches.

  - Da in § 675 nicht auf **§ 664** verwiesen wird, gelten grundsätzlich die Regeln des Werkvertragsrechts, doch ist eine analoge Anwendung des § 664 gerechtfertigt, soweit durch die Inanspruchnahme engen persönlichen Vertrauens eine mit dem Auftrag vergleichbare Interessenlage und Risikoverteilung vorliegt.[41]

38 - Gemäß **§ 675 a** besteht für denjenigen, der zur Besorgung von Geschäften öffentlich bestellt ist oder sich dazu öffentlich erboten hat, eine **besondere Informationspflicht** hinsichtlich der Entgelte und Auslagen der Geschäftsbesorgung.

---

39 Palandt/Sprau § 675 Rn. 23.

40 Gesetz zur Umsetzung des zivilrechtlichen Teils der ZahlungsdiensteRL v. 29.07.2009, BGBl. I 2009, 2355.

41 MünchKomm/Heermann § 675 Rn. 24.

Die Vorschrift steht im Zusammenhang mit § 663. Die (auch) danach erforderliche öffentliche Bestellung muss nicht notwendig durch staatliche Stellen erfolgen, sondern kann ebenso von (natürlichen oder juristischen) Privatpersonen ausgehen, z.B. Auskunftspersonen von Automobilclubs oder der Sekretär des Auskunftsbüros einer Gewerkschaft.[42]

## III. Anwendung der allgemeinen Regeln des Schuldrechts

Soweit weder in Spezialvorschriften noch in den §§ 675, 675 a eine Regelung getroffen worden ist, sind die Vorschriften des Dienst- oder Werkvertragsrechts anzuwenden und falls auch dort keine Regelung getroffen worden ist, gelten die Vorschriften des allgemeinen Schuldrechts, §§ 241 ff. **39**

## IV. Haftung der Parteien bei Pflichtverletzungen

Im Fall der Verletzung von Vertragspflichten gelten die allgemeinen Regeln des Leistungsstörungsrechts unter Berücksichtigung der Besonderheiten der Geschäftsbesorgung. **40**

- Kommt es zu einer Störung der Hauptpflichten, Nebenpflichten oder Nebenleistungspflichten, greifen die **§§ 275, 280 ff.** ein, sodass beide Parteien im Fall der Unmöglichkeit, des Verzugs oder der Schlechtleistung hiernach vorgehen können. Da es sich um einen gegenseitigen Vertrag handelt, ermöglichen die Regelungen der **§§ 323–326** außerdem einen Rücktritt.

  **Beispiel:** Übermittelt der rechtliche Berater versehentlich ohne vorherige Abstimmung mit seinem Mandanten eine für diesen gefertigte Selbstanzeige der Finanzverwaltung, stellt dies eine Sorgfaltspflichtverletzung gemäß § 280 dar. Weicht der Berater nämlich von einer Weisung des Mandanten ab, liegt darin eine Pflichtverletzung, die ihn grundsätzlich zum Schadensersatz verpflichtet. Allerdings hat der Berater den erteilten Weisungen nicht blindlings Folge zu leisten. Gerade bei qualifizierten Dienstleistungen wie einer Rechtsberatung muss der Beauftragte stets auch auf den Sinn der ihm erteilten Weisungen achten, damit dem Mandanten nicht durch äußerlich zwar dem Auftrag entsprechende, der Sache nach aber nicht gebotene Schritte Nachteile entstehen. Nach §§ 675 Abs. 1, 665 ist der Berater zwar berechtigt, von den Weisungen des Auftraggebers abzuweichen, wenn er den Umständen nach annehmen darf, dass der Auftraggeber bei Kenntnis der Sachlage die Abweichung billigen würde. Vor der Abweichung hat er jedoch dem Auftraggeber Anzeige zu machen und dessen Entscheidung abzuwarten, wenn nicht mit dem Aufschub Gefahr verbunden ist.[43]

- **§ 675 Abs. 2** regelt den Sonderfall des Rates und der Empfehlung (Auskunft). Danach ist im Fall der Auskunft eine Schadensersatzforderung ausgeschlossen, es sei denn, dass die Parteien einen **Auskunftsvertrag** abgeschlossen oder der Handelnde nach den Regeln der unerlaubten Handlung oder sonstigen gesetzlichen Vorschriften verantwortlich ist.

42 MünchKomm/Schäfer § 663 Rn. 6.
43 BGH RÜ 2018, 69, 70.

## C. Beendigung des Geschäftsbesorgungsvertrags

41 Der Geschäftsbesorgungsvertrag endet mit **Erfüllung** (§ 362) oder mit dem Ablauf der **vereinbarten Vertragslaufzeit**, doch ist eine vorzeitige **Kündigung** bei fest bestimmter Vertragsdauer zulässig, wenn ein wichtiger Grund i.S.d. § 314 vorliegt.

Fehlt eine Vereinbarung, so gelten für die Kündigung im Übrigen die einschlägigen Bestimmungen des Dienst- oder Werkvertragsrechts.[44]

**§ 671 Abs. 1** aus dem Auftragsrecht findet **keine Anwendung**, weil in § 675 gerade nicht auf diese Vorschrift verwiesen wird. Ferner scheidet eine analoge Anwendung aus, da die in § 671 Abs. 1 normierte jederzeitige Kündigungsmöglichkeit vor dem Hintergrund der Unentgeltlichkeit des Auftrags gesehen werden muss. Da der Geschäftsbesorgungsvertrag aber nicht unentgeltlich ist, fehlt es an einer vergleichbaren Interessenlage.

Teilweise wird allerdings ein **sofortiges Widerrufsrecht** des Auftraggebers für zulässig erachtet, wenn die Geschäftsbesorgung allein dem Auftraggeber dient und wegen veränderter Umstände den Interessen des Auftraggebers zuwider läuft.[45]

## D. Zahlungsdienstleistungsrecht

42 Das Zahlungsdienstleistungsrecht in den **§§ 675 c ff.**, die zuletzt zum 13.01.2008 geändert wurden, enthält **Sonderregeln**, welche die Erbringung von Zahlungsdienstleistungen zum Gegenstand haben.[46] Das gilt jedoch nicht für die Zahlung durch Ausstellung eines Wechsels oder im Wege der Postanweisung.

Der **§ 675 c** bestimmt, dass auf einen **Geschäftsbesorgungsvertrag**, der die **Erbringung von Zahlungsdiensten** zum Gegenstand hat, bestimmte Vorschriften des Auftragsrechts (§§ 663, 665–670, 672–674) entsprechend anzuwenden sind, soweit sich aus den §§ 675 c ff. nichts anderes ergibt.

Der Zahlungsdienstevertrag ist in § 675 f geregelt und unterscheidet zwischen dem Einzelzahlungsvertrag (Abs. 1) und dem **Zahlungsdiensterahmenvertrag, § 675 f Abs. 2** (wichtigstes Beispiel: Girovertrag). Dieser Rahmenvertrag ist die Grundlage für die einzelnen Zahlungsvorgänge (§ 675 f Abs. 4), insbesondere für:

- **Überweisungen** und

43
- **Lastschriftverfahren**, wobei wiederum zwei Arten zu unterscheiden sind:
  - Beim **Abbuchungsverfahren** beauftragt der Schuldner einer Forderung seine Bank, die von dem Gläubiger ausgestellte Lastschrift einzulösen. Abbuchungsaufträge werden regelmäßig auf Widerruf erteilt. Der Gläubiger zieht damit **einzelne** individuelle **Forderungen** ein, z.B. Forderungen aus verschiedenen Lieferungen.

---

44 Vgl. Palandt/Sprau § 675 Rn. 8.

45 Palandt/Sprau § 675 Rn. 8.

46 Köndgen JuS 2011, 481, 484.

- Wesentlich häufiger ist das **Einziehungsermächtigungsverfahren**, bei dem der Schuldner dem Gläubiger die Ermächtigung erteilt, auf ihn Lastschriften zu ziehen. Dieses Verfahren ist für Massengeschäfte gedacht und eignet sich für **regelmäßig wiederkehrende Forderungen** (etwa für Monatsmieten).

  Bei der Einziehungsermächtigung beauftragt der Gläubiger seine Bank, den Geldbetrag einzuziehen. Die Gläubigerbank leitet als Inkassostelle den Auftrag an die Schuldnerbank als Zahlstelle weiter, die den Betrag vom Schuldnerkonto abbucht und an die Gläubigerbank überweist. Diese schreibt den Betrag dem Konto des Gläubigers gut.

  Im Verhältnis Schuldner–Schuldnerbank (Deckungsverhältnis) ist die Belastungsbuchung nur wirksam, wenn der Zahler zugestimmt hat **(Autorisierung)**. Die Zustimmung kann entweder als Einwilligung oder, sofern zwischen dem Zahler und seinem Zahlungsdienstleister zuvor vereinbart, als Genehmigung erteilt werden, § 675 j Abs. 1 S. 2.

Die wichtigsten Vorschriften des Zahlungsdiensterechts, §§ 675 c bis 676 c (bargeldloser Zahlungsverkehr) im **Überblick:**

- §§ 675 c, 670: **Aufwendungsersatzanspruch** des Zahlungsdienstleisters (Bank) gegen den Kunden
- § 675 f: Zahlungsdienstevertrag
  - § 675 f Abs. 1: Einzelzahlungsvertrag
  - § 675 f Abs. 2: Zahlungsdiensterahmenvertrag (Bestandteil des üblichen Girovertrags)
  - § 675 f Abs. 4 S. 1: Zahlungsvorgang ist das Bereitstellen, Übermitteln (Überweisung) oder Abheben eines Geldbetrags
  - § 675 f Abs. 4 S. 2: Zahlungsauftrag ist jeder Auftrag, den der Zahler seinem Zahlungsdienstleister zur Ausführung des Zahlungsvorgangs entweder unmittelbar oder mittelbar über den Zahlungsempfänger erteilt
- § 675 p Abs. 1: **Widerrufsmöglichkeit** des Zahlungsauftrags (stark eingeschränkt)
- § 675 j Abs. 2 S. 1: Wirksamer Widerruf führt zum nicht autorisieren Zahlungsvorgang mit der Folge, dass der Zahlungsdienstleister keinen Anspruch auf Erstattung seiner Aufwendungen gegen den Kunden hat
- § 675 z S. 1: Ansprüche des Zahlungsdienstnutzers aus §§ 675 u, 675 y abschließend

## E. Haftung des Kunden bei Missbrauch von Kreditkarten

44 Besondere Haftungsprobleme ergeben sich für den Kunden bei Missbrauch von ec- oder Kreditkarten sowie anderen Zahlungsauthentifizierungsinstrumenten (z.B. TAN-Nummer beim Online-Banking, Eingabe eines Passwortes)[47] durch unberechtigte Dritte. Der Kunde ist gemäß **§ 675 l Abs. 1 S. 1** verpflichtet, unmittelbar nach Erhalt eines Zahlungsauthentifizierungsinstruments alle zumutbaren Vorkehrungen zu treffen, um die personalisierten **Sicherheitsmerkmale vor unbefugtem Zugriff zu schützen**.

Gemäß **§ 675 l Abs. 1 S. 2** hat er dem Zahlungsdienstleister den Verlust, Diebstahl oder die missbräuchliche Verwendung eines Zahlungsauthentifizierungsinstruments **unverzüglich anzuzeigen**, nachdem er hiervon Kenntnis erlangt hat.

Die **Haftung des Kunden bei missbräuchlicher Nutzung** des Zahlungsauthentifizierungsinstruments ist in **§ 675 v** geregelt. Nach § 675 v Abs. 1 kann der Zahlungsdienstleister Ersatz des hierdurch entstandenen Schadens bis zu einem Betrag von 50 € verlangen. Der Anspruch setzt kein Verschulden voraus.[48] Bei Vorsatz oder grober Fahrlässigkeit muss der Kunde nach § 675 v Abs. 3 für den gesamten Schaden haften.

Hat der Kunde das Abhandenkommen oder den Missbrauch des Zahlungsauthentifizierungsinstruments nach § 675 l Abs. 1 S. 2 angezeigt, so bezieht sich die Haftung nach § 675 v Abs. 1 u. 3 nicht auf solche Schäden, die durch eine **spätere Nutzung** des Instruments verursacht wurden, § 675 v Abs. 5 S. 1.

47 Vgl. Reymann JuS 2012, 781, 783.

48 Looschelders § 40 Rn. 11.

## 2. Teil: Geschäftsführung ohne Auftrag

Eine Geschäftsführung ohne Auftrag (GoA) liegt vor, wenn jemand ein fremdes Geschäft für einen anderen besorgt, ohne von ihm beauftragt oder ihm gegenüber sonst dazu berechtigt zu sein, **§ 677**. Die Geschäftsführung darf also nicht ihren Grund in einem bestehenden Schuldverhältnis, sei es gesetzlicher oder vertraglicher Art, haben. 45

Das Recht der Geschäftsführung ohne Auftrag ist ein **Ausgleichs- und Abwicklungsrecht** für all jene Fälle, in denen eine Tätigkeit vom Handelnden (zumindest auch) als Besorgung fremder Angelegenheiten betrachtet wird. Wenn im Zeitpunkt der Wahrnehmung der Aufgaben, die zum Geschäftsbereich eines anderen gehören, keine vertraglichen oder gesetzlichen Ausgleichsregeln bestehen, so gelten die §§ 677 ff.

Ihrer Rechtsnatur nach ist die Geschäftsführung ohne Auftrag als auftragsähnliches **gesetzliches Schuldverhältnis** zu qualifizieren. Dabei handelt es sich um ein unvollkommen zweiseitiges Rechtsverhältnis, weil lediglich zu Lasten des Geschäftsführers zwingend Pflichten erwachsen, die mit den etwaigen Pflichten des Geschäftsherrn (§§ 683, 684) in **keinem Gegenseitigkeitsverhältnis** stehen.[49]

Nach dem Gesetz (§§ 677 bis 687) sind im Wesentlichen **vier Fallgruppen** der Geschäftsführung ohne Auftrag zu unterscheiden:

- **echte berechtigte** GoA
- **echte unberechtigte** GoA
- **irrtümliche** GoA
- **angemaßte** GoA

Zunächst wird danach differenziert, ob der Geschäftsführer überhaupt im fremden **Interesse des Geschäftsherrn** tätig werden will. Nur dann liegt nämlich ein Fall der **echten** Geschäftsführung ohne Auftrag vor. Innerhalb der echten Geschäftsführung ohne Auftrag ist ferner danach zu differenzieren, ob die Geschäftsführung dem tatsächlichen oder dem vermuteten Willen des Geschäftsherrn entsprach (echte **berechtigte** GoA) oder nicht (echte **unberechtigte** GoA).

- Gehört die erledigte Aufgabe danach **zum Geschäftsbereich eines anderen** – des Geschäftsherrn – und ist die Übernahme **interessen- und willensgemäß**, so liegt eine echte berechtigte GoA vor (1. Abschnitt, Rn. 46 ff.).
- Ist die Wahrnehmung des fremden Geschäfts **nicht** interessen- und willensgerecht, so gelten für diese echte unberechtigte GoA über den Verweis in § 684 S. 1 die Regeln des Bereicherungsrechts (2. Abschnitt, Rn. 84 ff.).

Von einer **unechten** GoA spricht man dagegen, wenn der Geschäftsführer ein fremdes Geschäft als eigenes behandelt. Hierbei ist nach der subjektiven Willensrichtung des Geschäftsführers zu unterscheiden:

49 BeckOK/Gehrlein § 677 Rn. 1.

- Der Geschäftsführer glaubt irrtümlich, es liege ein eigenes Geschäft vor, obwohl er ein fremdes Geschäft tätigt, sog. **irrtümliche Eigengeschäftsführung**, § 687 Abs. 1 (3. Abschnitt, Rn. 95).
- Der Geschäftsführer führt das Geschäft in Kenntnis der objektiven Fremdheit als eigenes, sog. **angemaßte Eigengeschäftsführung**, § 687 Abs. 2 (3. Abschnitt, Rn. 96 ff.).

***Klausurhinweis:*** *Bereits die Anspruchsermittlung kann nicht unerhebliche Schwierigkeiten bereiten. Dann sollten Sie zunächst den konkreten Gegenstand der GoA und die jeweilige Rolle der Beteiligten (gedanklich) herausarbeiten sowie zwischen echter/unechter und berechtigter/unberechtigter bzw. irrtümlicher/angemaßter GoA differenzieren, um so schließlich zu den möglichen Anspruchszielen und den entsprechenden Anspruchsgrundlagen zu gelangen.*

*Die **Anspruchsermittlung** lässt sich **in 5 Stufen** einteilen:*

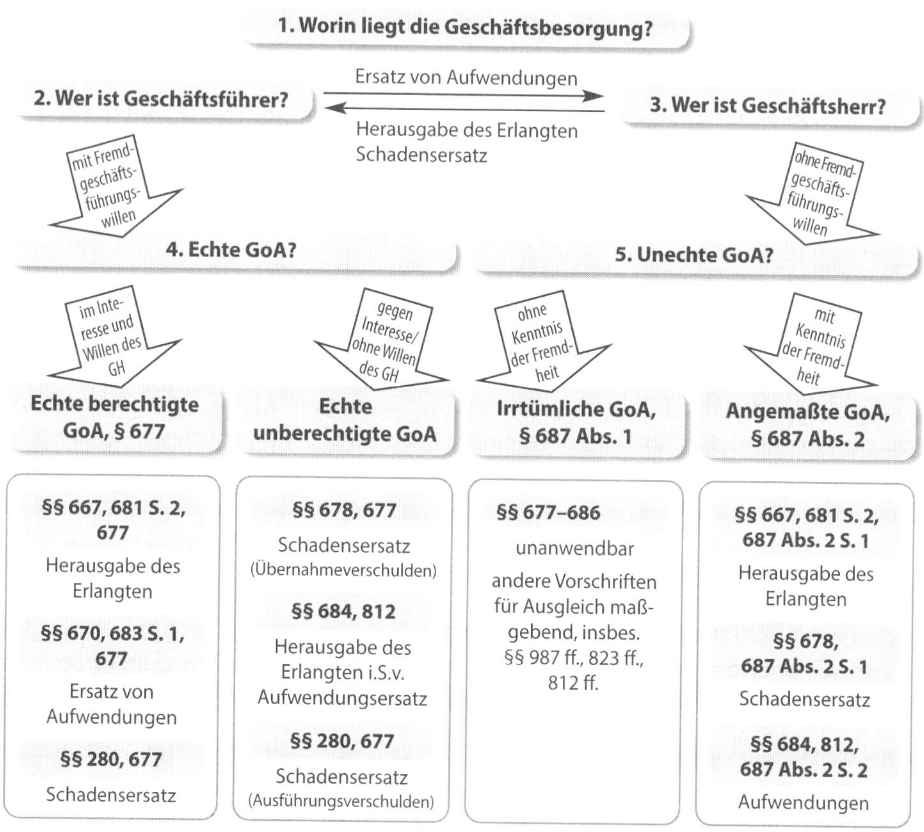


## 1. Abschnitt: Berechtigte GoA

46 Hat der Handelnde Aufgaben erledigt, die (zumindest auch) zum Geschäftsbereich eines anderen gehören, und entspricht die Übernahme des Geschäfts dessen Interesse und seinem wirklichen oder mutmaßlichen Willen, dann kommt ein gesetzliches Schuldverhältnis gemäß **§§ 677, 683** zustande.

Mit dem Zustandekommen entstehen die gesetzlichen Pflichten der Parteien nach den Regeln der GoA und, falls dort eine Regelung fehlt, nach den Vorschriften des Schuldrechts AT, §§ 241 ff.

**Aufbauschema: Echte berechtigte GoA**

**A. Voraussetzungen**

**I.** Geschäftsbesorgung

**II.** für einen anderen

**1.** fremdes Geschäft

**2.** Fremdgeschäftsführungswillen

**III.** ohne Auftrag und ohne sonstige Berechtigung

**IV.** Übernahme des Geschäfts entspricht dem Interesse **und** dem wirklichen **oder** mutmaßlichen Willen des Geschäftsherrn

**B. Rechtsfolgen**

- Geschäftsführer hat Aufwendungsersatzanspruch gemäß § 670
- bei Pflichtverletzung des Geschäftsführers hat Geschäftsherr einen Schadensersatzanspruch bezüglich der Durchführung („Wie") aus § 280 Abs. 1, da GoA ein gesetzliches Schuldverhältnis begründet.
- Nebenpflichten des Geschäftsführers ergeben sich aus § 681
- berechtigte GoA gibt Recht zum Besitz und ist Rechtfertigungsgrund

## A. Voraussetzungen

Die **Grundvoraussetzungen** sind in **§ 677** geregelt (Geschäftsbesorgung, für einen anderen, ohne Auftrag). Die **übrigen Voraussetzungen** der berechtigten GoA ergeben sich aus **§ 683**. Liegen die Voraussetzungen des § 683 nicht vor, so greift § 684 (unberechtigte GoA) ein. 47

### I. Geschäftsbesorgung

Der Begriff des Geschäfts i.S.d. § 677 ist **weit auszulegen**. Erforderlich ist aber jedenfalls eine Tätigkeit, bloßes Unterlassen, Dulden oder Gewährenlassen genügt grundsätzlich nicht. Dabei kann es sich um eine einzige Angelegenheit oder um eine Tätigkeit von gewisser Dauer handeln.[50] Der Geschäftsführer braucht ferner nicht in eigener Person tätig zu werden, er kann sich auch seiner Hilfspersonen oder Dritter bedienen.[51]

Kurz gesagt, umfasst die Geschäftsbesorgung **alle rechtsgeschäftlichen und tatsächlichen Handlungen**.[52]

50 BeckOK/Gehrlein § 677 Rn. 10.
51 BGH BGHZ 67, 368 ff.
52 MünchKomm/Schäfer § 677 Rn. 34.

**Beispiele:** Abschluss eines Vertrages, Begleichung einer Schuld (rechtliche Handlungen); Löschung eines Brands, Abschleppen eines Kfz, Behandlung eines Kranken, Regelung des Straßenverkehrs (tatsächliche Handlungen)

Allerdings sind höchstpersönliche Handlungen, etwa die Errichtung eines Testaments oder die Eheschließung, kein tauglicher Gegenstand der Geschäftsbesorgung.

***Klausurhinweis:*** *Benennen Sie immer konkret die rechtliche oder tatsächliche Handlung des Geschäftsführers. Dieser Punkt wird oft unsauber bearbeitet, obgleich entscheidend sein kann, einen konkreten Bezugspunkt für die Prüfung der weiteren Tatbestandsmerkmale zu haben.*

## II. Für einen anderen

48 Nach dem **Wortlaut des § 677** muss der Geschäftsführer das Geschäft „für einen anderen" besorgen. Dazu muss ein fremdes Geschäft vorliegen und der Geschäftsführer muss mit einem entsprechenden Fremdgeschäftsführungswillen handeln.

### 1. Fremdes Geschäft

Fremd ist das Geschäft, wenn es objektiv zum Pflichten- oder Interessenkreis einer anderen Person gehört.[53] Dabei sind drei Fallgestaltungen zu unterscheiden:

- **Objektiv fremdes Geschäft**

  Ein objektiv fremdes Geschäft gehört schon seinem Inhalt nach und daher äußerlich erkennbar zu einem fremden Rechts- und Interessenkreis.

  **Beispiele:** Hilfeleistung für einen Verletzten, Abwendung einer von einer fremden Sache ausgehenden Gefahr, Tilgung fremder Schulden, Veräußerung einer fremden Sache[54]

- **Neutrales Geschäft**

  Ein (objektiv) neutrales Geschäft kann äußerlich sowohl zum Rechtsbereich des Geschäftsführers als auch des Geschäftsherrn gehören. Der etwaige Fremdcharakter ergibt sich erst aus einem Fremdgeschäftsführungswillen.

  **Beispiel:** Kauf eines Gegenstands für einen anderen

- **Auch fremdes Geschäft**

  Führt der Geschäftsführer ein Geschäft sowohl im eigenen als auch im fremden Interessenkreis (sog. auch fremdes Geschäft) schließt dies nach h.M. die Anwendung der GoA nicht aus,[55] da § 677 nicht verlangt, dass das Geschäft **nur** für einen anderen vorgenommen wird.

  **Beispiele:** Brand in der Wohnung des Nachbarn wird gelöscht, um gleichzeitig zu verhindern, dass der Brand auf die eigene Wohnung übergreift. Ein Miterbe beantragt für die gesamte Erbengemeinschaft einen Erbschein.[56]

---

53 MünchKomm/Schäfer § 677 Rn. 39 ff.

54 Palandt/Sprau § 677 Rn. 4.

55 Vgl. Palandt/Sprau § 677 Rn. 6 m.w.N.

56 BGH RÜ 2021, 12,13.

## 2. Fremdgeschäftsführungswille

Der Geschäftsführer muss mit **Fremdgeschäftsführungswillen** gehandelt haben. Dazu ist erforderlich: 49

- dass er **Kenntnis** (Fremdführungsbewusstsein) von der Fremdheit hat (sonst § 687 Abs. 1) und
- den **Willen** hat, dieses Geschäft für einen anderen zu tätigen (sonst § 687 Abs. 2).

Wer weiß, dass er ein fremdes Geschäft führt, hat grundsätzlich auch den erforderlichen Fremdgeschäftsführungswillen, es sei denn, er bringt den gegenteiligen Willen zum Ausdruck.

- Bei einem **objektiv fremden Geschäft** wird der Fremdgeschäftsführungswille **vermutet**.
- Streitig ist die Behandlung des Fremdgeschäftsführungswillens bei einem **„auch fremden" Geschäft**. Die h.M.[57] geht davon aus, dass auch in diesem Fall der Fremdgeschäftsführungswille vermutet werden kann. Nach der Gegenauffassung[58] ist es bei einem auch fremden Geschäft wahrscheinlicher, dass der Geschäftsführer allein im eigenen Interesse handelt, sodass der Fremdgeschäftsführungswille nach außen erkennbar hervortreten müsse. 50

  Für die h.M. spricht folgende Erwägung: Wusste der Geschäftsführer, dass das Geschäft objektiv auch zu einem fremden Interessenkreis gehört, so ist davon auszugehen, dass er deshalb auch mit dem Willen handelte, das Geschäft für den anderen zu tätigen.[59] Bei einem auch fremden Geschäft kann also der Fremdgeschäftsführungswille **(widerlegbar) vermutet** werden.
- Das **neutrale Geschäft** erhält seinen Fremdcharakter erst durch den Willen des Handelnden, das Geschäft vordringlich oder zumindest gleichzeitig für einen anderen zu führen. Hier besteht **keine Vermutung** des Fremdgeschäftsführungswillens, sondern dieser muss hinreichend nach außen in Erscheinung treten.[60] Die Beweislast dafür trägt der Geschäftsführer. 51

Zur **Vermeidung von Wertungswidersprüchen** zum Bereich der vertraglichen Schuldverhältnisse muss der Geschäftsführer im Rahmen der GoA mit **Rechtsbindungswillen** tätig werden.[61] Bei rechtsgeschäftlichen Schuldverhältnissen wird zwischen Gefälligkeitsverträgen (z.B. einem Auftrag) und einem Gefälligkeitsverhältnis unterschieden. Ob jemand für einen anderen ein Geschäft i.S.d. § 662 besorgt oder nur eine (außerrechtliche) Gefälligkeit erweist, hängt vom Rechtsbindungswillen ab. Maßgeblich ist insoweit, wie sich dem objektiven Beobachter – nach Treu und Glauben unter Berücksichtigung der Umstände des Einzelfalls mit Rücksicht auf die Verkehrssitte – das Handeln des Geschäftsführers darstellt (vgl. dazu bereits oben Rn. 5).

57 BGH RÜ 2021, 12, 13; Palandt/Sprau § 677 Rn. 6; Jauernig/Mansel § 677 Rn. 4.
58 Stamm Jura 2002, 730, 731.
59 Looschelders § 43 Rn. 10; Brox/Walker § 36 Rn. 3.
60 BGH NJW 2003, 3193, 3195.
61 BGH RÜ 2015, 694, 695.

Nach diesen Maßstäben ist auch zwischen einer GoA gemäß § 677 und einer bloßen **Gefälligkeit ohne Auftrag** zu unterscheiden. Ob bei fehlendem Rechtsbindungswillen ein Anspruch aus GoA am Nichtvorliegen einer Geschäftsbesorgung[62] oder mangels Fremdgeschäftsführungswillen[63] scheitert, ist eine rein dogmatische Frage. Da der erforderliche Fremdgeschäftsführungswille das voluntative Element der GoA betrifft, sollte dort vorzugsweise geprüft werden, ob der Geschäftsführer mit dem notwendigen Rechtsbindungswillen handelte.

***Klausurhinweis:*** *Die Frage, ob der Geschäftsführer mit Rechtsbindungswillen tätig wird, ist (ausnahmsweise) nur dann anzusprechen, wenn der Sachverhalt eine Abgrenzung zu einer bloßen Gefälligkeit nahelegt. Der BGH hat in einer der sehr seltenen aktuellen Entscheidungen aus dem Bereich der GoA, einen Rechtsbindungswillen – auch im Verhältnis zum Sportverein – verneint, wenn eine Großmutter ihre minderjährige Enkelin gelegentlich zu Sportveranstaltungen ihres Fußballvereins fährt.*[64]

## III. Ohne Auftrag und ohne sonstige Berechtigung

52 Der Geschäftsführer muss gemäß § 677 ohne Auftrag des Geschäftsherrn und ohne sonstige Berechtigung **gegenüber dem Geschäftsherrn** gehandelt haben. Eine Legitimation gegenüber einem Dritten reicht nicht aus.

- **Ohne Auftrag** handelt, wer dem Geschäftsherrn gegenüber **weder aus Vertrag noch kraft Gesetzes** verpflichtet ist.

  Ob der Geschäftsführer auch dann „ohne Auftrag" handelt, wenn er eine vermeintliche Verpflichtung aus einem **nichtigen Vertrag** erfüllen will, ist streitig (dazu unten Rn. 73).

- Eine **sonstige Berechtigung** kann sich aus einer familienrechtlichen Beziehung (Ehegatten, § 1357) oder einer Amts- bzw. Organstellung (Nachlass-, Insolvenzverwalter, Vereinsvorstand) ergeben.

  Die allgemeine Hilfeleistungspflicht gemäß **§ 323 c StGB** reicht **nicht** aus.[65] Dafür spricht vor allem, dass das spezielle Auftragsverhältnis i.S.d. § 677 immer eine Sonderbeziehung zwischen Geschäftsführer und Geschäftsherrn statuiert, in welcher die rechtlichen Beziehungen, insbesondere auch in Bezug auf den Aufwendungsersatz, speziell geregelt sind. § 323 c StGB begründet aber gerade keine Sonderbeziehung, sondern betrifft die Allgemeinheit.

  ***Klausurhinweis:*** *Zwar ist allgemein anerkannt, dass § 323 c StGB einer GoA nicht entgegensteht, es empfiehlt sich jedoch, immer kurz – soweit es um die Abwendung von Gefahren für Personen oder Sachen geht – festzustellen, dass § 323 c StGB keine sonstige Berechtigung i.S.d. § 677 begründet. Es findet sich nämlich kaum eine (offizielle) Musterlösung in der dieser Punkt nicht aufgeführt wäre.*

62 So Staudinger/Bergmann Vor § 677 Rn. 111.
63 So Palandt/Sprau Vor § 677 Rn. 2.
64 BGH RÜ 2015, 694.
65 Palandt/Sprau § 677 Rn. 11; Nissen, RÜ 2012, 467, 468.

## IV. Interessen- und Willensgemäßheit

Die Übernahme der Geschäftsführung muss schließlich gemäß **§ 683 S. 1** interessen- und willensgemäß sein. 53

- Dem **Interesse** des Geschäftsherrn entspricht die Übernahme der Geschäftsführung, wenn sie für den Geschäftsherrn **objektiv nützlich** ist, sich also vorteilhaft auswirkt.[66]

  Unsachgemäße Maßnahmen sind nicht interessengerecht. Bei körperlichem Einsatz zur Rettung gefährdeter Personen oder Sachen ist im Einzelfall eine **Abwägung zwischen der Höhe des eingegangenen Risikos und der Größe des drohenden Verlustes** erforderlich.[67]

  Zu beurteilen ist dies nach der **Sachlage im Zeitpunkt der Übernahme** der Geschäftsführung. So ist etwa auch ein letztlich erfolgloser Versuch der Lebensrettung interessen- und willensgemäß, wenn nicht von vornherein feststand, dass keinerlei Rettungsmöglichkeit mehr bestand.[68]

  Außerdem ist die **Tilgung einer einredefreien Schuld** grundsätzlich vorteilhaft und damit interessengemäß. Entsprechendes gilt, wenn ein Grundstückseigentümer eine Eigentumsbeeinträchtigung selbst beseitigt. Der Störer wird nämlich von der ihm gemäß § 1004 Abs. 1 S. 1 obliegenden Pflicht frei, so dass die Übernahme des Geschäfts auch in seinem objektiven Interesse liegt.

  **Beispiel:** Wird ein Fahrzeug, das unbefugt auf einem Privatgrundstück in verbotener Eigenmacht abgestellt wurde, im Auftrag des Grundstücksbesitzers im Wege der berechtigten Selbsthilfe entfernt, entspricht dies dem objektiven Interesse und dem mutmaßlichen Willen des Fahrzeughalters.[69]

- **Willensgemäß** ist die Übernahme des Geschäfts nur, wenn

  - der Geschäftsherr sich ausdrücklich oder konkludent damit einverstanden erklärt hat (wirklicher Wille) oder **hilfsweise**

  - die Übernahme dem **mutmaßlichen Willen** des Geschäftsherrn entspricht.

    Das ist der Wille, den der Geschäftsherr bei objektiver Beurteilung aller Umstände geäußert hätte, wenn er bei Übernahme des Geschäfts gefragt worden wäre. Dabei ist regelmäßig davon auszugehen, dass ein **objektiv nützliches** Geschäft auch dem Willen des Geschäftsherrn entspricht.[70]

  Bei der Beurteilung der Willensgemäßheit ist der **tatsächlich geäußerte Wille** in den in § 679 gesetzten Grenzen entscheidend.[71] Deshalb liegen die Voraussetzungen des § 683 – entgegen dem Wortlaut („dem Interesse und dem ... Willen") – auch dann vor, wenn der wirkliche Wille unvernünftig oder interessenwidrig ist.[72]

---

66 MünchKomm/Schäfer § 683 Rn. 9 ff.

67 OLG Düsseldorf RÜ 2015, 497, 498.

68 OLG Frankfurt/Main NJW-RR 1996, 1337.

69 BGH RÜ 2016, 486, 487.

70 BGH NJW 1971, 609, 612; MünchKomm/Schäfer § 683 Rn. 7.

71 BGHZ 138, 281, 287; Palandt/Sprau § 683 Rn. 5.

72 Looschelders § 43 Rn. 21.

***Klausurhinweis:*** *Stellen Sie immer (kurz) fest, ob der tatsächliche Wille bekannt ist. Viele Klausurbearbeiter übersehen dies und gehen unmittelbar auf den mutmaßlichen Willen des Geschäftsherrn ein. Dadurch kann der Korrektor oft nicht zweifelsfrei beurteilen, ob dem Klausurbearbeiter bekannt ist, dass vorrangig auf den wirklichen Willen abzustellen ist. Das kostet Punkte.*

54 ■ Der entgegenstehende **Wille** des Geschäftsherrn ist gemäß § 679 **unbeachtlich**,

- wenn der Geschäftsherr die wahrgenommene **Aufgabe im öffentlichen Interesse** hätte erfüllen müssen oder
- eine **gesetzliche Unterhaltspflicht des Geschäftsherrn** nicht rechtzeitig erfüllt worden wäre.

**Beispiele:** Zu den Unterhaltspflichten i.S.d. § 679 zählen etwa solche des Familienrechts (§§ 1360 f., 1601 ff.) und des Erbrechts (§1969).[73]

55 Umstritten ist, welche Bedeutung dem entgegenstehenden Willen des **Selbstmörders** zukommt.

**Beispiel:** H nimmt – nach reiflicher Überlegung – in einem Hotel eine Überdosis Schlaftabletten ein, um aus dem Leben zu scheiden. Der herbeigerufene Arzt F rettet den H. Kann F nunmehr Ersatz für die dabei eingesetzten Medikamente verlangen?

**I.** F hat mit Fremdgeschäftsführungswillen, ohne dem H gegenüber verpflichtet zu sein, ein Geschäft des H getätigt, § 677.
**II.** Außerdem muss die Übernahme der Geschäftsführung interessen- und willensgemäß sein.
**1.** Die Tätigkeit des F war interessengemäß, da sie für den Geschäftsherrn objektiv nützlich war.
**2.** Der H wollte jedoch aus dem Leben scheiden, sodass die Übernahme der Geschäftsführung **nicht willensgemäß** war. Der entgegenstehende Wille des H könnte jedoch gemäß **§ 679** unbeachtlich sein.
**a)** Nach einer Auffassung ist primär auf den Willen des Geschäftsherrn, d.h. auf den des Selbstmörders abzustellen. Der einer Rettung entgegenstehende Wille des Lebensmüden soll danach nur dann unbeachtlich sein, wenn die Entschließung zum Freitod in einem Zustand erheblicher geistiger Störung erfolgt (arg. aus §§ 104, 105).[74] Da hier nicht ersichtlich ist, dass sich H in einem Zustand erheblicher geistiger Störung befand, liegen nach dieser Meinung die Voraussetzungen der berechtigten GoA nicht vor und es besteht kein Aufwendungsersatzanspruch des Arztes (zur unberechtigten GoA vgl. Rn. 84 ff.).
**b)** Nach h.M. ist der entgegenstehende Wille des Selbstmörders indes unbeachtlich. Die Begründungen hierfür sind unterschiedlich.
**aa)** Zum Teil werden für die Unbeachtlichkeit des entgegenstehenden Willens des Selbstmörders, die §§ 13, 323 c StGB, unmittelbar herangezogen.[75]
**bb)** Nach anderer Auffassung ist der entgegenstehende Wille des Selbstmörders analog § 679 nicht zu beachten.[76] Dabei wird die Analogie mit der Wertung des § 323 c StGB begründet.[77]

Jedenfalls ist mit der h.M. anzunehmen, dass der entgegenstehende Wille des Selbstmörders unbeachtlich ist. Mit der Anwendung der GoA-Regeln soll nämlich kein menschliches Werturteil gefällt werden, sondern einer risikogerechte Verteilung der Aufwendungen und Schäden unter Berücksichtigung der beiderseitigen Vermögensinteressen erfolgen. Vor diesem Hintergrund ist es sachgerecht, eine berechtigte GoA zu bejahen, weil andernfalls dem „ungewollten" Retter bei einem Selbstmordversuch kein Anspruch auf Aufwendungsersatz zustünde. Den Geschäftsführer allein auf einen Anspruch aus § 823 Abs. 1 unter dem Gesichtspunkt der „Herausforderung" durch den Selbstmörder zu verweisen, reicht nicht aus.

F kann Ersatz für die aufgewendeten Medikamente verlangen.

---

73 Brox/Walker § 36 Rn. 34.
74 MünchKomm/Schäfer § 679 Rn. 13.
75 Staudinger/Bergmann § 679 Rn. 24.
76 BeckOK/Gehrlein § 679 Rn. 6.
77 Jauernig/Mansel § 679 Rn. 2.

***Klausurhinweis:*** *Neben den Ansprüchen aus GoA können bei der Rettung eines Selbstmörders Ansprüche aus § 823 Abs. 1 bestehen, wenn bei dem zum Eingreifen herausgeforderten Retter durch die Rettung Rechte i.S.d. § 823 Abs. 1 (Körper, Gesundheit) verletzt worden sind.*[78]

## B. Rechtsfolgen der berechtigten GoA

Mit der Vornahme einer berechtigten GoA entsteht zwischen dem Geschäftsherrn und dem Geschäftsführer **kraft Gesetzes** ein pflichtenbegründendes **Schuldverhältnis**. 56

### I. Ansprüche des Geschäftsführers gegen den Geschäftsherrn

Die Vorschriften über die GoA sind nicht anwendbar, wenn der Handelnde nach **Spezialgesetzen** einen Anspruch auf **Aufwendungsersatz** hat. 57

- Nach § 970 kann der Finder die zum Zwecke der Verwahrung oder Erhaltung der Sache oder zum Zwecke der Ermittlung eines Empfangsberechtigten gemachten Aufwendungen ersetzt verlangen.
- Wer als unrechtmäßiger Besitzer auf die fremde Sache Verwendungen macht, kann diese nach den Vorschriften der §§ 994 ff. ersetzt verlangen.

  **Hinweis:** Ist die Besitzergreifung eine berechtigte GoA, so macht dies den Besitz rechtmäßig.
- Nach § 1648 können die Eltern vom Kind die bei der Sorge für die Person oder das Vermögen des Kindes gemachten Aufwendungen ersetzt verlangen.
- Nach § 1835 steht dem Vormund ein Aufwendungsersatzanspruch für seine Tätigkeiten zu.

Sind keine Spezialgesetze einschlägig, so kann der Geschäftsführer gemäß den **§§ 683 S. 1, 670** „wie ein Beauftragter" vom Geschäftsherrn die **erforderlichen Aufwendungen** ersetzt verlangen.

- Aufwendungen sind **freiwillige Vermögensopfer**.
- **Erforderlich** sind vermögensrechtliche Maßnahmen, die der Geschäftsführer nach den Umständen des Einzelfalles für erforderlich **halten durfte**. Entscheidend ist die objektive Betrachtung aus der Sicht eines sorgfältigen Beauftragten in gleicher Lage.
- Sofern die **Tätigkeit** im Rahmen der GoA zum Beruf oder Gewerbe des Geschäftsführers gehört, ist die Tätigkeit **entsprechend § 1835 Abs. 3** zu vergüten.[79] Anders als beim Auftrag fehlt es nämlich bei der GoA an einer Vereinbarung über die Unentgeltlichkeit der Geschäftsbesorgung.
- Nach h.M. umfasst der Aufwendungsbegriff im Rahmen der GoA auch die **risikotypischen Schäden**, weil der Geschäftsführer das mit der Geschäftsführung verbundene Schadensrisiko **freiwillig** auf sich genommen hat.[80] Dafür spricht ferner der Rechtsgedanke des § 110 Abs. 1 HGB.

  Da es sich insoweit um einen Schadenersatzanspruch handelt, ist entsprechend **§ 254** ein etwaiges **Mitverschulden des Geschäftsführers** anspruchsmindernd zu berücksichtigen.[81]

78 Vgl. AS-Skript Schuldrecht BT 4 (2021), Rn. 171 ff.

79 BeckOK/Gehrlein § 683 Rn. 4.

80 BGH RÜ 1993, 357 f.; Palandt/Sprau § 670 Rn. 11.

81 Palandt/Sprau § 670 Rn. 12.

Dabei muss aber ggf. wiederum die Wertung des § 680 Berücksichtigung finden. Nach dieser Vorschrift hat der Geschäftsführer nur Vorsatz und grobe Fahrlässigkeit zu vertreten, wenn die Geschäftsführung die Abwendung einer dem Geschäftsherrn drohenden dringenden Gefahr bezweckt. **§ 680** gilt direkt für die Haftung des Geschäftsführers gegenüber dem Geschäftsherrn, begrenzt darüber hinaus jedoch auch das Risiko eigener Verluste, sodass dann ein **Mitverschulden des Geschäftsführers nur bei Vorsatz und grober Fahrlässigkeit** zur Kürzung des Anspruchs führt.[82]

**Fall 2: Nichts ist umsonst**

Bestattungsunternehmer B verlangt von F, der Ehefrau des Verstorbenen, die Kosten der Bestattung für ihren verstorbenen Ehemann, von dem sie getrennt lebte. Sie ist nicht Erbin des Verstorbenen, aber nach dem anwendbaren Landesbestattungsgesetz vorrangig bestattungspflichtig.

Nach der Überführung der Leiche in die Bestattungshalle des B kam es zu einem Treffen mit der F und einer der Töchter des Verstorbenen, bei dem F es ablehnte, die anfallenden Bestattungskosten zu übernehmen. Als B von F die erforderlichen Bestattungskosten verlangt, beruft sich diese vor allem auf ihre fehlende Leistungsfähigkeit und auf den Umstand, dass sie nicht Erbin geworden ist. Kann B von F die Übernahme der Bestattungskosten verlangen?

A. Ein Anspruch des B gegen F auf Übernahme der Bestattungskosten könnte sich aus **§ 631 Abs. 1** ergeben.

Dann müsste zwischen den Beteiligten ein **als Werkvertrag zu qualifizierender Bestattungsvertrag** abgeschlossen worden sein. In einem solchen Fall gilt die Vergütung als stillschweigend vereinbart, wenn die Herstellung des Werkes den Umständen nach nur gegen eine Vergütung zu erwarten ist, **§ 632 Abs. 1**.

Da im vorliegenden Fall die Frage der Vergütung Gegenstand des zwischen den Parteien geführten Gespräches war und F dabei die Zahlung einer Vergütung ausdrücklich unter Hinweis auf ihre fehlende Leistungsfähigkeit abgelehnt hat, ist kein Werkvertrag zustande gekommen.

B. B könnte gegen F einen Anspruch aus **§§ 677, 683 S. 1, 670** haben.

I. Die Bestattung ist eine tatsächliche Handlung und damit eine **Geschäftsbesorgung i.S.d. § 677**.

II. Ferner müsste B das **Geschäft für F geführt** haben. Dazu müsste es in den Pflichten- oder Interessenkreis der F fallen. Die Bestattung könnte kein Geschäft für F sein, weil sie nicht Erbin ist und daher gemäß § 1968 nicht für die Beerdigungskosten haftet.

Entscheidend für die Person des Geschäftsherrn ist jedoch nicht die Stellung als Erbe, sondern die **Verpflichtung, für die Beerdigung zu sorgen**. Die öffentlich-rechtliche Verpflichtung ergibt sich hier aus dem Landesrecht. Auch die Wahr-

82 MünchKomm/Schäfer § 680 Rn. 8.

nehmung einer Verpflichtung aus dem öffentlichen Recht kann einen Anspruch auf Geschäftsführung ohne Auftrag begründen. Die §§ 677 ff. sind nämlich nur dann nicht anwendbar, wenn Vorschriften des öffentlichen Rechts eine **abschließende Regelung** enthalten und die Aufgabenerfüllung ausschließlich in die Zuständigkeit einer Behörde fällt. Dies ist jedoch bei Bestattungsverpflichtungen nicht der Fall, weil diese primär von den Angehörigen des Verstorbenen zu erfüllen sind und eher subsidiär von der Gemeinde.[83]

B hat mit der Erfüllung der öffentlich-rechtlich begründeten Bestattungspflicht der F also ein **objektiv fremdes Geschäft** geführt.

Der **Fremdgeschäftsführungswille** wird bei einem objektiv fremden Geschäft **vermutet**. Eine Widerlegung der Vermutung ist hier nicht ersichtlich.

III. B handelte auch **ohne Auftrag und sonstige Berechtigung**, weil mit F kein Bestattungsvertrag zustande gekommen ist.

IV. Gemäß **§ 683 S. 1** muss die Übernahme der Geschäftsführung dem **Interesse** und dem wirklichen oder **mutmaßlichen Willen** des Geschäftsherrn entsprechen. Die Übernahme der Geschäftsführung entspricht dem Interesse des Geschäftsherrn, wenn sie objektiv nützlich ist.

Dies ist hier der Fall, da B die Bestattungspflicht der F erfüllte. Die Übernahme der Geschäftsführung entsprach aber nicht dem Willen der F, da sie unter Hinweis auf ihre mangelnde Zahlungsfähigkeit den Abschluss eines Bestattungsvertrags ausdrücklich abgelehnt hat.

Der **entgegenstehende Wille der F** ist jedoch gemäß **§ 679 unbeachtlich**, denn für die Bestattung eines Verstorbenen besteht ein dringendes öffentliches Interesse. Auch die mangelnde Leistungsfähigkeit der Beklagten schließt die Anwendung des § 679 nicht aus, da ihr ein Kostenerstattungsanspruch aus § 74 SGB XII zusteht.[84]

V. B kann von F gemäß **§ 670** die **Aufwendungen** ersetzt verlangen, die er den Umständen nach für **erforderlich** halten durfte. Dies ist der Betrag, der üblicherweise für eine würdige, den üblichen Gepflogenheiten entsprechende, einfache Beerdigung anfällt (Sozialbestattung). Da B das fremde Geschäft im Rahmen seines Gewerbes als Bestattungsunternehmer durchgeführt hat, umfasst der Aufwendungsersatzanspruch **gemäß § 1835 Abs. 3 analog** auch die übliche Vergütung.

B hat gegen F einen Anspruch auf Zahlung der Bestattungskosten aus §§ 677, 683 S. 1, 670.

C. Ein Anspruch aus **§ 1968**, wonach der Erbe die Kosten der Beerdigung des Erblassers trägt, scheidet aus, da F nicht Erbin ist.

---

83 BGH RÜ 2012, 75 f.

84 § 74 SGB XII lautet: „Die erforderlichen Kosten einer Bestattung werden übernommen, soweit den hierzu Verpflichteten nicht zugemutet werden kann, die Kosten zu tragen. Der mittellose Bestattungspflichtige hat gegen den Sozialhilfeträger Anspruch auf Kostenerstattung nach § 74 SGB XII."

Begründet der Geschäftsführer zum Zwecke der Aufgabenerfüllung eine eigene Verbindlichkeit, so kann er gemäß §§ 683 S. 1, 670, **257**, soweit das geschuldete Entgelt nicht geleistet wurde, **Befreiung von der Verbindlichkeit** verlangen.[85]

**Beispiel:** Der Geschäftsführer füttert das dem Geschäftsherrn entlaufene Tier. Dabei schließt er im eigenen Namen einen Kaufvertrag über Tierfutter ab, bezahlt aber nicht, sondern fordert den Geschäftsherrn auf, den Kaufpreis zu zahlen.

Schließt der Geschäftsführer im Namen des Geschäftsherrn als **Vertreter ohne Vertretungsmacht** einen Vertrag ab und genehmigt der Geschäftsherr den Vertragsschluss nicht, so ist der Geschäftsherr verpflichtet, den Vertreter ohne Vertretungsmacht von der sich aus § 179 ergebenden Verbindlichkeit zu befreien.

**Beispiel:** H ist im Urlaub. In einer Sturmnacht deckt der Wind einen Teil des Hausdaches ab. Der Nachbar, Studienrat F, bestellt im eigenen Namen den Dachdecker D, der das Dach instand setzt.

**I.** Der F hat mit dem Abschluss des Werkvertrags über die Hauseindeckung ein Geschäft des H mit Fremdgeschäftsführungswillen getätigt, ohne dazu beauftragt worden zu sein. Diese Geschäftsführung war interessen- und willensgemäß.
**II.** F kann die erforderlichen Aufwendungen ersetzt verlangen. Da der F zum Zwecke der Durchführung der Geschäftsführungsaufgaben eine Verbindlichkeit begründet hat, kann er gemäß §§ 683 S. 1, 670, 257 Befreiung verlangen.
**Hinweis:** Hätte F den Werkvertrag im Namen des H ohne Vertretungsmacht abgeschlossen und H die Genehmigung verweigert, dann hätte H den F von der sich aus § 179 ergebenden Verbindlichkeit befreien müssen. Ein Anspruch des Geschäftsführers F gegen den Geschäftsherrn H auf Genehmigung des schwebend unwirksamen Vertrags besteht dagegen nicht.[86]

## II. Pflichten des Geschäftsführers gegenüber dem Geschäftsherrn

58 Der Geschäftsführer muss bei der Durchführung der berechtigten GoA die im Verkehr erforderliche **Sorgfalt** beachten.

Hinsichtlich der weiteren Ansprüche des Geschäftsherrn gegen den Geschäftsführer gelten gemäß **§ 681 S. 2** die Regeln des Auftragsrechts.

- Der Geschäftsführer hat die **Übernahme** der Geschäftsführung, sobald es tunlich ist, dem Geschäftsherrn **anzuzeigen** und, soweit mit dem Aufschub keine Gefahr verbunden ist, dessen Entschließung abzuwarten (§ 681 S. 1).
- Gemäß §§ 681 S. 2, **666** ist der Geschäftsführer ferner zur **Auskunft** und **Rechenschaft** verpflichtet.
- Der Geschäftsführer muss außerdem gemäß §§ 681 S. 2, **667** das in Ausführung der Geschäftsführung Erlangte herausgeben. Die **Herausgabepflicht** erstreckt sich auch auf den erzielten Gewinn.

  Dazu gehören alle Sachen und Rechte, die der Geschäftsführer von einem Dritten infolge der Geschäftsbesorgung erhalten hat, die also mit der Geschäftsbesorgung in einem **inneren Zusammenhang** stehen,[87] also auch Schmiergelder.

85 BGH NJW-RR 2005, 887, 890.
86 MünchKomm/Schäfer § 683 Rn. 32.
87 Palandt/Sprau § 667 Rn. 3.

- Schließlich muss der Geschäftsführer das herauszugebende **Geld**, das er für sich verwendet hat, **verzinsen**, §§ 681 S. 2, 668.

Vindikationsansprüche nach §§ 987 ff. scheiden aus, da die berechtigte GoA ein **Recht zum Besitz** begründet (s.o. Rn. 46). Außerdem kommen Ansprüche aus §§ 812 ff. ebenfalls nicht in Betracht, da die berechtigte GoA einen **Rechtsgrund** bildet.

## III. Rechtsfolgen bei Pflichtverletzungen

### 1. Pflichtverletzung des Geschäftsführers

Verletzt der Geschäftsführer die Sorgfaltspflicht, die Geschäftsführung im Interesse und mutmaßlichen oder wirklichen Willen des Geschäftsherrn auszuführen, so haftet er nach **§ 280 Abs. 1**. 59

Auch weitere Pflichtverletzungen, wie sie sich aus den **Nebenpflichten** des § 681 direkt oder i.V.m. §§ 666–668 ergeben können, haben eine Schadensersatzpflicht nach § 280 Abs. 1 zur Folge. So muss ein Geschäftsführer dem Geschäftsherrn etwa den Schaden ersetzen, der aus einer verspäteten Anzeige der Übernahme der Geschäftsführung entsteht, §§ 280 Abs. 1, 681 S. 1.

**Beispiel:** Ein Netzbetreiber liefert Strom auf eigene Rechnung an einen Endverbraucher, nachdem der eigentliche Stromlieferant dazu wegen Insolvenz nicht mehr in der Lage war. Der Endverbraucher zahlt weiter an den Lieferanten, weil der Netzbetreiber ihm die Insolvenz des Lieferanten und das damit zusammenhängende eigene Eintreten in die Stromlieferung nicht mitteilt.

Da der Endverbraucher das rechtsgrundlos weitergezahlte Geld vom Lieferanten nicht mehr zurückerhalten kann, ist ihm ein Schaden infolge der verspäteten Anzeige der Geschäftsübernahme durch den Netzbetreiber entstanden. Diesen Schaden kann der Endverbraucher dem Aufwendungsersatzanspruch des Netzbetreibers für die eigenen Lieferungen aus § 683 S. 1 durch Aufrechnung (§ 389) entgegenhalten.[88]

Im Fall der Verletzung von Rechten oder Rechtsgütern des Geschäftsherrn kommt zudem eine Haftung nach **§ 823 Abs. 1** in Betracht. In der Regel ist aber davon auszugehen, dass die berechtigte Geschäftsführung ohne Auftrag dem Verhalten des Geschäftsführers die **Widerrechtlichkeit nimmt** (s.u.).[89] 60

Es gelten folgende **Haftungserleichterungen** und **Haftungsausschlüsse** für den Geschäftsführer: 61

- Bezweckt die Geschäftsführung die Abwendung einer dem Geschäftsherrn drohenden **dringenden Gefahr,** so hat der Geschäftsführer nur Vorsatz und grobe Fahrlässigkeit zu vertreten, **§ 680**.

  **Beispiel:** Der Geschäftsführer will den bei einem Unfall verletzten Geschäftsherrn ins Krankenhaus fahren. Als der Geschäftsführer den Geschäftsherrn zum Wagen trägt, fügt er ihm infolge leichter Unachtsamkeit eine weitere Verletzung zu. Der Geschäftsführer haftet gemäß § 680 nicht für diese leicht fahrlässige Verletzungshandlung.

- Ist der Geschäftsführer **geschäftsunfähig** oder in der Geschäftsfähigkeit beschränkt, so ist er nur nach den Vorschriften über den Schadensersatz wegen unerlaubter

88 BGH NJW-RR 2005, 63, 64 f.

89 Vgl. Looschelders § 43 Rn. 27.

Handlung oder über die Herausgabe einer ungerechtfertigten Bereicherung verantwortlich, **§ 682**.

- Sofern der Geschäftsführer im Rahmen der berechtigten GoA in die Rechte des Geschäftsherrn eingreift, kann er dafür nicht haftbar gemacht werden. Die GoA stellt einen **Rechtfertigungsgrund** dar.

**Beispiel:** In der Wohnung des Geschäftsherrn bricht ein Brand aus. Der Nachbar löscht den Brand. Durch das Löschwasser werden andere Sachen des Geschäftsherrn beschädigt.

Dem Geschäftsherrn stehen gegen den Geschäftsführer keine Ansprüche aus § 280 Abs. 1 oder aus § 823 zu, weil die Handlung, die zur Rechtsgutverletzung geführt hat, im Rahmen der GoA geboten und somit nicht rechtswidrig war.

## 2. Pflichtverletzung des Geschäftsherrn

62 Erfüllt der Geschäftsherr den Aufwendungsersatzanspruch des Geschäftsführers verspätet, so haftet er nach den Regeln des Verzugs, **§§ 280 Abs. 1, 2, 286**.

## 3. Ansprüche des Geschäftsführers und des Geschäftsherrn

63 **Fall 3: Arm um Arm**

H, der auf dem Rhein bei Düsseldorf segelt, wird durch eine grobe Unachtsamkeit eines anderen Seglers gegen einen Brückenpfeiler gedrängt. Das Segelboot kentert, H treibt im Wasser und ruft um Hilfe.

Finanzberaterin F, die diesen Vorfall vom Ufer des mondänen Medienhafens aus beobachtet, macht in aller Eile ihre Jacht los, um H zur Hilfe zu kommen. Beim Ablegen beschädigt sie dabei ihr Boot infolge leichter Unachtsamkeit. Als F den H an Bord der Jacht nehmen will, verletzt sich die F erheblich am Arm.

F verlangt nunmehr von H den Ersatz der Benzinkosten, die Zahlung einer Vergütung für den Rettungsdienst sowie Ersatz für die Reparatur des Bootes und Ersatz der Arztkosten für die Behandlung ihrer Armverletzung.

Auch H ist durch die Rettungsbemühungen der F am Arm verletzt worden. Er verlangt Schadensersatz für die entstandenen Arztkosten und Schmerzensgeld, da F bei ihren Rettungsbemühungen nicht sorgfältig vorgegangen sei. F meint, dass sie kein Verschulden treffe, da es ihr in der Eile nicht möglich gewesen sei, anders zu handeln. Bestehen die von F und H geltend gemachten Ansprüche?

A. **Ansprüche des F gegen H**

F könnte gegen H einen Anspruch auf Aufwendungsersatz gemäß **§§ 677, 683 S. 1, 670** haben.

I. Da es zum Interessenkreis des H gehörte, die ihm drohende Gefahr des Ertrinkens und des Untergangs des Bootes selbst abzuwenden, hat F mit der Übernahme der Rettungshandlung ein objektiv **fremdes Geschäft** für H besorgt.

II. Der **Fremdgeschäftsführungswille** wird bei einem objektiv fremden Geschäft **vermutet**. Eine Widerlegung der Vermutung ist hier nicht ersichtlich.

III. F war gegenüber dem H nicht zum Handeln verpflichtet. Er hat **ohne Auftrag und ohne sonstige Berechtigung** gehandelt. Die allgemeine Hilfeleistungspflicht gemäß **§ 323 c StGB reicht nicht** aus.

IV. Die Rettung ist objektiv nützlich und damit interessengemäß. Ferner entspricht sie dem durch die Hilferufe des H geäußerten Willen. Darauf, dass H am Arm verletzt wurde, darf nicht abgestellt werden. Entscheidend ist, dass die **Übernahme** des Geschäfts **interessen- und willensgemäß** war.

V. Als **Rechtsfolge** kann F wie ein Beauftragter die **erforderlichen Aufwendungen** ersetzt verlangen, §§ 670, 683 S. 1.

1. F kann Ersatz der **Benzinkosten** verlangen, weil er dieses Benzin – freiwillig – zum Zwecke der Durchführung des Auftrags verbraucht hat.

2. Zwar kann eine **Tätigkeitsvergütung** vom Geschäftsführer verlangt werden, wenn die vorgenommene Tätigkeit zum Beruf oder Gewerbe des Geschäftsführers gehört (§ 1835 Abs. 3 analog). Jedoch gehörte die Rettungsfahrt nicht zu der beruflichen Tätigkeit des Finanzberaters F.

3. Nach h.M. umfasst der Aufwendungsbegriff im Rahmen der GoA auch **Schäden**, die dadurch entstehen, dass sich das **typische Risiko** der übernommenen Geschäftsführung realisiert hat.

   Die von F vorgenommene Rettungshandlung erforderte schnelles Handeln und hatte zur Folge, dass für die Rechtsgüter des F ein erhöhtes Risiko entstand. Da sich mit dem Schaden an der Jacht und der Körperverletzung ein typisches, mit der Geschäftsführung verbundenes **Risiko verwirklicht** hat, kann F von H Schadensersatz verlangen, also die Reparatur- und Arztkosten.

   Ein Aufwendungsersatzanspruch in Form des Schadensausgleiches ist in den Fällen eines „Mitverschuldens" gemäß **§ 254 analog** zu kürzen.[90]

   Wenn der Geschäftsführer aber zur Abwendung einer drohenden Gefahr tätig wird, muss der **Rechtsgedanke des § 680** in die Wertung einbezogen werden. Das bedeutet, dass dem Geschäftsführer ein Mitverschulden nur dann anzurechnen ist, wenn er grob fahrlässig oder mit Vorsatz gehandelt hat.[91]

   Da F den Bootsschaden und seine Verletzung am Arm nicht durch grobe Fahrlässigkeit oder Vorsatz verursacht hat, ist der Anspruch nicht entsprechend § 254 zu kürzen.

F kann also von H die Benzinkosten und seine Schäden ersetzt verlangen.

B. **Ansprüche des H gegen F**

I. Ein Anspruch auf Schadensersatz aus **§ 678** scheidet aus, da eine berechtige GoA vorliegt.

90 Palandt/Sprau § 670 Rn. 12.

91 Looschelders § 43 Rn. 26.

II. H könnte gegen F einen Schadensersatzanspruch aus **§ 280 Abs. 1** haben.

1. Die berechtigte GoA ist ein **Schuldverhältnis** i.S.d. § 280.

2. Ferner ist in der Verletzung des Arms objektiv eine **Pflichtverletzung** i.S.v. § 677 Hs. 2 zu sehen.

3. Fraglich ist indes, ob F diese Pflichtverletzung auch **zu vertreten** hat. Dies wird gemäß **§ 280 Abs. 1 S. 2** so lange vermutet, bis der Schuldner sich exkulpiert. Hier macht F geltend, dass ihn kein Verschulden treffe, da es ihm in der Eile nicht möglich gewesen sei, anders zu handeln. Legt man hierfür den Maßstab des § 276 zugrunde, haftet F aber bereits bei **leichtester Fahrlässigkeit**.

   Da die Rettungsmaßnahme des F allerdings die Abwendung einer dem H drohenden dringenden Gefahr bezweckte, hat F gemäß **§ 680** nur Vorsatz und grobe Fahrlässigkeit zu vertreten. F handelte hier nur leicht fahrlässig, sodass er sich erfolgreich exkulpiert hat.

H hat gegen F keinen Anspruch aus § 280 Abs. 1.

III. Ein Schadensersatzanspruch des H gegen F aus **§ 823 Abs. 1** besteht nicht. Zwar liegt eine Körper- und Gesundheitsschädigung in Form der Verletzung des H vor. Die echte berechtigte GoA schließt jedoch die Rechtswidrigkeit i.S.v. § 823 aus.[92] Ferner wird im Rahmen des § 823 das Haftungsprivileg des § 680 analog angewandt, um Wertungswidersprüche zu vermeiden.

H hat daher keine Ansprüche gegen F.

---

## C. Klausurtypische Fallgestaltungen

64 Tätigt der Geschäftsführer ein für ihn fremdes Geschäft, dessen Wahrnehmung aber **auch** ihm obliegt, oder hat er die Gefahr, zu deren Abwendung er tätig geworden ist, mitverursacht, so können die Regeln der GoA trotz der **Mitverpflichtung** oder der **Mitverursachung** eingreifen. Klausurrelevant sind insbesondere die folgenden Fallkonstellationen:

- Der Geschäftsführer will eine **Verbindlichkeit gegenüber einem Dritten** erfüllen (Rn. 65 ff.).
- Ein erwarteter **Vertragsschluss schlägt fehl** (Rn. 71).
- Der Geschäftsführer will eine **vermeintliche Verbindlichkeit** gegenüber dem Geschäftsherrn erfüllen (Rn. 72 ff.).
- Der **Geschäftsführer** ist **neben anderen Personen** auch zur Wahrnehmung der Aufgabe verpflichtet (sog. Mitverpflichtung) (Rn. 77).

92 BeckOK/Gehrlein § 677 Rn. 20; Looschelders § 43 Rn. 27.

## I. Geschäftsführer will Verbindlichkeit gegenüber Drittem erfüllen (pflichtgebundener Geschäftsführer)

Erledigt der Handelnde zur Erfüllung einer Vertragspflicht gegenüber seinem Gläubiger Aufgaben, die auch zum Interessen- und Geschäftsbereich eines Dritten – des Geschäftsherrn – gehören, so kann der Handelnde grundsätzlich 65

- von seinem Vertragspartner die vertragliche Vergütung für die Tätigkeit und
- von demjenigen, dessen Aufgaben auch wahrgenommen worden sind, unter den Voraussetzungen der GoA den **Ersatz seiner Aufwendungen verlangen**. Dies gilt nach h.M. jedoch nur, soweit der Vertrag, aus dem sich die Verpflichtung des Geschäftsführers ergibt, die **Entgeltfrage nicht abschließend und umfassend regelt**.[93]

  **Beispiel:** Ein Reinigungsunternehmen, das von der Gemeinde mit der Reinigung der Straße beauftragt worden ist, kann gegen den Verursacher der Straßenverschmutzung nicht aus GoA vorgehen.[94]

**Fall 4: Der Abschlepper**

Abschleppunternehmer F hat mit der Polizei P einen Rahmenvertrag geschlossen, wonach er auf Abruf verunglückte Pkw von der Autobahn abschleppen soll. Eine Regelung darüber, ob und in welcher Höhe F vergütet werden soll, treffen F und P nicht.

Nach Aufforderung durch P holt F an einem trüben Novembertag das Fahrzeug des H, das bei einem Unfall erheblich beschädigt worden ist, von der Autobahn ab. F verlangt nunmehr von H die Abschleppkosten i.H.v. 350 €. Zu Recht?

A. Ein **vertraglicher Vergütungsanspruch** steht dem F gegen H nicht zu, weil die Polizei den Auftrag zum Abschleppen des Wagens nicht als Vertreter des H, sondern im eigenen Namen erteilt hat. Der F hat deshalb mit der P und nicht etwa mit H einen Werkvertrag abgeschlossen.

B. F könnte gegen H einen Anspruch i.H.v. 350 € gemäß **§§ 677, 683 S. 1, 670** haben.

I. Das Abschleppen des Wagens ist eine tatsächliche Handlung und somit eine **Geschäftsbesorgung** i.S.d. § 677.

II. F müsste das **Geschäft** ferner **für H besorgt** haben.

1. H war als Eigentümer des Pkw privat- und öffentlich-rechtlich verpflichtet, die durch den Unfall verursachte Störung zu beseitigen. Er hätte also den Wagen selbst nach Hause oder in eine Werkstatt schaffen müssen. Daher hat F mit dem Abschleppen des Wagens ein Geschäft des H besorgt.

   Gleichzeitig hat F aber **auch** ein **eigenes Geschäft** getätigt, weil er seiner Vertragspflicht gegenüber der Polizei nachkommen wollte.

93 BeckOK/Gehrlein § 677 Rn. 16.

94 Vgl. dazu BGH RÜ 2012, 550 ff.

Mit dem Abschleppen des Pkw hat F somit sowohl ein fremdes als auch ein eigenes Geschäft besorgt, es liegt mithin ein **auch fremdes Geschäft** vor.

2. Fraglich ist, ob dies der Anwendung der Regeln der GoA entgegensteht.

66 a) Nach h.M.[95] sind die Vorschriften über die GoA auch dann anwendbar, wenn der Geschäftsführer eine wirksame **vertragliche Verpflichtung gegenüber einem Dritten** erfüllen will. Nimmt der Geschäftsführer ein objektiv fremdes Geschäft wahr, so wird der Aufgabencharakter nicht dadurch geändert, dass eine wirksame vertragliche Beziehung zu einem Dritten – hier der Polizei – besteht.

Eine Ausnahme von diesem Grundsatz wird nur dann gemacht, wenn die Verpflichtung auf einem mit dem Dritten wirksam geschlossenen Vertrag beruht, der die Rechte und Pflichten des Geschäftsführers und insbesondere die **Entgeltfrage abschließend und umfassend regelt**.[96]

67 b) Die Lit. lehnt hingegen in diesen Fällen die Anwendung der GoA-Vorschriften grundsätzlich ab.

aa) Teilweise wird die Auffassung vertreten, dass derjenige, der mit der Geschäftsführung eigene Vertragspflichten erfüllt, in erster Linie eine Leistung an seinen Vertragspartner erbringen will und daher kein fremdes Geschäft i.S.d. § 677 besorge.[97]

bb) Andere begründen den Ausschluss der Regeln der GoA damit, dass der Privatunternehmer, der von Behörden durch Werkverträge zur Beseitigung von Störungen oder Gefahren eingesetzt werde, eine Aufgabe der Behörde wahrnehme, für die allein öffentlich-rechtliche Vorschriften maßgebend seien.[98]

c) Gegen die Auffassung der Lit. spricht jedoch, dass allein der Umstand, dass ein Vertrag mit einem Dritten vorliegt, nicht ausschließt, dass es sich auch um ein fremdes Geschäft handelt.

Demnach scheiden Ansprüche aus GoA nur dann aus, wenn die vertragliche Beziehung des F mit P die Entgeltfrage umfassend und abschließend regelt. Grund für diese Ausnahme ist, dass die GoA nicht dazu bestimmt ist, dem vertraglich verpflichteten Geschäftsführer das **Insolvenzrisiko** für seinen Vertragspartner (Dritten) abzunehmen.

F und P haben die Entgeltfrage nicht umfassend geregelt ist. Zwar gilt bei einem Werkvertrag gemäß **§ 632 Abs. 1** eine Vergütung als stillschweigend vereinbart, wenn – wie hier – zu erwarten ist, dass die Herstellung des Werkes nach den Umständen nur gegen Entgelt erfolgt. Die Vermutung des

95 BGH NJW-RR 2008, 683, 685; Schwark JuS 1984, 321, 328.
96 BGH NJW-RR 2004, 82, 83; Staudinger/Bergmann Vorb v §§ 677 ff. Rn. 325.
97 Schubert AcP 178, 425, 439 ff.; Schwerdtner Jura 1982, 593, 599.
98 AG Krefeld NJW 1979, 722 f.; Medicus JZ 1967, 63 f.; Berg JuS 1975, 681, 684.

§ 632 Abs. 1 ist jedoch einer umfassenden Regelung der Entgeltfrage nicht gleichzustellen.[99]

Der Vertrag mit P steht damit einer Anwendung der GoA-Vorschriften nicht entgegen.

3. F müsste ferner mit **Fremdgeschäftsführungswillen** gehandelt haben. Ob dieser, wie bei einem fremden Geschäft, ebenso bei einem „auch fremden Geschäft" vermutet werden kann, ist umstritten.

a) Teilweise[100] wird davon ausgegangen, dass der Fremdgeschäftsführungswille aufgrund konkreter Anhaltspunkte bewiesen werden muss und nicht aufgrund einer bloßen Vermutung gefolgert werden kann. Entscheidend sei hierfür, ob der Geschäftsführer fremdnützig tätig wird oder lediglich aus Eigennutz handelt.[101] **68**

Bei Vornahme eines auch eigenen Geschäfts spreche deshalb eine Vermutung dafür, dass der Handelnde ausschließlich mit Eigengeschäftsführungswillen gehandelt habe. Grund für diese restriktive Auslegung ist, dass eine übermäßige Ausdehnung des Anwendungsbereichs der GoA verhindert werden soll. Vorliegend geht F seiner beruflichen Tätigkeit als Abschleppunternehmer nach. Hierbei handelt er auch im eigenen Interesse, sodass nach dieser Auffassung nicht auf seinen Fremdgeschäftsführungswillen geschlossen werden kann.

b) Nach h.M.[102] kann **auch bei** einem **auch fremden Geschäft** der Fremdgeschäftsführungswille **vermutet** werden. **69**

Für diese Auffassung spricht, dass sich bei einem auch fremden Geschäft der Fremdgeschäftsführungswille regelmäßig aus den Umständen ergibt. Wenn der Geschäftsführer nämlich weiß, dass er im fremden Rechtskreis tätig wird, so kann davon ausgegangen werden, dass er auch für den anderen handeln will.

Da keine Anhaltspunkte für eine Widerlegung der Vermutung vorliegen, wird der Fremdgeschäftsführungswille des F vermutet.

III. F hat **ohne Auftrag** des H gehandelt. Er war nämlich nicht H, sondern P gegenüber zur Geschäftsführung verpflichtet. Ferner ist auch keine sonstige Berechtigung des F ersichtlich.

IV. Die Geschäftsführung des F für H war **objektiv nützlich** und entsprach daher dem Interesse des H. Da kein gegenteiliger Wille erkennbar ist, handelte F auch willensgemäß. **70**

---

99 Dagegen soll die Vermutung gemäß § 632 Abs. 2 einer abschließenden und umfassenden Regelung der Entgeltfrage nicht entgegenstehen, so BGH RÜ 2012, 550, 552.

100 Gießen Jura 1996, 225, 230.

101 Staudinger/Bergmann Vorb v § 677 f. Rn. 35 f.

102 BGH NJW 2000, 422, 423; Palandt/Sprau § 677 Rn. 6.

Im vorliegenden Fall würde zudem ein entgegenstehender Wille gemäß § 679 überwunden. Denn H war privatrechtlich verkehrssicherungspflichtig und öffentlich-rechtlich als Störer verpflichtet, den Wagen von der Autobahn zu entfernen.

V. F kann vom H gemäß § 670 die **erforderlichen Aufwendungen** ersetzt verlangen. Da F gewerbsmäßig Fahrzeuge abschleppt, steht ihm in entsprechender Anwendung des **§ 1835 Abs. 3** auch eine Tätigkeitsvergütung zu.

## II. Erwarteter Vertragsschluss schlägt fehl

71 Macht eine Person Aufwendungen, um einen Vertragsschluss herbeizuführen, so hat sie im Fall des Nichtzustandekommens **keinen Vergütungsanspruch** aus GoA oder Bereicherungsrecht, denn das Risiko, dass der Vertrag nicht zustande kommt, muss jede Seite selbst tragen.

**Beispiel:** Erbensucher F forscht gewerblich nach Erben, die das Nachlassgericht nicht ermitteln konnte. Hierbei macht F ganz erhebliche Aufwendungen. Als er den Erben H findet, bietet er diesem seine Dienste gegen 20 % des Nachlasswertes an. H lehnt das Angebot jedoch ab und ermittelt den ihm zustehenden Nachlass selbst. Ansprüche des F?

**I.** Aufwendungsersatzanspruch gemäß §§ 677, 683 S. 1, 670?
Im sog. **Erbensucherfall** lehnte der BGH einen Anspruch des Erbensuchers aus GoA ab.[103] Die **GoA** sei nach der Risikozuordnung des Privatrechts auf derartige Fallgestaltungen von vornherein **unanwendbar**. Nach den Grundsätzen des bürgerlichen Rechts liege das Scheitern von Vertragsverhandlungen im Risiko des Anbietenden. Ein tatsächlicher geäußerter Wille der Parteien zum Leistungsaustausch habe nicht vorgelegen. Der **Grundsatz der Privatautonomie** dürfe nicht durch Zubilligung von Aufwendungsersatzansprüchen aus GoA umgangen werden. Ein nicht bestehendes Vertragsverhältnis zum Geschäftsherrn könne insofern nicht über die Regeln der GoA überwunden werden.
Der BGH hat im Erbensucherfall nicht entschieden, ob überhaupt ein auch fremdes Geschäft vorliegt und ob ein in diesem Fall vermuteter Fremdgeschäftsführungswille widerlegt ist. Hierauf kommt es nach Ansicht des BGH im vorliegenden Fall gar nicht mehr an, da die GoA unanwendbar ist.

**Kritik der Literatur:** Einerseits wurde in der Lit. begrüßt, dass der BGH der bisher üblichen weiten Anwendung der GoA nunmehr skeptisch gegenüber steht und diese daher vorliegend nicht zur „Vertragsfalle" wird.[104] Da er aber auf die Voraussetzungen der GoA gar nicht mehr eingeht, habe der BGH andererseits die Chance verpasst, die Anforderungen an eine objektive Auch-Fremdgeschäftsführung zu präzisieren.[105] Zudem sei es bedauerlich, dass der BGH ausschließlich und ausgerechnet den an sich schützenswerten Erbensuchern, die in dem „Dilemma" stehen, kraft Berufes Vorleistungen für einen nicht bekannten Vertragspartner erbringen zu müssen, Ansprüche aus GoA versagt.[106]

**II.** Bereicherungsrechtliche Ansprüche aus **§ 687 Abs. 2** i.V.m. **§§ 684 S. 1, 812** oder **§§ 812 Abs. 1 S. 1, 818 Abs. 2** kommen nach Auffassung des BGH aus denselben Erwägungen nicht zur Anwendung.[107]
Zudem hat F kein angemaßtes, sondern ein auch fremdes Geschäft geführt, auf das § 687 Abs. 2 nicht anwendbar ist.
F bekommt seine Aufwendungen also nicht ersetzt.

103 BGH NJW 2000, 72, 73; vgl. hierzu Emmerich JuS 2000, 604; Schulze JZ 2000, 523; Götz JZ 2000, 523; Hau NJW 2001, 2864.

104 Emmerich JuS 2000, 603, 604.

105 Hau NJW 2001, 2863, 2864.

106 Götz JZ 2000, 523, 525; Falk JuS 2003, 833, 837.

107 BGH NJW 2002, 72, 73.

## III. Geschäftsführer will eine vermeintliche Verbindlichkeit gegenüber dem Geschäftsherrn erfüllen

Ist der Anspruchsteller aufgrund eines **unwirksamen** Dienst-, Werk- oder Geschäftsbesorgungsvertrags für den Anspruchsgegner tätig geworden, so erledigt er auch Aufgaben, die zum **Geschäftsbereich des Anspruchsgegners** gehören. Der Anspruchsteller will mit dem Tätigwerden zum einen seiner vermeintlichen Vertragspflicht nachkommen und zum anderen erledigt er damit Aufgaben des Anspruchsgegners. Ob in diesen Fällen die Regeln der GoA Anwendung finden, wird nicht einheitlich beurteilt. 72

Während nach einer in der Lit. vertretenen Auffassung nichtige Verträge ausschließlich nach den Regeln der Leistungskondiktion abzuwickeln sind, geht die Rspr. davon aus, dass die GoA anwendbar ist.[108] 73

**Fall 5: Fehlplanung**

Das Architekturbüro Crema (C) erstellt auftragsgemäß für den Bauherrn B verschiedene Pläne zur Errichtung eines Hochhauses. Nach etwa einem halben Jahr stellt sich die Unwirksamkeit des Vertrags heraus. B nimmt Abstand von der Errichtung des Hochhauses und beruft sich, als C Bezahlung verlangt, darauf, dass die Pläne für ihn wertlos seien. Hat C gegen B einen Anspruch auf Aufwendungsersatz?

C könnte gegen B einen Anspruch auf Ersatz seiner Aufwendungen gemäß **§§ 677, 683 S. 1, 670** haben.

I. Da C aufgrund eines unwirksamen Vertrags für B tätig geworden ist, könnten die Regeln der §§ 812 ff. und nicht die der **GoA anzuwenden** sein.

1. Nach einer in der Lit. vertretenen Auffassung sind **nichtige Verträge ausschließlich** nach den Regeln der **Leistungskondiktion** abzuwickeln, weil bei Anwendung der Regeln der GoA die bereicherungsrechtlichen Ausschlussvorschriften gemäß den §§ 814, 815, 817 keine Beachtung finden können. Eine solche Bevorzugung des Anspruchstellers, der aufgrund eines nichtigen Vertrags Tätigkeiten erbracht habe, sei nicht gerechtfertigt.[109] 74

2. Nach Ansicht der Rspr. sind die **Regeln der GoA** immer dann anwendbar, wenn der Anspruchsteller berechtigterweise im Geschäftsbereich eines anderen mit Fremdgeschäftsführungswillen tätig geworden ist, unabhängig davon, ob die Tätigkeit aufgrund eines unwirksamen Vertrags oder aus einem anderen Grund vorgenommen worden ist.[110] 75

   Auch aus dem Umstand, dass der BGH beim sog. „Erbensucherfall" die GoA für unanwendbar hält, lässt sich nicht der Schluss ziehen, dass dies ebenso für nichtige Verträge gelten soll. In der Entscheidung stellt der BGH vielmehr ausdrücklich

---

108 BGH RÜ 1993, 83; Berg JuS 1972, 193, 195; a.A. MünchKomm/Schäfer § 677 Rn. 100 ff.; Lorenz NJW 1996, 883 f.; Eidenmüller JZ 1996, 889 ff.

109 MünchKomm/Schäfer § 677 Rn. 101; BeckOK/Gehrlein § 677 Rn. 1; Lorenz NJW 1996, 883 ff.

110 BGH RÜ 1993, 83.

klar, dass bei der Erfüllung unerkannt nichtiger Verträge die Regeln über die GoA weiter anwendbar sind.[111]

Für die Ansicht der Rspr. spricht, dass derjenige, der aufgrund eines nichtigen Vertrags im Geschäftsbereich eines anderen berechtigterweise tätig wird, **nicht schlechter gestellt sein darf** als derjenige, der ohne Vereinbarung für einen anderen tätig geworden ist.

Die Regeln der GoA sind mithin anwendbar.

76 II. Außerdem müssten die **Voraussetzungen der GoA** gegeben sein.

1. C hat ein auch **fremdes Geschäft** wahrgenommen. Die Erstellung der Baupläne gehört nämlich zu dem Geschäftsbereich des Bauherrn B.
2. C hatte auch den erforderlichen **Fremdgeschäftsführungswillen**. Zwar wollte C nämlich die Verpflichtungen aus dem vermeintlichen Werkvertrag erfüllen, doch wollte C gleichzeitig auch ein Geschäft der Firma B wahrnehmen.
3. Zudem ist C **ohne Auftrag** tätig geworden, da der Werkvertrag, welcher der Geschäftsführung zugrunde lag, nichtig war.
4. Die Übernahme des Geschäfts war auch **interessen- und willensgemäß**.

III. Rechtsfolge ist, dass C von B **Aufwendungsersatz** verlangen kann. Analog **§ 1835 Abs. 3** zählen zu den Aufwendungen auch die Dienste des Geschäftsführers, die zu seinem Gewerbe oder seinem Beruf gehören.

C kann daher von B die übliche Vergütung verlangen.

---

## IV. Geschäftsführer ist neben anderen Personen auch zur Wahrnehmung der Aufgabe verpflichtet (Mitverpflichtung)

77 Sind mehrere Personen privatrechtlich oder öffentlich-rechtlich zur Wahrnehmung bestimmter Aufgaben verpflichtet und erledigt eine von diesen Personen die Aufgabe, so stellt sich die Frage, ob und in welchem Umfang der Ausgleich unter den Mitverpflichteten zu erfolgen hat.

- Sind die Verpflichteten Gesamtschuldner, so kommt ein Anspruch aus GoA nicht in Betracht, da die Ausgleichsregel des **§ 426** eine **vorrangige Sonderregelung** ist.
- Besteht zwischen mehreren Mitverantwortlichen keine Gesamtschuld, so gibt es vor allem folgende Möglichkeiten:
  - Es liegt eine **gestufte Verantwortlichkeit** vor (s. Rn. 78 ff.).
  - Es handelt sich um den Sonderfall der **Selbstschädigung** (s. Rn. 82).
  - Es ist lediglich ein **Reflexvorteil** gegeben (s. Rn. 83).

---

111 BGH NJW 2000, 72, 73.

## 1. Ausgleich unter Mitverpflichteten bei gestufter Verantwortlichkeit

**Fall 6: Feuer in Fulda** 78

Zur Bonifatiusfeier schmückt der damit beauftrage H den Turm des Domes in Fulda mit kleinen Lämpchen und bringt eine bengalische Beleuchtung an. Eigentümer des Domes ist der bischöfliche Stuhl B. Bei den Anschlussarbeiten verursacht H fahrlässig einen Brand. Der Turm des Domes wird erheblich beschädigt. F ist als kirchenbaulastpflichtiger Fiskus verpflichtet, die Schäden zu beheben.

1. H beseitigt die Schäden und verlangt zumindest einen Teil der Kosten von F ersetzt, weil auch F verpflichtet gewesen sei, die Schäden zu beseitigen.
2. F hat auf Bitten des B den Turm wieder hergestellt und verlangt vom H Ersatz der Aufwendungen. H meint, F habe lediglich eine eigene Pflicht erfüllt. Er, der H, sei ausschließlich gegenüber B verantwortlich gewesen.

A. **Ansprüche des H gegen F**

I. Ein Ausgleichsanspruch des H gegen F gemäß **§ 426 Abs. 1 u. 2** kommt nur in Betracht, wenn zwischen H und F im Verhältnis zum geschädigten B eine **Gesamtschuldnerschaft** bestand.

Eine Gesamtschuld kann hier mangels gesetzlicher Anordnung oder vertraglicher Vereinbarung nur angenommen werden, wenn die allgemeinen Entstehungsvoraussetzungen gemäß **§ 421** vorliegen.

Erforderlich ist nach h.M., dass von mehreren Schuldnern jeder eine Leistung in vollem Umfang allein erbringen kann, der Gläubiger sie nur einmal zur Befriedigung des gleichen Leistungsinteresses fordern darf und zusätzlich die verschiedenen Schuldner **gleichstufig** haften.[112]

Schuldner haften gleichstufig, wenn in ihrem Innenverhältnis grundsätzlich ein wechselseitiger Regress möglich ist. An der Gleichstufigkeit fehlt es, wenn ein Schuldner grundsätzlich **primär verpflichtet** ist.[113]

Im Verhältnis zum Träger der Kirchenbaulast ist der Verursacher des Brandes für den Schaden im Innenverhältnis allein verantwortlich. Zwischen H und F besteht keine Gesamtschuld.[114]

Ein Ausgleichsanspruch aus **§ 426 Abs. 1 u. 2** scheidet demnach aus.

II. H könnte gegen F einen Aufwendungsersatzanspruch gemäß **§§ 670, 683 S. 1, 677** haben.

Dazu müsste H mit der Wiederherstellung ein fremdes Geschäft, d.h. ein Geschäft 79
des F geführt haben. Zwar ist auch der Träger der Kirchenbaulast zur Beseitigung

112 Dazu AS-Skript Schuldrecht AT 2 (2020), Rn. 480 ff.

113 AS-Skript Schuldrecht AT 2 (2020), Rn. 480.

114 A.A. Stamm Jura 2002, 730, 731, der die Regeln der §§ 421 ff. anwendet.

der Schäden verpflichtet, H ist jedoch als Verursacher des Brandes letztlich allein für den Schaden verantwortlich. Kommt der Letztverantwortliche seiner Verpflichtung nach, führt er lediglich ein **eigenes Geschäft**.[115]

Mithin hat H gegen F keinen Anspruch aus §§ 670, 683 S. 1, 677.

B. **Ansprüche des F gegen H**

80 I. Mangels einer Gesamtschuld bestehen keine Ausgleichsansprüche gemäß **§ 426 Abs. 1 u. 2** (s.o.).

81 II. F könnte gegen H einen Aufwendungsersatzanspruch gemäß **§§ 670, 683 S. 1, 677** haben.

Dazu müsste F mit der Wiederherstellung des Turms ein **fremdes Geschäft**, d.h. ein Geschäft des H geführt haben.

1. Stellt man nur auf die Tätigkeit ab, führt F mit der Wiederherstellung auch ein Geschäft des Letztverantwortlichen H.[116]

2. Nach h.M. ist indes entscheidend, ob mit der Beseitigung der Schäden auch die Verpflichtung des Letztverantwortlichen erfüllt wird. Nach dem **normativen Schadensbegriff** kommen aber Leistungen Dritter dem Schädiger grundsätzlich nicht zugute. Die Leistung des kirchenbaulastpflichtigen F führt nicht zur Tilgung der Ansprüche des B gegen den H.[117] Deshalb führt F kein Geschäft des H.

F hat gegen H keinen Anspruch aus §§ 670, 683 S. 1, 677.

---

## 2. Ausgleichsanspruch bei Selbstschädigung

82 Beschädigt der Handelnde seine Rechtsgüter, um einen Schaden von den Rechtsgütern eines anderen abzuwenden, für dessen Ausgleich er verantwortlich und schadensersatzpflichtig gewesen wäre, dann nimmt der Handelnde **ausschließlich** ein **eigenes Geschäft** wahr. Wer verhindern will, dass er aus unerlaubter Handlung oder aus Gefährdungshaftung in Anspruch genommen wird, kann wegen der Verletzung seiner eigenen Rechtsgüter keine Ansprüche aus GoA geltend machen.

Wenn der Handelnde hingegen den Schadenseintritt an den Rechtsgütern eines anderen verhindert, für den er nicht verantwortlich gewesen wäre, nimmt er (zumindest auch) ein **fremdes Geschäft** wahr. Dann kann der Geschäftsführer unter den Voraussetzungen der GoA Ersatz verlangen.

Deshalb ist im Rahmen des Merkmals „fremdes Geschäft" inzident zu prüfen, ob der Geschäftsherr gegen den Geschäftsführer einen Schadensersatzanspruch gehabt hätte.

115 MünchKomm/Schäfer § 677 Rn. 70.

116 MünchKomm/Schäfer § 677 Rn. 70.

117 Schubert AcP 178, 425, 450; Stamm Jura 2002, 730, 731.

**Beispiel:** F befährt mit seinem Rennrad den rechten Streifen eines geteilten Radwegs. Auf der Gegenseite kommt ihm der Fahrradfahrer H entgegen. Unmittelbar bevor die beiden Radfahrer einander passieren, wird H von einem in eine Einfahrt biegenden Auto abgedrängt. H findet keinen Ausweg und biegt unvermittelt und unmittelbar vor F nach links ab. F reißt den Lenker herum und touchiert den Bordstein, er kann das Gleichgewicht nicht mehr halten und stürzt. F wird nicht verletzt, aber das Rennrad schwer beschädigt. F verlangt von H Ersatz.

In Betracht kommt ein Aufwendungsersatzanspruch gemäß **§§ 670, 683 S. 1, 677**.

**I.** F müsste ein fremdes, nämlich ein Geschäft des H besorgt haben.
Eine Geschäftsbesorgung des F für H kann in dem **Herumreißen des Lenkers** zum Zwecke der Abwendung eines Schadens von H gesehen werden. Auch tatsächliche Handlungen – das Herumreißen eines Lenkers – können eine Geschäftsbesorgung i.S.d. § 677 sein.
Fraglich ist der **Fremdcharakter** dieser **Geschäftsbesorgung**. Dies muss unter Berücksichtigung der Einzelumstände danach bestimmt werden, zu wessen Interessen- und Pflichtenkreis die Schadensabwendungsmaßnahme gehört.
**1.** Wenn F mit dem Ausweichen einen Schadensersatzanspruch von sich abgewandt hat, so hat er eine ihm obliegende Aufgabe wahrgenommen. Dass diese Schadensabwendungsmaßnahme einem anderen zugute gekommen ist, stellt dann lediglich einen Reflex des Eigengeschäfts dar.
Nach den Gesamtumständen ist hier davon auszugehen, dass F dem H, wenn es zum Unfall gekommen wäre, weder nach **§ 823** (kein Verschulden) noch nach **§ 7 StVG** (bereits im Anwendungsbereich ausgeschlossen) auf Schadensersatz hätte haften müssen. Die Fahrweise des F war nämlich objektiv verkehrsgerecht, weil er nicht damit zu rechnen brauchte, dass H von einem in eine Einfahrt abbiegenden Auto abgedrängt wird und unvermittelt und unmittelbar vor F nach links abbiegt.
Daher hat F mit dem Ausweichen nicht lediglich ein eigenes Geschäft wahrgenommen.
**2.** F hat durch das Herumreißen seines Rades verhindert, dass der H überfahren wurde und damit eine Tätigkeit ausgeführt, die zum Interessenkreis des H gehört. F hat somit auch ein **fremdes Geschäft** getätigt.[118]
**II.** F hat auch mit **Fremdgeschäftsführungswillen** gehandelt. Es ist zwar davon auszugehen, dass ihm kaum Zeit verblieb, über sein Handeln nachzudenken, weil er spontan den Lenker herumgerissen hat. Der dieser spontanen Reaktion zugrunde liegende **natürliche Wille** des F kam jedoch – zumindest auch – aus dem Bestreben heraus, den anderen nicht zu überfahren, also in seinem Interesse zu handeln.[119]
**III.** F war dem H gegenüber zu einer solchen Rettungshandlung weder vertraglich noch gesetzlich verpflichtet. Das straßenverkehrsrechtliche Rücksichtnahmegebot aus § 1 StVO verpflichtet nicht dazu, einen Unfall unter ganz erheblicher Eigengefahr abzuwenden.
**IV.** Die Rettungshandlung war objektiv nützlich und entsprach deshalb dem Interesse des H. Es ist zudem davon auszugehen, dass die Rettungshandlung des F wegen ihrer Nützlichkeit für H auch dem mutmaßlichen Willen des H entsprach, sodass die Geschäftsführung berechtigt war.
**V.** Nach § 670 kann F **Aufwendungsersatz** verlangen. Zu den Aufwendungen zählen auch die Schäden, die aus einer mit der Geschäftsführung verbundenen typischen Gefahrenlage entstanden sind. Danach kann F den Ersatz des Rennrades von H verlangen, weil die Beschädigung des Rades einen **risikotypischen Schaden** darstellt. Fraglich ist jedoch, ob dabei ein **Mitverschulden des F i.S.d. § 254** berücksichtigt werden muss. Dagegen könnte der Rechtsgedanke des **§ 680** sprechen, weil F eine drohende dringende Gefahr von H abgewendet hat. F und H haben jedoch durch ihr Verhalten gleichermaßen die Gefahrenlage geschaffen, nämlich durch ihre Teilnahme am Straßenverkehr. H ist ferner infolge der Behinderung durch das Auto schuldlos in Gefahr geraten. Außerdem ist zu berücksichtigen, dass F mit dem Ausweichen auch eine Gefahr von sich angewendet hat.

In solchen Fällen entsteht in der Person des Retters deshalb kein voller Aufwendungsersatzanspruch. Der Geschäftsführer kann nur eine angesichts seines **Verursachungsbeitrags** angemessene Entschädigung verlangen.[120] Da im vorliegenden Fall die Verursachungsanteile für H und F als gleichrangig anzusehen sind, erscheint eine Schadensteilung angemessen, sodass F von H **nur die Hälfte** des Sachschadens verlangen kann.

---

118 Martinek/Theobald JuS 1997, 805, 808.

119 BGH BGHZ 38, 270, 277.

120 Vgl. eingehend und m.w.N. MünchKomm/Schäfer § 683 Rn. 33.

### 3. „Reflexvorteil"

83 Wenn die Erledigung eines **eigenen Geschäfts** sich für einen anderen lediglich **mittelbar** als Reflex vorteilhaft auswirkt, so liegt keine Mitbesorgung eines fremden Geschäfts vor.[121] Es handelt sich dann um einen bloßen **„Reflexvorteil"**, der keine Aufwendungsersatzansprüche aus §§ 670, 683 S. 1, 677 begründet.

**Beispiel:** Der Eigentümer (E) einer Wiese umzäunt diese, um zu verhindern, dass sein Vieh auf die Bahngleise läuft. Die Kosten verlangt er von der Bundesbahn mit der Begründung ersetzt, er habe sie vor Schadensersatzansprüchen bewahrt, die nach § 1 HaftpflichtG entstünden, wenn sein Vieh auf den Bahnkörper laufe und dort von einem Zug getötet oder verletzt werde.

Es besteht kein Anspruch aus §§ 670, 683 S. 1, 677 auf Aufwendungsersatz. Die Einzäunung der Wiese zum Schutz der Tiere ist ausschließlich Aufgabe des Eigentümers E.
E hat also kein Geschäft der Bahn getätigt, selbst wenn er für diese handeln wollte.
Allein der Geschäftsbesorgungswille des E macht dieses Geschäft nicht zu einem fremden Geschäft.

---

121 BGH BGHZ 72, 151, 153.

## Berechtigte GoA

### Voraussetzungen

- **Geschäftsbesorgung**
  - Der Begriff „Geschäft" umfasst alle rechtsgeschäftlichen und tatsächlichen Handlungen.
  - Bloßes Unterlassen, Dulden oder Gewährenlassen genügt grundsätzlich nicht.
- **Für einen anderen**
  - Geschäft muss (zumindest auch) **fremd** sein; auch fremd, wenn aufgrund eines Vertrags mit einem Dritten gehandelt wird, eine Mitverpflichtung besteht oder das Geschäft aufgrund eines nichtigen Vertrags besorgt wird.
  - Geschäftsführer muss die Fremdheit kennen und den Willen haben, das Geschäft für einen anderen zu tätigen. Der **Fremdgeschäftsführungswille** wird beim fremden und nach h.M. ebenso beim auch fremden Geschäft vermutet.
- **Ohne Auftrag und ohne sonstige Berechtigung**
  - Keine Verpflichtung **gegenüber dem Geschäftsherrn** aus Vertrag oder Gesetz
  - Keine sonstige Berechtigung zum Handeln (familienrechtliche Beziehung, Amts- oder Organstellung); aus § 323 c StGB ergibt sich keine Berechtigung i.S.d. § 677
- **Interessen- und willensgemäß**
  - Interessengemäß, wenn **objektiv nützlich** für den Geschäftsherrn
  - Willensgemäß, wenn dem geäußerten oder – bei dessen Fehlen – dem mutmaßlichen Willen des Geschäftsherrn entsprechend; entgegenstehender Wille unter den Voraussetzungen des **§ 679** unbeachtlich

### Rechtsfolgen

- **Pflicht des Geschäftsherrn:** Ersatz der erforderlichen Aufwendungen des Geschäftsführers (§§ 670, 683 S. 1)
  - **Aufwendungen** sind freiwillige Vermögensopfer zur Durchführung der Geschäftsführungsmaßnahmen.
  - **Erforderlich** sind die Maßnahmen, die der Geschäftsführer nach den Umständen dafür halten durfte.
  - **Tätigkeitsvergütung:** Nach h.M. nur dann, wenn die Geschäftsbesorgung zum Beruf/Gewerbe gehört (§ 1835 Abs. 3 analog).
  - Ersatz von **Schäden:** Nur bei Realisierung des **typischen Risikos** der Geschäftsführung.
- **Pflichten des Geschäftsführers**
  - Ordnungsgemäße Erledigung der übernommenen Aufgaben, § 677
  - Anzeige-, Auskunfts- und Rechenschaftspflicht gegenüber Geschäftsherrn, §§ 666, 681
  - **Herausgabe des** durch die Geschäftsführung **Erlangten**, inkl. Verzinsung, §§ 667, 681 S. 2

## 2. Abschnitt: Unberechtigte GoA

84 Eine unberechtigte GoA liegt vor, wenn ohne Auftrag oder sonstige Berechtigung ein fremdes Geschäft mit Fremdgeschäftsführungswillen ausgeführt wird und die Übernahme der Geschäftsführung nicht dem Interesse und dem Willen des Geschäftsherrn entspricht und dieser die Geschäftsführung auch nicht genehmigt hat, **§ 684**. Es müssen also zwar die **Voraussetzungen des § 677** vorliegen, aber **nicht** die Voraussetzungen des **§ 683**.

Die **Genehmigung** nach **§ 684 S. 2** verwandelt eine unberechtigte rückwirkend in eine berechtigte GoA. Infolgedessen werden die Rechtsfolgen gemäß §§ 677, 683 S. 1 ausgelöst, ohne dadurch einen Auftragsvertrag (§ 662) zu begründen. Bei der Genehmigung handelt es sich um ein formlos wirksames, einseitig empfangsbedürftiges Rechtsgeschäft, das sowohl ausdrücklich als auch konkludent erfolgen kann.

**Beispiel:** Das Verlangen des Geschäftsherrn auf Erlösherausgabe (§§ 681 S. 1, 667) ist als konkludente Genehmigung zu werten.

85 Liegt eine unberechtigte Geschäftsführung vor, so hat das im Wesentlichen folgende **Rechtsfolgen**:

- Der unberechtigte Geschäftsführer ohne Auftrag kann **nicht** gemäß §§ 677, 683 S. 1, 670 wie ein Beauftragter **Aufwendungsersatz** verlangen. Ihm steht **lediglich** der bereicherungsrechtliche Anspruch gemäß **§§ 684, 812 ff.** zu.

  Bei der Verweisung in § 684 S. 1 handelt es sich nach h.M. um einen **Rechtsfolgenverweis**, sodass die Tatbestandsvoraussetzungen der §§ 812 ff. nicht vorzuliegen brauchen.[122]

- Fraglich ist, welche Rechte dem **Geschäftsherrn** zustehen. Nach früher h.M. entstand bei einer unberechtigten GoA weder ein gesetzliches Schuldverhältnis noch trafen den Geschäftsführer die Nebenpflichten aus § 681.[123] Da der Geschäftsherr bei einer unberechtigten GoA nicht schlechter stehen darf als bei einer berechtigten, wird jedoch verstärkt vertreten, dass auch hier ein gesetzliches Schuldverhältnis entsteht und den Geschäftsführer ebenso die Nebenpflichten aus § 681 treffen.[124]

86 - Wenn der **unberechtigte Geschäftsführer** seine Nichtberechtigung bei Übernahme des Geschäfts hätte erkennen können, haftet er dem Geschäftsherrn auch ohne weiteres Verschulden auf **Schadensersatz**, § 678.

Die Regeln der GoA sind allerdings nicht anwendbar, wenn **vorrangige Sonderregeln** eingreifen.

**Beispiele:**

Bei einer unberechtigten Selbstvornahme im Kaufrecht kann der Käufer nach der Rspr. des BGH vom Verkäufer weder Ersatz der ersparten Aufwendungen aus §§ 684, 812 noch aus § 326 Abs. 2 S. 2 analog verlangen. Der BGH sieht das kaufrechtliche Prinzip des Rechts des Verkäufers zur zweiten Andienung als vorrangig an.[125]

---

122 Vgl. BeckOK/Gehrlein § 684 Rn.1 m.w.N.; a.A. MünchKomm/Schäfer § 684 Rn. 6.

123 Staudinger/Wittmann § 681 Rn. 1, 2 (12. Aufl.).

124 MünchKomm/Schäfer § 681 Rn. 1; BeckOK/Gehrlein § 681 Rn. 1.

125 BGH NJW 2005, 1348, 1349 f.

Hingegen enthält § 2038 keine Sperrwirkung für Ansprüche aus GoA, sodass die §§ 677 ff. neben dieser Regelung über die Verwaltung des Nachlasses Anwendung finden.[126]

**Fall 7: Direktor's Cut**

Für einen Fernsehfilm wird eine Szene gedreht, bei der die Schauspielerin H in einem brennenden Haus am Fenster steht und um Hilfe ruft. Auf die Dreharbeiten war großflächig durch Plakate und Absperrungen aufmerksam gemacht worden. F, ein pensionierter Schuldirektor, denkt dennoch, die Szene wäre echt, und überwindet die Absperrungen, um die H zu retten. Auch durch Zurufe der H und Lautsprecherdurchsagen des wild gestikulierenden Regisseurs, es handele sich nur um einen Film, lässt der F sich von seinen Rettungsbemühungen nicht abhalten.

Als F die sich heftig wehrenden H aus dem Fenster ziehen will, verletzt er nicht nur sich, sondern auch die H erheblich am Bein. Durch die Störung der Dreharbeiten fällt der Drehtag aus, weshalb die H keine Gage bekommt. Rechtslage?

## 1. Teil: Ansprüche des H gegen F

A. H könnte gegen F einen Schadensersatzanspruch gemäß **§ 678** haben.

I. F müsste als unberechtigter Geschäftsführer ohne Auftrag für H gehandelt haben.

1. Die **Voraussetzungen des § 677** liegen vor. Mit der Hilfsaktion führte F ein fremdes Geschäft und hatte dabei auch den erforderlichen Fremdgeschäftsführungswillen. Die Geschäftsführung erfolgte ohne Auftrag. **87**

2. Die Geschäftsführung müsste dem **Interesse und** dem wirklichen oder mutmaßlichen **Willen** des H **widersprochen** haben, **§ 678 Hs. 1**. H hat den Rettungsbemühungen des F widersprochen, sodass die Geschäftsführung nicht im Interesse des Geschäftsherrn war.

Darauf, dass F bei der Durchführung der GoA den H am Bein verletzt hat, darf nicht abgestellt werden, da für die Prüfung der Berechtigung der GoA nur die **Übernahme** entscheidend ist.

Eine unberechtigte GoA liegt somit vor.

II. F müsste **schuldhaft nicht erkannt** haben, dass er die Geschäftsführung nicht übernehmen durfte. **88**

Grundsätzlich gelten hier die Sorgfaltsanforderungen des **§ 276**, sodass die bereits leicht fahrlässige Übernahme einer unberechtigten GoA schadet. Für F war objektiv erkennbar, dass der sich wehrende H nicht gerettet werden wollte und dass aufgrund der offenkundigen Dreharbeiten schon gar kein Notfall vorlag.

F handelte deshalb grob fahrlässig, sodass – unabhängig davon, dass objektiv schon gar keine Gefahr vorlag – eine Haftungsmilderung nach **§ 680** nicht in Betracht kommt.[127]

III. Als **Rechtsfolge** hat F dem H den aus der Geschäftsführung entstandenen Schaden zu ersetzen. Die **Ersatzpflicht** erfasst alle mit der Übernahme des Geschäftes **89**

---

126 BGH RÜ 2021, 12.

127 Umstr. ist, ob auch eine Scheingefahr von § 680 umfasst ist; vgl. hierzu BeckOK/Gehrlein § 680 Rn. 1.

adäquat kausal entstandenen Schäden. Somit hat F dem H den Ausfall der Gage und den durch die Körperverletzung entstandenen Schaden zu ersetzen.

B. H könnte gegen F einen Anspruch auf Schadensersatz aus **§ 280 Abs. 1** haben.

90 I. Die echte unberechtigte GoA begründet ein **gesetzliches Schuldverhältnis** i.S.d. § 280 Abs. 1.

II. Bei der Ausführung des Geschäfts verletzte F den H am Bein, sodass eine **Pflichtverletzung** vorliegt.

III. Indem F bei seinen Rettungsbemühungen ignorierte, dass H sich heftig wehrte und erkennbar nicht gerettet werden wollte, handelte er **grob fahrlässig**. Eine Haftungsprivilegierung analog § 680 kommt schon deshalb nicht in Betracht.

IV. F ist daher zum Schadensersatz verpflichtet. Die Ersatzpflicht umfasst alle durch die Geschäftsführung entstandenen Schäden. Somit kann H von F nicht nur den Ausfall der Gage, sondern auch seine Heilungskosten verlangen.

C. Daneben steht H gegen F ein entsprechender Schadensersatzanspruch aus **§ 823 Abs. 1** zu. F hat den H am Körper verletzt, als er ihn aus dem Fenster ziehen wollte.

91 Die unberechtigte GoA lässt zudem die **Rechtswidrigkeit nicht entfallen**. F handelte auch schuldhaft; das Haftungsprivileg des § 680 analog kommt schon wegen grober Fahrlässigkeit nicht in Betracht.

**2. Teil: Ansprüche des F gegen H**

A. Ein Anspruch des F gegen H auf Aufwendungsersatz und Ersatz seiner Heilungskosten nach **§§ 677, 683 S. 1, 670** scheidet aus, da die Geschäftsführung nicht interessen- und willensgemäß erfolgte.

B. F verbleibt somit der Anspruch aus **§ 684 S. 1**. H muss daher das herausgeben, was er durch die Geschäftsführung erlangt hat. Vorliegend hat H aber nichts erlangt. F muss seine Aufwendungen daher selbst tragen.

---

**Fall 8: Voll und voller**

Nachdem er mit ein paar Freunden sein zweites Prädikatsexamen ausgiebig gefeiert hat, will der völlig betrunkene H mit seinem Pkw nach Hause fahren. Auf Drängen der anderen Freunde setzt sich schließlich Studienfreund F ans Steuer. Nach etwa 2 km Fahrt prallt F auf den unbeleuchteten Anhänger eines abgestellten Lkw. Der Wagen des H wird total zerstört. F hatte zur Unfallzeit einen Blutalkoholgehalt von 0,9 ‰.

Hat H gegen F einen Anspruch auf Schadensersatz?

A. H könnte gegen F einen Schadensersatzanspruch gemäß **§ 678** haben.

I. F müsste als unberechtigter Geschäftsführer ohne Auftrag für H gehandelt haben.

92 1. Die **Voraussetzungen des § 677** liegen vor. Mit der Aushilfsfahrt führte F ein fremdes Geschäft mit dem entsprechenden Fremdgeschäftsführungswillen.

Die Geschäftsführung erfolgte ohne Auftrag; insbesondere liegt kein Gefälligkeitsverhältnis vor, weil F und H sich nicht entsprechend geeinigt haben.

2. Die Geschäftsführung müsste dem **Interesse und** dem wirklichen oder mutmaßlichen **Willen des H widersprochen** haben.

   Auf den wirklichen Willen des H kann nicht abgestellt werden, da er völlig betrunken war und somit zu einer vernünftigen Willensäußerung nicht mehr in der Lage war.

   Es kommt daher auf das Interesse und den mutmaßlichen Willen des H an. Dabei ist zu berücksichtigen, dass F bei der Übernahme der Fahrt 0,9 ‰ Alkohol im Blut hatte und somit fahruntüchtig war. Von so einer Person gefahren zu werden ist **objektiv nicht nützlich**. Mithin entsprach die Aushilfsfahrt durch F weder dem Interesse noch dem mutmaßlichen Willen des H.

Folglich liegt eine unberechtigte GoA vor.

II. F müsste ferner **schuldhaft nicht erkannt** haben, dass er die Geschäftsführung nicht übernehmen durfte.

1. Grundsätzlich gelten hier die Sorgfaltsanforderungen des § 276, sodass bereits die leicht fahrlässige Übernahme einer unberechtigten GoA schadet. Für F war durchaus erkennbar, dass er nach seinem nicht unerheblichen Alkoholgenuss nicht fahren durfte.

2. Wenn der Geschäftsführer aber – wie hier – tätig wird, um den Geschäftsherrn 93
   vor einer drohenden dringenden Gefahr zu bewahren, so gilt auch für das **Übernahmeverschulden** die Haftungsmilderung des **§ 680**.[128]

   Bei der Prüfung der Frage, ob F mit dem Antritt der Fahrt die im **Verkehr erforderliche Sorgfalt** im groben Maße missachtet hat, ist zu berücksichtigen, dass die Gefahr, um deren Abwendung es ging, ungewöhnlich groß war: Leib und Leben des H und anderer Verkehrsteilnehmer waren nämlich gefährdet.

   Da auch die anderen Freunde den F zu dieser Handlungsweise drängten, hat F deshalb nicht grob fahrlässig gehandelt, als er es in diesem Augenblick an der notwendigen selbstkritischen Prüfung seiner eigenen Fahrtüchtigkeit fehlen ließ.

   Ein Anspruch aus § 678 scheidet daher aus.

B. Auch ein Anspruch aus **§ 823 Abs. 1** kommt nicht in Betracht. Ob F den unbeleuchteten Anhänger bei Anwendung äußerster Sorgfalt hätte erkennen können, kann dahinstehen. Da nämlich § 680 auch im Rahmen des § 823 Abs. 1 gilt, setzt die deliktische Haftung ebenfalls grobe Fahrlässigkeit voraus, die hier nicht vorliegt.[129]

---

128 Vgl. BGH NJW 1972, 475, 476.

129 Vgl. BGH NJW 1972, 475, 476; Palandt/Sprau § 680 Rn. 1.

## 3. Abschnitt: Irrtümliche Eigengeschäftsführung und angemaßte Eigengeschäftsführung

94 Fehlt es am Fremdgeschäftsführungswillen, so liegt eine sog. unechte GoA vor. Diese ist in **§ 687** geregelt. Dabei gilt es zwischen der irrtümlichen und der angemaßten Eigengeschäftsführung zu differenzieren.

### A. Irrtümliche Eigengeschäftsführung

95 Nach **§ 687 Abs. 1 gelten die GoA-Regeln nicht**, wenn ein Geschäft in Unkenntnis der Fremdheit geführt wird. Auch eine Genehmigung vermag die Anwendbarkeit der §§ 677 ff. nicht zu begründen.

Für den Ausgleich zwischen den Parteien sind dann andere Vorschriften, insbesondere die §§ 987 ff., die §§ 823 ff. und die §§ 812 ff. maßgebend.

### B. Angemaßte Eigengeschäftsführung

96 Eine angemaßte Eigengeschäftsführung i.S.v. **§ 687 Abs. 2** liegt vor, wenn jemand ein fremdes Geschäft in **Kenntnis der Fremdheit** als eigenes führt, ohne dazu berechtigt zu sein.

**Beispiele:** Unautorisierte Veräußerung fremder Sachen; Entgegennahme von Leistungen, die nur dem Geschäftsherrn zustehen.

#### I. Voraussetzungen

Die angemaßte GoA hat die folgenden Voraussetzungen:

97
- Es muss ein **objektiv fremdes Geschäft** geführt worden sein.
- Der Geschäftsführer muss **positiv wissen**, dass es sich um ein fremdes Geschäft handelt. Die Kenntnis eines Vertreters muss er sich gemäß § 166 zurechnen lassen.
- Der Geschäftsführer muss das Geschäft als eigenes führen wollen **(Eigengeschäftsführungswille)**.
- Der Geschäftsführer darf zur Geschäftsführung **nicht berechtigt** sein.

#### II. Rechtsfolgen

Die Vorschrift des § 687 Abs. 2 will den angemaßten Geschäftsführer nicht privilegieren. Deshalb bleiben die **allgemeinen Vorschriften anwendbar**, z.B. die §§ 812, 816, 823, 987 ff.[130]

Daneben steht dem Geschäftsherrn gemäß **§ 687 Abs. 2 S. 1** das Recht zu, den Handelnden wie einen Geschäftsführer ohne Auftrag in Anspruch zu nehmen.

---

130 Jauernig/Mansel § 687 Rn. 3 ff.

- Er kann vom Geschäftsführer das durch die Geschäftsführung **Erlangte herausverlangen**, §§ 681 S. 2, 667. Dabei ist – wie bei § 816 Abs. 1 S. 1 – das Erlangte in dem aufgrund des schuldrechtlichen Vertrags zugeflossenen Äquivalent zu sehen.

  Es erstreckt sich daher auch auf den vom Geschäftsführer erzielten Gewinn, ohne Rücksicht darauf, ob auch der Geschäftsherr diesen gezogen hätte.[131]

- Der Geschäftsherr kann ferner gemäß **§§ 681 S. 2, 666** vom Geschäftsführer **Auskunft** und **Rechenschaft** verlangen.
- Außerdem haftet der Geschäftsführer gemäß § 678 auch für die **Zufallsschäden** bei der Durchführung.

Nach § 684 S. 1 soll der **Geschäftsherr** aber auch das durch die Geschäftsführung **Erlangte an den Geschäftsführer herausgeben**. Umgekehrt kann der Geschäftsherr nach §§ 687 Abs. 2, 681 S. 2, 667 das durch die Geschäftsführung Erlangte vom Geschäftsführer fordern. Dies scheint in ein „juristisches Karussell" zu führen.[132] **98**

Daher kann **§ 687 Abs. 2 S. 2** nur so verstanden werden: Wenn der Geschäftsherr vom Geschäftsführer dessen Gewinn aus der Geschäftsführung herausverlangt, muss er umgekehrt dem Geschäftsführer dessen Aufwendungen nach Bereicherungsrecht ersetzen.[133] Die Verweisung bezieht sich demnach **nur auf Aufwendungen**, die der Geschäftsführer **nach Bereicherungsrecht** ersetzt verlangen kann, nicht hingegen auf das sonst Erlangte, denn diesbezüglich hat der Geschäftsherr ja gerade einen Herausgabeanspruch aus §§ 687 Abs. 2, 681 S. 2, 667.

## 4. Abschnitt: GoA und Geschäftsfähigkeit

Ansprüche aus GoA können Schwierigkeiten bereiten, wenn der Geschäftsherr oder der Geschäftsführer in der Geschäftsfähigkeit beschränkt ist. Geregelt ist in **§ 682** lediglich die Haftung des nicht voll geschäftsfähigen Geschäftsführers. **99**

### A. Nicht voll geschäftsfähiger Geschäftsherr

Soweit das Gesetz auf den Willen des Geschäftsherrn abstellt (z.B. §§ 679, 683), ist aus Gründen des Minderjährigenschutzes auf den tatsächlichen oder mutmaßlichen Willen und die Erklärung des **gesetzlichen Vertreters**, also etwa der Eltern, abzustellen.[134] **100**

### B. Nicht voll geschäftsfähiger Geschäftsführer

Eine früher in der Lit. vertretene Ansicht setzte auch im Rahmen der GoA die Maßstäbe der **§§ 104 ff.** an, sodass eine (berechtigte) GoA nur unter Anwendung der allgemeinen Regeln zustande kommen konnte. **101**

---

131 Ebert ZIP 2002, 2296, 2300 f.

132 Medicus BR Rn. 419.

133 Medicus BR Rn. 419.

134 Vgl. Brox/Walker § 36 Rn. 38.

Dies wird heute aber – richtigerweise – abgelehnt, weil sich Geschäftsbesorgungen vielfach in tatsächlichen Handlungen ohne rechtsgeschäftlichen Bezug erschöpfen und die Versagung des Aufwendungsersatzanspruchs eines geschäftsunfähigen oder minderjährigen Geschäftsführers unbillig wäre.[135] Teilweise wird differenziert und nur bei Geschäftsbesorgungen rechtsgeschäftlicher Art die §§ 104 ff. hinzugezogen, während es bei Geschäften tatsächlicher Art nicht auf die Geschäftsfähigkeit ankommen soll.[136]

Überwiegend wird von dem Erfordernis der Geschäftsfähigkeit des Geschäftsführers allerdings grundsätzlich abgesehen, mit der Folge, dass der Geschäftsunfähige oder beschränkt Geschäftsfähige stets nur nach **§ 682** haftet, andererseits aber Ansprüche nach § 683 und § 684 haben kann.[137]

Bei § 682 handelt es sich nämlich um eine **Schutzvorschrift**, die dem nicht oder nicht voll Geschäftsfähigen nicht die Eignung als Geschäftsführer absprechen, sondern ihn lediglich einer weniger strengen Haftung unterwerfen will.[138]

## 5. Abschnitt: Anwendung der GoA-Regeln im Öffentlichen Recht

102 In der Rspr. und Lit. ist weitgehend anerkannt, dass das Rechtsinstitut der GoA auch im Öffentlichen Recht Anwendung findet, entweder gemäß den **§§ 677 ff. analog** (so die h.M.) oder jedenfalls als Ausdruck eines allgemeinen Rechtsgedankens.[139]

### A. Abgrenzung privatrechtliche/öffentlich-rechtliche GoA

Zur Abgrenzung zwischen privatrechtlicher und öffentlich-rechtlicher GoA wird auf das Rechtsverhältnis zwischen Geschäftsherrn und Geschäftsführer abgestellt[140] oder darauf, ob das **Geschäft öffentlich-rechtlicher Natur** gewesen wäre, wenn der Geschäftsherr es selbst vorgenommen hätte.[141] Für Letzteres spricht, dass grundsätzlich für die Abgrenzung zwischen dem Öffentlichen Recht und dem Privatrecht (etwa im Rahmen des § 40 VwGO) maßgebend auf die Rechtsnatur des Rechtsverhältnisses, aus der sich der begehrte Anspruch ergibt, abgestellt wird.[142]

### B. Voraussetzungen der analogen Anwendung

103 Eine analoge Anwendung der §§ 677 ff. setzt zunächst voraus, dass eine **unbeabsichtigte Regelungslücke** besteht. Die Vorschriften des BGB gelten deshalb nicht, wenn für den geltend gemachten Aufwendungsersatz des Hoheitsträgers oder des Bürgers bereits abschließende Spezialvorschriften bestehen.[143]

---

135 Looschelders § 43 Rn. 29; MünchKomm/Schäfer § 682 Rn. 4 m.w.N.

136 Vgl. MünchKomm/Schäfer § 682 Rn. 1 m.w.N.

137 Jauernig/Mansel § 682 Rn. 2; Staudinger/Bergmann § 682 Rn. 6.

138 BeckOK/Gehrlein § 682 Rn. 1.

139 Vgl. BVerwG NVwZ-RR 2004, 84; OVG NRW RÜ 2013, 393, 394; Oechsler JuS 2016, 215.

140 BGH NJW 1990, 1604, 1605.

141 BGH BGHZ 65, 354, 357; Maurer § 29 Rn. 12.

142 Zur Abgrenzung bei § 40 VwGO AS-Skript VwGO (2021), Rn. 38.

143 OVG NRW RÜ 2014, 43, 45.

**Beispiele:** § 8 Abs. 7 a S. 2 FernstrG (Kosten der Beseitigung einer unerlaubten Sondernutzung); § 8 VwVfG (Kosten der Amtshilfe); § 10 VwVG und die entsprechenden landesrechtlichen Regelungen (Kostenersatz bei Ersatzvornahme)[144]

Ferner ist eine **vergleichbare Interessenlage** erforderlich. Dazu bedarf es im Einzelfall der Prüfung, ob die Anwendung der Grundsätze der GoA mit dem geltenden Verfassungs- und Verwaltungsrecht in Einklang zu bringen sind.[145] Dabei gilt es im Wesentlichen **vier Fallgruppen** zu unterscheiden:

## I. Hoheitsträger wird für anderen Hoheitsträger tätig

Bei dieser Fallgruppe scheidet in der Regel eine analoge Anwendung der §§ 677 ff., also **104**
die Annahme einer öffentlich-rechtlichen GoA, mangels einer vergleichbaren Interessenlage aus.[146] Eine Ausnahme wird von der h.M. nur dann anerkannt, wenn ein Notfall vorliegt, d.h., wenn ein Einschreiten des zuständigen Hoheitsträgers nicht möglich oder nicht erfolgversprechend ist.

**Beispiele:** Stadt lässt Öllache auf Bundeswasserstraße beseitigen;[147] gemeindliche Feuerwehr beseitigt Ölspuren auf Landstraße; Gemeinde verlangt vom Kreis Ersatz der Unterbringungskosten für Fundtiere[148]

## II. Hoheitsträger besorgt Geschäft des Bürgers

In dieser Fallgestaltung scheidet oftmals eine analoge Anwendung der GoA-Vorschriften jedenfalls schon deshalb aus, weil **abschließende Spezialvorschriften** bestehen und es damit an der erforderlichen Regelungslücke fehlt. Schreitet etwa eine Behörde zur Gefahrenabwehr im Wege der Ersatzvornahme ein, so greifen spezialgesetzliche Regressansprüche gegen den Störer aus dem Polizei- und Vollstreckungsrecht ein.[149]

Fehlt es an solchen Spezialvorschriften oder sind ihre Voraussetzungen nicht erfüllt, wendet die Rspr. die §§ 677 ff. analog an.

**Beispiele:** Löschung eines Waldbrandes oder Sicherung eines umgestürzten Tankwagens durch die Feuerwehr;[150] Absperrung des Gefahrenbereichs wegen durch chemische Reaktion hervorgerufener Rauchentwicklung;[151] Leistungsgewährung eines Versorgungsträgers an Unterhaltsberechtigte eines scheinbar Verschollenen.[152]

Diese Rspr., die nicht nur bei gänzlichem Fehlen einer Spezialermächtigung, sondern auch, wenn formale Voraussetzungen der Spezialgesetze nicht erfüllt sind, eine lückenfüllende Anwendung der GoA befürwortet, wird von der ganz h.Lit. unter dem **Gesichtspunkt der Gesetzmäßigkeit der Verwaltung** (Art. 20 Abs. 3 GG) abgelehnt.[153]

---

144 Vgl. BGH NVwZ 2008, 349; Wolff JA 2008, 669, 670; Linke NWVBl. 2007, 451, 453 f.

145 OVG NRW RÜ 2013, 393, 395.

146 Zu den Gründen im Einzelnen vgl. AS-Skript Verwaltungsrecht AT 2 (2019), Rn. 606.

147 OVG NRW RÜ 2014, 43.

148 BVerwG RÜ 2018, 663.

149 BeckOK/Gehrlein § 677 Rn.27.

150 Vgl. Franßen/Blatt NJW 2012, 1031.

151 OLG Hamm NJW 2012, 1088.

152 BGH NJW 1963, 2315.

153 Vgl. BeckOK/Gehrlein § 677 Rn. 27 m.w.N.

Da Kostenfragen nämlich wesentlich sind, unterfallen sie dem Grundsatz vom **Vorbehalt des Gesetzes**. Dieser Grundsatz dürfe durch die Anwendung der GoA-Vorschriften nicht umgangen werden.[154]

## III. Bürger handelt für Hoheitsträger

105 Wegen vergleichbarer Interessenlage wird in dieser Fallkonstellation überwiegend eine analoge Anwendung der GoA-Vorschriften für möglich gehalten, sofern gerade die Aufgabenwahrnehmung durch den Privaten dem **öffentlichen Interesse** entspricht. Dabei besteht ein öffentliches Interesse an der Erfüllung öffentlicher Aufgaben durch einen privaten Geschäftsherrn allerdings nur solange, wie die Behörde selbst zur Durchführung entsprechender Maßnahmen benötigen würde. Einer dauerhaften Aufgabenerfüllung steht der entsprechende Wille des zuständigen Hoheitsträgers entgegen.[155]

Die Anforderungen im Einzelnen sind umstritten:

- **Teilweise** wird ein öffentliches Interesse **nur in echten Notfallsituationen** bejaht, also bei dringender Gefahr für Leben, Gesundheit oder für andere wichtige Rechtsgüter und wenn der Verwaltungsträger zum Handeln außerstande ist oder pflichtwidrig nicht handelt.[156]
- Dagegen gelten nach der Auffassung des **BVerwG geringere Anforderungen**. Demnach dürfen keine spezifisch hoheitlichen Befugnisse wahrzunehmen sein (z.B. Wahrnehmung polizeilicher Aufgaben), der Bürger darf in seiner Geschäftsführung nicht ein bestehendes staatliches Ermessen unterlaufen und sofern Rechtsschutzmöglichkeiten bestehen, müssen diese vom Bürger grundsätzlich ausgeschöpft werden.[157]

**Beispiele:** Herstellung einer Kanalisation oder sonstiger Erschließungsanlagen durch den Bürger anstelle der Gemeinde;[158] Ausbesserung einer Uferbefestigung zum Schutz eines Tanklagers;[159] Anschaffung von Schulbüchern;[160] Unterbringung eines Fundtiers durch ein Tierheim.[161]

## IV. Bürger handelt für anderen Bürger

106 Für den Fall, dass eine Privatperson für eine andere tätig wird, ist eine analoge Anwendung der § 677 ff. nach h.M. ausgeschlossen. Es ist nämlich vielmehr der **direkte Anwendungsbereich der GoA-Vorschriften** betroffen. Das gilt selbst dann, wenn der Geschäftsführer öffentlich-rechtliche Pflichten erfüllt.[162]

**Beispiele:** Nachbar nimmt die öffentlich-rechtliche Verpflichtung zum Schneeräumen für den Hauseigentümer wahr; Geschäftsführer erfüllt eine öffentlich-rechtlich begründete Bestattungspflicht (vgl. dazu Fall 2).

154 Vgl. Nissen, RÜ 2012, 467, 468; Schoch Jura 1994, 241, 245; Staake JA 2004, 800, 803.
155 OVG NRW RÜ 2017, 811, 816.
156 Maurer § 29 Rn. 11.
157 BVerwG NJW 1989, 922 f.
158 BGH BGHZ 138, 281.
159 BVerwG NJW 1989, 922.
160 OVG NRW RÜ 2013, 393 ff.
161 OVG NRW RÜ 2017, 811.
162 Vgl. BGH NJW 1975, 207, 208; Schoch Jura 1994, 242, 247.

# 3. Teil: Bereicherungsrecht

Das Bereicherungsrecht ist in den **§§ 812–822** geregelt. Außerdem verweisen zahlrei- 107
che Vorschriften des Zivilrechts auf das Bereicherungsrecht (Rn. 113 ff.). Im Unterschied zum Schadensersatzrecht ist das Bereicherungsrecht nicht darauf gerichtet, Nachteile zu ersetzen, sondern es sollen lediglich **ungerechtfertigt zugeflossene Vorteile** abgeschöpft werden.

Das Bereicherungsrecht regelt jeweils fünf Fälle der **Leistungskondiktion** und der **Nichtleistungskondiktion**. Im Verhältnis zur Leistungskondiktion ist die Nichtleistungskondiktion grundsätzlich subsidiär. Sonderfälle der Nichtleistungskondiktion enthalten die § 816 und § 822. Sie sind vorrangig vor der allgemeinen Nichtleistungskondiktion aus § 812 Abs. 1 S. 1 Alt. 2 zu prüfen.

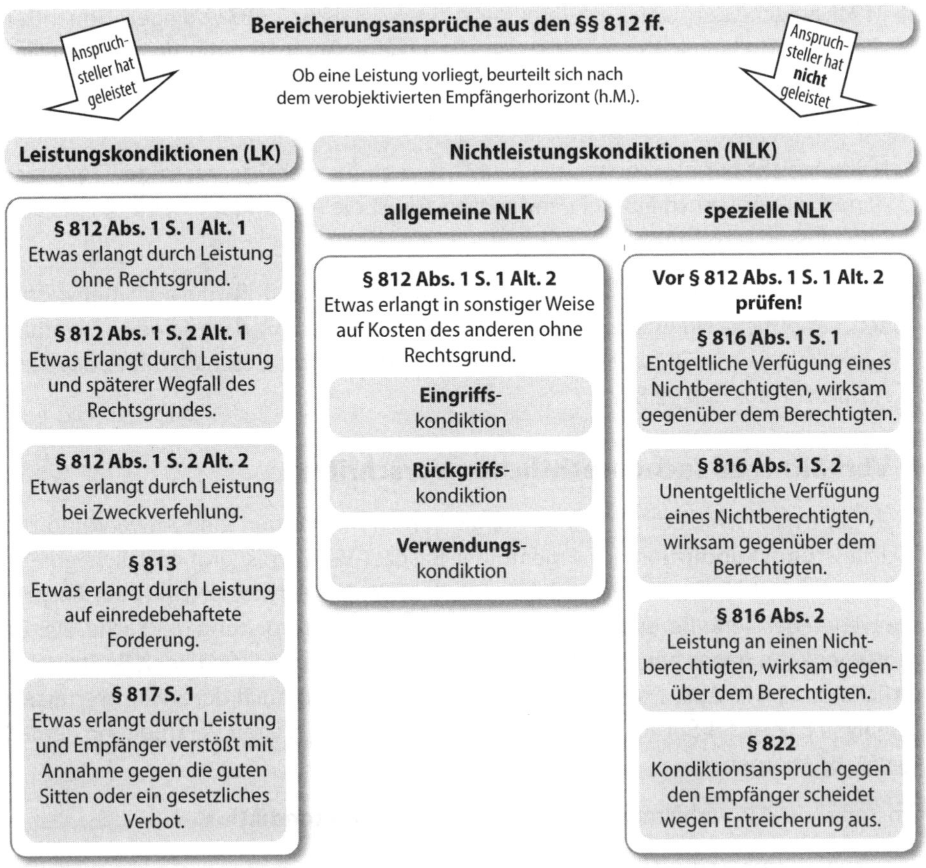


## 1. Abschnitt: Anwendbarkeit der §§ 812 ff.

### A. Verhältnis zu vertraglichen Ansprüchen

Neben einem **vertraglichen Erfüllungsanspruch** besteht kein Bereicherungsanspruch. 108
Ferner haben die vertragliche Rückabwicklung (§§ 346 ff.) und die Abwicklung nach den

Grundsätzen der Störung der Geschäftsgrundlage (§ 313) Vorrang vor der bereicherungsrechtlichen Rückabwicklung.

Liegen die Voraussetzungen eines gesetzlichen **Rücktritts-** oder **Widerrufsrechts** vor, ist die Leistungskondiktion nicht anwendbar, da diese Vorschriften spezieller sind. Auch die Regeln über die **Sachmängelgewährleistung** (z.B. §§ 434, 634) sind leges speciales und ihre Wertung darf durch das Bereicherungsrecht nicht unterlaufen werden.

**Beispiel:** So kann etwa der Käufer, der einen Mangel, ohne dem Verkäufer vorher eine Frist zu setzen, eigenmächtig beseitigt, vom Verkäufer nicht Ersatz seiner ersparten Aufwendungen nach Bereicherungsrecht verlangen.

## B. Verhältnis zur Geschäftsführung ohne Auftrag

109 Die **berechtigte GoA** ist **Rechtsgrund** i.S.d. § 812 Abs. 1, sodass Ansprüche aus den §§ 812 ff. ausscheiden, wenn die Voraussetzungen der §§ 677, 683 vorliegen. Umstritten ist allerdings, ob bei nichtigen Verträgen, die auf eine Geschäftsführung gerichtet sind (Dienst-, Werk- oder Geschäftsbesorgungsverträge), die §§ 677 ff. oder die §§ 812 ff. anwendbar sind. Nach der Rechtsprechung ist zu unterscheiden:

- Nach Ansicht der Rspr. gelten die §§ 677 ff. auch für **nichtige Verträge**. Ergibt sich danach ein Anspruch auf Aufwendungsersatz, ist die Anwendung der §§ 812 ff. ausgeschlossen (s.o., Fall 5).
- Beruht die Nichtigkeit des Vertrags auf einem Gesetzesverstoß oder auf Sittenwidrigkeit, ergibt sich kein Anspruch des Geschäftsführers aus GoA, da er seine Aufwendungen nicht i.S.d. § 670 **für erforderlich halten durfte**. Der Geschäftsführer hat dann Ansprüche aus den §§ 812 ff.

## C. Verhältnis zu sachenrechtlichen Vorschriften

110 Nach ganz h.M. schließen die §§ 987 ff. als Sondervorschriften eine Anwendung der **Nichtleistungskondiktion** im Eigentümer-Besitzer-Verhältnis grundsätzlich aus.[163] Nicht in den §§ 987 ff. geregelt und daher auch nicht ausgeschlossen sind aber Ansprüche wegen der Veräußerung, des Verbrauchs oder der Verarbeitung der Sache. Der Eigentümer kann daher bei einer Veräußerung durch den unrechtmäßigen Besitzer Ansprüche aus § 816 Abs. 1 geltend machen, bei einem Verbrauch der Sache Wertersatz gemäß §§ 812 Abs. 1 S. 1 Alt. 2, 818 Abs. 2 verlangen und bei einer Verarbeitung gemäß §§ 951, 812 vorgehen.

111 Umstritten ist das Verhältnis der §§ 987 ff. zur **Leistungskondiktion**.

- Nach der Rspr. und einem Teil der Lit. sind die §§ 987 ff. Sonderregeln, die auch eine Anwendung der Leistungskondiktion grundsätzlich ausschließen.[164]
- Andere gehen hingegen davon aus, dass bereicherungsrechtliche Ansprüche entweder neben den Ansprüchen aus §§ 987 ff. bestehen oder diesen sogar vorgehen.[165]

---

163 Vgl. Palandt/Herrler Vorb v § 987.

164 BGH RÜ 2000, 405, 408.; Palandt/Herrler Vorb v § 987.

165 Kindl JA 1996, 115, 120 f.; 201, 204; Roth JuS 1997, 897, 899 f.

## D. Anwendbarkeit bei nichtigen Dauerschuldverhältnissen

Bei nichtigen Dauerschuldverhältnissen entsteht häufig das Problem, dass diese bereits **in Vollzug gesetzt** wurden und die Parteien über lange Zeit ihre vermeintlichen gegenseitigen Vertragspflichten erbracht haben. Im Fall der Rückabwicklung entstehen dann Schwierigkeiten, da der Rückaustausch der Leistungen kaum noch möglich ist. 112

Dennoch erfolgt bei den meisten Dauerschuldverhältnissen (z.B. Miete, Pacht, Leihe, Verwahrung) eine Rückabwicklung über die §§ 812 ff. Im Bereich des Arbeits- und Gesellschaftsrechts haben das BAG sowie der BGH jedoch die Sonderformen eines sog. **fehlerhaften Arbeitsverhältnisses** sowie einer fehlerhaften Gesellschaft geschaffen. Hierbei werden die an sich unwirksamen Vertragsbeziehungen als wirksam behandelt, sodass für den Zeitraum, in welchem ein Vollzug des nichtigen Vertrags erfolgte, eine Rückabwicklung nicht stattfindet. Insoweit finden die **§§ 812 ff. keine Anwendung.**[166]

***Klausurhinweis:*** *Die von der Rspr. geschaffenen Institute des fehlerhaften Arbeitsverhältnisses und der fehlerhaften Gesellschaft sind systematisch als Rechtsgrund i.S.d. § 812 einzuordnen. Daher hat die Prüfung, ob ein solches Verhältnis vorliegt, an dieser Stelle zu erfolgen.*

## E. Verweise auf das Bereicherungsrecht

Das Gesetz enthält eine Vielzahl von Vorschriften, die auf das Bereicherungsrecht verweisen (z.B. §§ 346 Abs. 3 S. 2, 347 Abs. 2 S. 2, 516 Abs. 2 S. 3, 628 Abs. 1, 682, 684 S. 1, 852 S. 1, 951 Abs. 1 S. 1, 988, 993 Abs. 1). Dabei stellt sich stets die Frage, ob es sich um einen **Rechtsgrundverweis** handelt und deshalb die Voraussetzungen eines bereicherungsrechtlichen Anspruchs zu prüfen sind, oder ob nur auf die Rechtsfolgen **(Rechtsfolgenverweis)** verwiesen wird. 113

Dies lässt sich selten ohne Weiteres aus dem Wortlaut entnehmen und ist im Einzelnen oftmals streitig. Nach ganz h.M. spricht jedoch eine grundsätzliche **Vermutung** für das Vorliegen eines Rechtsfolgenverweises.[167]

Wichtige **examensrelevante** Ausnahmen von diesem Grundsatz sind:

- **§ 951** gibt demjenigen, der infolge der §§ 948–950 einen Rechtsverlust erleidet, einen Anspruch auf Vergütung in Geld nach den Vorschriften über die Herausgabe einer ungerechtfertigten Bereicherung gegen denjenigen, zu dessen Gunsten die Rechtsänderung eingetreten ist. Hierbei handelt es sich nach h.M. um einen **Rechtsgrundverweis** (vgl. Rn. 251 f.). 114
- Ebenso wird **§ 682**, der den Geschäftsführer, der geschäftsunfähig oder in der Geschäftsfähigkeit beschränkt ist, schützt, nach h.M. als ein **Rechtsgrundverweis** auf das Bereicherungsrecht verstanden.[168] 115

166 Vgl. zu diesem Grundsatz und den Ausnahmen, in welchen auch nach Bereicherungsrecht abgewickelt wird: AS-Skript Arbeitsrecht (2019), Rn. 226 ff.; AS-Skript Gesellschaftsrecht (2021), Rn. 228 ff.

167 BeckOK/Wendehorst § 812 Rn. 33; Wörlen/Leinhans JA 2006, 22, 26.

168 Palandt/Sprau § 682 Rn. 2.

116 ■ Auch die Einordnung des **§ 852**, der für den Fall der Verjährung des Anspruchs aus unerlaubter Handlung auf das Bereicherungsrecht verweist, ist streitig. Die frühere Lit. ging überwiegend von einem Rechtsgrundverweis aus, während die heute h.M. einen **Rechtsfolgenverweis** annimmt.[169]

## 2. Abschnitt: Leistungskondiktionen

117 Eine **Leistung** i.S.d. §§ 812 ff. ist die **bewusste und zweckgerichtete Mehrung** fremden Vermögens. Eine Rückabwicklung der Leistungsbeziehungen nach den §§ 812 ff. erfolgt immer dann, wenn der Leistungszweck verfehlt ist. Das Gesetz unterscheidet dabei fünf Fälle der Leistungskondiktion:

- **§ 812 Abs. 1 S. 1 Alt.1:** Es wird eine Leistung zum Zwecke der **Erfüllung einer Verbindlichkeit** erbracht und dieser Zweck wird **von Anfang an verfehlt** (Grundtatbestand der Leistungskondiktion, Rn. 118 ff.).
- **§ 812 Abs. 1 S. 2 Alt. 1:** Die Leistung erfolgt zum Zwecke der Erfüllung einer Verbindlichkeit. Dieser Zweck wird verfehlt, weil die **Verbindlichkeit nachträglich wegfällt** (Rn. 182 ff.).
- **§ 812 Abs. 1 S. 2 Alt. 2:** Die Leistung hat einen **anderen Zweck** als die Erfüllung einer Verbindlichkeit und der bezweckte Erfolg tritt nicht ein (Rn. 186 ff.).
- **§ 813:** Es wird zum Zwecke der Erfüllung einer Verbindlichkeit geleistet und dem Anspruch steht eine **dauernde Einrede** entgegen (Rn. 193 ff.).
- **§ 817 S. 1:** Der Empfänger der Leistung verstößt gegen ein **gesetzliches Verbot** oder die **guten Sitten** (Rn. 197 ff.).

169 Wörlen/Leinhans JA 2006, 22, 25; Palandt/Sprau § 852 Rn. 2; BeckOK/Spindler § 852 Rn. 3.

## A. Bereicherungsanspruch gemäß § 812 Abs. 1 S. 1 Alt. 1

Hat der Anspruchsteller dem Anspruchsgegner zum Zwecke der Erfüllung einer **Verbindlichkeit** einen Gegenstand übertragen, so kann er diesen Gegenstand gemäß § 812 Abs. 1 S. 1 Alt. 1 als das geleistete Etwas zurückverlangen, wenn der rechtliche Grund für die Leistung von Anfang an fehlt (condictio indebiti). 118

**Aufbauschema: Anspruch aus § 812 Abs. 1 S. 1 Alt. 1**

**A. Voraussetzungen**

- **I. Etwas erlangt:** Etwas i.S.v. § 812 Abs. 1 ist jeder Vermögensvorteil
- **II. Durch Leistung:** Gewollte und zweckgerichtete Mehrung fremden Vermögens; Leistungszweck bei dieser Kondiktion ist die Erfüllung einer Verbindlichkeit
- **III. Ohne Rechtsgrund:** Wenn der Leistungszweck verfehlt wurde

**B. Kein Ausschlussgrund**

- **I. § 814:** Kenntnis der Nichtschuld; Anstandspflicht
- **II. § 817 S. 2 analog:** Gesetzes- oder Sittenverstoß des Leistenden

**C. Rechtsfolgen**

- **§ 812:** Herausgabe des Erlangten
- **§ 818 Abs. 1:** Nutzungen und Surrogate
- **§ 818 Abs. 2:** Bei Unmöglichkeit der Herausgabe, Wertersatz (objektiver Wert)
- **§ 818 Abs. 3:** Wegfall der Bereicherung
- **§ 818 Abs. 4:** Verschärfte Haftung des Bereicherungsschuldners

## I. Voraussetzungen

### 1. Erlangtes Etwas

Der Bereicherungsschuldner muss zunächst etwas erlangt haben. Darunter fällt allgemein **jeder vermögenswerte Vorteil**.[170] 119

**Beispiele:** Eigentum und Besitz an Sachen; beschränkt dingliche Rechte, insbesondere die Hypothek oder Grundschuld sowie das Anwartschaftsrecht, Auflassung, übertragbare Mitgliedschaftsrechte, immaterielle Rechte, Forderungen

***Klausurhinweis:*** *Sie sollten immer präzise benennen, was erlangt wurde. Der pauschale Hinweis darauf, dass ein Gegenstand (z.B. das Auto) erlangt wurde, genügt nicht. Erlangt werden kann nur die Rechtsposition, also etwa Eigentum und Besitz am Auto. Ferner brauchen Sie ggf. für die Herausgabeverpflichtung einen konkreten Bezugspunkt.*

170 Jauernig/Stadler § 812 Rn. 8.

*Bei einer **Banküberweisung** hat der Empfänger einen Anspruch auf Gutschrift (§ 675 t Abs. 1) erlangt. Wenn unklar ist, ob ein Geldbetrag (z.B. 500 €) in bar oder per Überweisung gezahlt wurde, empfiehlt es sich, neutral zu formulieren: „A hat einen Vermögensvorteil i.H.v. 500 € erlangt."*

Umstritten ist, ob der erlangte Vorteil zwingend **Vermögenswert** haben muss. Zum Teil wird verlangt,[171] dass der Vorteil geldwert sein muss. Demnach soll z.B. eine schriftliche Ehrenerklärung nicht kondizierbar sein. Nach h.Lit. kommt dagegen jeder beliebige Vorteil in Betracht, also auch in materieller Hinsicht wertlose Gegenstände (z.B. Liebesbriefe).[172]

Der Vorteil kann ebenso in der **Befreiung von** einer **Verbindlichkeit** oder in dem Nichtentstehen einer Last bestehen.

**Beispiele:** Zahlung auf fremde Schuld (§ 267), Schulderlass (§ 397)

Der BGH stellt bei Gebrauchsvorteilen und Dienstleistungen darauf ab, ob Aufwendungen für diese Vorteile oder Leistungen dem Bereicherungsschuldner erspart geblieben sind.

**Beispiele:** Gebrauchs- oder Nutzungsmöglichkeit an Sachen oder Rechten; die Tätigkeit für einen anderen aufgrund eines vermeintlichen Dienst- oder Werkvertrags

Systematisch konsequenter ist es jedoch, das **Erlangte in dem Gebrauchsvorteil oder der Dienstleistung selbst** zu erkennen und die Ersparnis von Aufwendungen sowie eine etwaige Entreicherung erst im Rahmen des § 818 zu behandeln.[173]

## 2. Leistung i.S.d. § 812 Abs. 1 S. 1 Alt. 1

120 Im Rahmen des Bereicherungsrechts wird Leistung als jede **bewusste und zweckgerichtete Mehrung fremden Vermögens** definiert.[174]

Bei dem Anspruch aus § 812 Abs. 1 S. 1 Alt. 1 ist der **Leistungszweck** die **Erfüllung einer Verbindlichkeit**. Der Tatbestand des § 812 Abs. 1 S. 1 Alt. 1 ist das Spiegelbild der Erfüllungslehre: Was zum Zwecke der Erfüllung einer vermeintlichen Verbindlichkeit übertragen worden ist, muss gemäß § 812 Abs. 1 S. 1 Alt. 1 zurückgewährt werden.

121 Zu dem bewussten Handeln des Bereicherungsgläubigers muss nach h.M. ein finales Element, nämlich die sog. **Zweckbestimmung** kommen.[175] Diese eröffnet dem Schuldner bei mehreren Verbindlichkeiten gemäß **§ 366 Abs. 1** die Möglichkeit, zu bestimmen, auf welches von mehreren Schuldverhältnissen zwischen den Parteien sich die Leistung beziehen, d.h., welches getilgt werden soll.

***Hinweis:*** *Vor allem in Mehrpersonenverhältnissen (dazu ausführlich Rn. 233 ff.) kann die Frage virulent werden, aus welcher Perspektive das Vorliegen einer Leistung zu bestimmen ist. Nach h.M. ist dies aus Sicht des verobjektivierten Empfängers zu beurteilen.*

171 BGH NJW 1995, 53, 54; Palandt/Sprau § 812 Rn. 8.

172 Jauernig/Stadler § 812 Rn. 8; Looschelders § 54 Rn.3.

173 Looschelders § 54 Rn. 5 m.w.N.

174 BGH JZ 2000, 53, 55; Palandt/Sprau § 812 Rn. 3; Erman/Buck-Heeb § 812 Rn. 10 ff.

175 BeckOK/Wendehorst § 812 Rn. 46.

Umstritten ist, ob die für den Leistungsbegriff erforderliche **Zweckbestimmung** rechtsgeschäftlicher oder rein tatsächlicher **Natur** ist. Dies ist entscheidend für die Frage, ob eine nicht voll geschäftsfähige Person eine Leistung i.S.d. § 812 erbringen kann. Allerdings hat diese Streitfrage im Zwei-Personen-Verhältnis keine praktische Bedeutung. Wenn man davon ausgeht, dass der nicht voll Geschäftsfähige keine Leistung erbringen kann und damit eine Leistungskondiktion ausscheidet, ergibt sich der Anspruch nämlich aus einer Nichtleistungskondiktion (§ 812 Abs. 1 S. 1 Alt. 2).[176]

## 3. Ohne rechtlichen Grund

Jeder Anspruch aus § 812 hat zur Voraussetzung, dass die Vermögensverschiebung **122**
ohne rechtlichen Grund erfolgt. Das ist in der Regel dann der Fall, wenn ein die **Vermögensverschiebung rechtfertigender Grund nicht vorliegt**.

In den Fällen der Leistungskondiktion bedeutet die Rechtsgrundlosigkeit, dass der Leistende den mit der Leistung verfolgten Zweck nicht erreicht hat. Bei dem Anspruch aus § 812 Abs. 1 S. 1 Alt. 1 besteht der Leistungszweck in der Erfüllung einer Verbindlichkeit, sodass die Leistung ohne rechtlichen Grund erfolgt, wenn der **Zweck, die Verbindlichkeit zu erfüllen, nicht erreicht** wird.[177]

### a) Nichtbestehen einer Verbindlichkeit

Der **häufigste** (und examensrelevanteste) **Fall** der Leistungskondiktion aus § 812 Abs. 1 **123**
S. 1 Alt. 1 ist der Fall der Zweckverfehlung wegen **Nichtbestehens einer Verbindlichkeit**. Dabei ist der Grund für das Nichtbestehen unerheblich. Er kann etwa darauf beruhen, dass

- zwischen den Parteien **keine Einigung** erzielt worden ist oder
- **Nichtigkeitsgründe** eingreifen, z.B. mangelnde Geschäftsfähigkeit (§§ 104 ff.), Formmangel (§ 125), Sittenwidrigkeit (§ 138), wirksame Anfechtung (§ 142).[178]

### b) Schuldner erbringt Leistung, ohne dass Erfüllung eintritt

Die Kondiktion gemäß § 812 Abs. 1 S. 1 Alt. 1 greift aber auch dann ein, wenn der Zweck der Erfüllung einer Verbindlichkeit aus anderen Gründen verfehlt wird.

- § 812 Abs. 1 S. 1 Alt. 1 ist etwa auch dann einschlägig, wenn ein anderer Gegenstand **124**
  als der geschuldete, also ein sog. **Aliud** geliefert wird.[179]

  Vor diesem Hintergrund kann sich eine problematische Überschneidung mit dem Kauf- und Werkvertragsrecht ergeben. Denn gemäß §§ 434 Abs. 3, 633 Abs. 2 S. 3 wird die **Aliud-Lieferung** einem Sachmangel gleichgestellt.

---

176 Zur Rechtsnatur der Zweckbestimmung vgl. Erman/Buck-Heeb § 812 Rn. 13.

177 Erman/Buck-Heeb § 812 Rn. 44.

178 H.M. Looschelders § 54 Rn. 17; Staudinger/Lorenz § 812 Rn. 78; a.A. Palandt/Sprau § 812 Rn. 26, der von § 812 Abs. 1 S. 2 – Wegfall des rechtlichen Grundes – ausgeht.

179 jurisPK/Martinek § 812 Rn. 39.

**Beispiel:** K kauft bei V ein Fernsehgerät für 500 €. Infolge eines Versehens des Auslieferungsfahrers liefert V ein erheblich wertvolleres Gerät einer anderen Marke. K erkennt die Verwechselung sofort und freut sich. V verlangt von K das Gerät heraus.

**I.** Ein Anspruch auf Herausgabe des Geräts gemäß § 985 kommt nicht in Betracht, weil V das Gerät dem K hat aushändigen lassen mit dem Willen, den Kaufvertrag zu erfüllen und das Eigentum daran zu übertragen. Somit ist das Eigentum an dem Gerät nach § 929 übergegangen.
**II.** Anspruch auf Herausgabe des Geräts gemäß § 812 Abs. 1 S. 1 Alt. 1
**1.** K hat Eigentum und Besitz an dem Gerät erlangt.
**2.** Dies geschah auch durch Leistung zum Zwecke der Erfüllung des Kaufvertrags.
**3.** Der Erwerb erfolgte ferner ohne Rechtsgrund, wenn keine Erfüllungswirkung eingetreten ist. Nach § 434 Abs. 3 steht es einem Sachmangel gleich, wenn eine andere Sache geliefert wird. Daher könnte man meinen, dass der Kaufvertrag erfüllt worden ist. Falschlieferungen stehen jedoch nur einem Sachmangel gleich, wenn aus der Sicht des Käufers der Verkäufer mit der Lieferung seine Verpflichtung aus dem Kaufvertrag erfüllen wollte.

Hier hat der Käufer erkannt, dass es sich um ein Versehen handelt, da ein höherwertiger Gegenstand geliefert worden ist. Somit ist keine Erfüllung eingetreten. Im Übrigen würde es zu unbilligen Ergebnissen führen, wenn man die Lieferung eines höherwertigen Aliuds einer Schlechtlieferung gleichstellen würde. Der Käufer könnte sich bei Annahme eines Mangels der Rückforderung des Verkäufers entziehen. Deshalb kann der Verkäufer bei Lieferung eines höherwertigen Aliuds dieses beim Käufer Zug um Zug gegen Lieferung des geschuldeten Gegenstands kondizieren.[180]
K ist also zur Rückübertragung des Eigentums an dem gelieferten Fernseher Zug um Zug gegen Lieferung des gekauften Gerätes verpflichtet.

Liefert hingegen der Verkäufer ein minderwertiges Aliud, so sind die Gewährleistungsregeln spezieller.[181]

125 ■ Der **nicht voll geschäftsfähige Gläubiger**, der ohne Einverständnis des gesetzlichen Vertreters die geschuldete Leistung entgegennimmt, muss diese gemäß § 812 Abs. 1 S. 1 Alt. 1 zurückgeben, da zwar die zu erfüllende Verbindlichkeit bestand, aber die Erfüllungswirkung nach der herrschenden **Theorie der realen Leistungsbewirkung** nicht eingetreten ist, weil dem Minderjährigen die Empfangszuständigkeit fehlt.[182]

**Beispiel:** Der 16-jährige G bestellt mit Zustimmung seiner Eltern bei S ein Mofa, das er an seinem Geburtstag abholen soll. G holt sich jedoch ohne Zustimmung seiner Eltern schon drei Tage vorher das Mofa ab, schwänzt die Schule und unternimmt mehrere Spritztouren. Als die Eltern als Vertreter des G Lieferung eines weiteren Mofas verlangen, fordert S das bereits gelieferte Mofa zurück.

**I.** Der Anspruch auf Lieferung eines neuen Mofas ergibt sich aus § 433 Abs. 1. Der Kaufvertrag ist durch die Übereignung des ersten Mofas nicht erfüllt worden, da der geschäftsbeschränkte Gläubiger die geschuldete Leistung nicht selbst mit befreiender Wirkung entgegennehmen kann, da ihm die Empfangszuständigkeit fehlt. Diese hat sein gesetzlicher Vertreter.
**II.** Der Anspruch auf Rückgabe des von G abgeholten Mofas ergibt sich aus § 812 Abs. 1 S. 1 Alt. 1. Der G hat Eigentum und Besitz an dem Mofa erlangt. Dies geschah auch durch Leistung des S, da er gewollt und zweckgerichtet das Vermögen des G gemehrt hat.

Die Leistung erfolgte ohne Rechtsgrund, da der Zweck der Leistung, den Kaufvertrag zu erfüllen, verfehlt wurde. Mangels Empfangszuständigkeit ist die Erfüllungswirkung nicht eingetreten. Somit besteht ein Rückforderungsanspruch des S aus § 812 Abs. 1 S. 1 Alt. 1.

Eine **Ausnahme** von der Regel, dass an einen Geschäftsunfähigen nicht mit Erfüllungswirkung geleistet werden kann, statuiert **§ 105 a**. Danach gilt ein Vertrag, der ein Geschäft des täglichen Lebens zum Gegenstand hat und durch einen volljährigen

180 Vgl. Palandt/Weidenkaff § 434 Rn. 57.
181 Staudinger/Lorenz § 812 Rn. 89.
182 AS-Skript Schuldrecht AT 2 (2020), Rn. 8.

Geschäftsunfähigen geschlossen wird, als wirksam, sobald Leistung und Gegenleistung bewirkt sind.

**Beispiel:** Der geisteskranke volljährige G kauft sich eine Tageszeitung, die er bezahlt und die ihm sogleich übergeben wird. Als der Zeitungshändler Z feststellt, dass dies die letzte Zeitung war, verlangt er sie von G heraus, da er sie selbst noch nicht gelesen hat.

Ein Anspruch aus § 812 Abs. 1 S. 1 Alt. 1 besteht nicht. G hat zwar Eigentum und Besitz an der Zeitung durch Leistung des Z erlangt, jedoch besteht hierfür ein Rechtsgrund. Auch wenn grundsätzlich die Willenserklärung des G hinsichtlich des Kaufvertrags nach § 105 Abs. 1 unwirksam ist, so wird der zunächst nichtige Vertrag mit ex-nunc-Wirkung wirksam, wenn Leistung und Gegenleistung bewirkt worden sind.[183] Dieser Kaufvertrag ist wirksam erfüllt worden. Dies ergibt sich zwar nicht unmittelbar aus dem Wortlaut des § 105 a, es entspricht jedoch dem Sinn der Norm, die dem geschäftsunfähigen Volljährigen einen gewissen rechtsgeschäftlichen Handlungsspielraum ermöglichen will.

Somit hat Z keinen Anspruch aus § 812 Abs. 1 S. 1 Alt. 1.

- Zahlt der Schuldner an den Zedenten und kannte er dabei die Abtretung der Forderung an den Zessionar nicht, kann er auf den **Schutz des § 407 Abs. 1 verzichten.** Dann entfaltet die Zahlung an den Zedenten gegenüber dem Zessionar keine Erfüllungswirkung und der Schuldner hat deshalb einen Anspruch gegen den Zedenten aus § 812 Abs.1 S. 1 Alt. 1.[184] **126**

## II. Ausschlussgründe

Der Anspruch aus § 812 Abs. 1 S. 1 Alt. 1 ist ausgeschlossen, wenn die Voraussetzung des § 814 oder des § 817 S. 2 analog vorliegen.

### 1. Ausschluss gemäß § 814

Nach **§ 814** kann die zur Tilgung einer Verbindlichkeit erbrachte Leistung nicht zurückgefordert werden, wenn der Leistende gewusst hat, dass er zur Leistung nicht verpflichtet war oder die Leistung einer Sitten- oder Anstandspflicht entsprach.

#### a) Kenntnis der Nichtschuld

Für den Ausschlussgrund gemäß **§ 814 Alt. 1** ist es nicht ausreichend, dass der Leistende an seiner Leistungspflicht nur gezweifelt hat. Ferner genügt es nicht, dass der Leistende nur die Umstände kennt, die ihn zur Verweigerung der Leistung berechtigen, sondern er **muss wissen**, dass er nach der Rechtslage nichts schuldet.[185] **127**

Dass der Leistende weiß, dass er aufgrund der Rechtslage nichts schuldet, ist bei der Leistungskondiktion nur denkbar in den Fällen des § 812 Abs. 1 S. 1 Alt. 1 und des § 813. Der Ausschluss nach § 814 gilt also **nicht für alle Leistungskondiktionen.**[186] Im Bereich der Nichtleistungskondiktion findet § 814 gar keine Anwendung.[187]

183 Palandt/Ellenberger § 105 a Rn. 6.
184 Vgl. dazu AS-Skript Schuldrecht AT 2 (2020), Rn. 440.
185 BGH NJW 2002, 3772, 3773.
186 Jauernig/Stadler § 814 Rn. 2.
187 Palandt/Sprau § 814 Rn. 2.

Ist das Rechtsgeschäft anfechtbar, so kann man rein begrifflich auch die Kenntnis von der Nichtschuld bejahen, da gemäß **§ 142 Abs. 2** die Kenntnis der Anfechtbarkeit der Kenntnis der Nichtigkeit des Rechtsgeschäfts gleichsteht. Es ist jedoch zu differenzieren:

128 ■ Kann nicht der Leistende, sondern lediglich der **Empfänger der Leistung** das Rechtsgeschäft anfechten und hat er dieses Recht im Zeitpunkt der Leistung noch nicht ausgeübt, so schließt § 814 die Rückforderung der Leistung **nicht** aus.[188]

**Beispiel:** V verkauft an K ein Pferd und täuscht ihn dabei arglistig über dessen Verwendbarkeit als Reit- und Dressurpferd. Als sich nach Übergabe herausstellt, dass es sich bei dem Pferd um einen Pflegefall handelt, erklärt K die Anfechtung. V verlangt Herausgabe des Pferdes.

Obwohl V die Anfechtbarkeit des Rechtsgeschäfts kannte, ist man sich im Ergebnis darüber einig, dass § 814 der Rückforderung nicht entgegensteht. In der Rspr.[189] wird dabei davon ausgegangen, dass bereits der von § 814 objektiv vorausgesetzte Umstand, nämlich das Fehlen einer (für den Leistenden uneingeschränkten) Leistungspflicht, nicht gegeben ist, da der Leistende sich der Leistungspflicht nicht durch eigenen Entschluss entziehen kann. Die Lit. stellt auf das subjektive Merkmal der Kenntnis von der Nichtschuld ab. Da der Leistende nicht weiß, ob die Anfechtung erfolgt, muss er im Zeitpunkt der Leistung von einem Bestehen der Leistungspflicht ausgehen.[190]

129 ■ Steht jedoch dem **Leistenden selbst** ein Anfechtungsrecht zu, so hat er die Möglichkeit, sich durch das Gestaltungsrecht seiner Leistungspflicht zu entziehen. Dem trägt die Regelung des § 142 Abs. 2 Rechnung, derzufolge die Kenntnis der Anfechtbarkeit der Kenntnis der Nichtigkeit des Rechtsgeschäfts gleichsteht. Der Leistende soll nicht kondizieren dürfen, wenn er geleistet hat, obwohl er wusste, dass er sich von seiner Leistungspflicht wegen der Anfechtbarkeit hätte befreien können. Er würde sich zu seinem eigenen **Verhalten in Widerspruch** setzen, wenn er später das Geleistete wieder zurückfordern könnte (venire contra factum proprium). § 814 ist insofern eine besondere Ausprägung des Grundsatzes von Treu und Glauben.[191]

## b) Sitten- oder Anstandspflicht

130 Die Leistung kann auch dann gemäß **§ 814 Alt. 2** nicht zurückgefordert werden, wenn die Leistung einer Sitten- oder Anstandspflicht entsprach. Die Voraussetzungen dieses Ausschlussgrundes sind rein **objektiv** zu bestimmen, auf die Kenntnis der konkret Beteiligten von den die Anstandspflicht begründenden Umständen kommt es nicht an.[192]

**Beispiele:** Die Gewährung eines angemessenen Trinkgeldes entspricht einer allgemeinen Anstandspflicht und kann daher nicht kondiziert werden. Die Gewährung von Unterhalt an Verschwägerte ist eine Sitten- oder Anstandspflicht.[193] Dagegen fallen Unterhaltsleistungen, die der Scheinvater an ein vermeintlich von ihm stammendes Kind erbringt, nicht unter § 814 Alt. 2.[194]

188 BGH RÜ 2008, 291.

189 BGH RÜ 2008, 291.

190 Staudinger/Lorenz § 814 Rn. 3.

191 MünchKomm/Schwab § 814 Rn. 2.

192 BeckOK/Wendehorst § 814 Rn. 13.

193 OLG München NJW-RR 2004, 1442, 1444.

194 BeckOK/Wendehorst § 814 Rn. 14.

## 2. Ausschluss gemäß § 817 S. 2

Die Leistungskondiktion ist nach § 817 S. 2 ausgeschlossen, wenn der Leistende gegen ein gesetzliches Verbot oder gegen die guten Sitten verstoßen hat. 131

### a) Anwendungsbereich

Dem Wortlaut nach bezieht sich der Ausschlussgrund in § 817 S. 2 nur auf die Kondiktion aus § 817 S. 1, nämlich: „Wenn dem Leistenden gleichfalls ein solcher Verstoß zur Last fällt". Anerkannt ist jedoch, dass § 817 S. 2 für die **übrigen Fälle der Leistungskondiktion analog** gilt.[195]

Diese Analogie lässt sich auch auf einen „Erst-recht-Schluss" stützen: Wenn im Rahmen des § 817 der Leistende auch von einem selbst sittenwidrig handelnden Leistungsempfänger die Leistung nicht zurückfordern können soll, darf er dies **erst recht** nicht gegenüber einem Empfänger, der selbst nicht sittenwidrig handelt. Anderenfalls würde § 817 S. 2 auch durch § 812 Abs. 1 S. 1 Alt. 1 umgangen werden, da ein beiderseitiger Sittenverstoß gemäß § 138 zur Nichtigkeit des Grundgeschäfts und damit zu einem Anspruch aus § 812 Abs. 1 S. 1 Alt. 1 führt.

Eine analoge Anwendung des § 817 S. 1 auf die **Nichtleistungskondiktion** wird dagegen zu Recht **abgelehnt**.[196]

Streitig ist, ob § 817 S. 2 **analog auch auf andere Ansprüche** aus GoA, Delikt (§ 826) oder Eigentum (§ 985) anwendbar ist.

- Die Rspr. lehnt dies mit der Begründung ab, dass es sich bei § 817 S. 2 um eine eng auszulegende Ausnahmevorschrift handele.[197]
- Demgegenüber geht ein Teil der Lit. von einer analogen Anwendung des § 817 S. 2 auf andere Ansprüche aus, da diese Vorschrift einen allgemeinen Rechtsschutzgedanken enthalte.[198]
- Nach einer vermittelnden Auffassung[199] ist der Ausschlusstatbestand des § 817 S. 2 zumindest auf Ansprüche aus § 985 zu erstrecken, wenn nicht nur das Kausalgeschäft, sondern auch das dingliche Geschäft nach § 134 bzw. § 138 nichtig ist. Hierfür spricht, dass der Leistende bei einem solchen schweren Mangel nicht besser stehen soll als bei Nichtigkeit des Kausalgeschäfts.[200]

195 Brox/Walker § 41 Rn. 11; BeckOK/Wendehorst § 817 Rn. 11; MünchKomm/Schwab § 817 Rn. 10; Staudinger/Lorenz § 817 Rn. 10.

196 BGH RÜ 1992, 79.

197 BGH RÜ 1992, 79.

198 Vgl. Brox/Walker § 41 Rn. 12.

199 Looschelders § 54 Rn. 40.

200 Looschelders § 54 Rn. 40; Brox/Walker § 41 Rn. 12.

### b) Voraussetzungen

132 Zunächst muss ein **objektiver Verstoß** gegen ein Verbotsgesetz oder die guten Sitten vorliegen.

Wegen der einschneidenden Wirkung muss nach h.M.[201] darüber hinaus noch ein **subjektives Element** hinzukommen. Der Leistende muss sich des Gesetzes- oder Sittenverstoßes bewusst sein oder sich dieser Einsicht leichtfertig verschlossen haben. Dieses Erfordernis ergibt sich nicht aus dem Wortlaut des § 817 S. 2.

***Hinweis:*** *Entgegen der früher h.M.[202] wird der Vorschrift **kein Strafcharakter** mehr zugemessen, sondern die **heute h.M.**[203] stellt darauf ab, dass dem rechts- oder sittenwidrig Leistenden der Rechtsschutz verweigert werden soll. Außerdem wird auf den Gedanken der Generalprävention verwiesen.[204] Verhält sich der Leistende gesetzes- oder sittenwidrig, soll er damit rechnen müssen, dass er das Geleistete nicht zurückverlangen kann.[205]*

### c) Umfang und Einschränkungen

Sind die Voraussetzungen des Kondiktionsausschlusses gemäß § 817 S. 2 gegeben, so ist die **Rückforderung des Erlangten ausgeschlossen**. Erforderlich ist dabei eine genaue Definition der Leistung, um den Umfang des Ausschlusses zu bestimmen. Ferner sind Einschränkungen durch den Grundsatz von Treu und Glauben zu beachten.

### aa) Umfang des Ausschlusses

133 Besteht die Leistung in der **vorübergehenden Überlassung** einer Sache oder eines Gelddarlehens, so schließt § 817 S. 2 nicht die Rückforderung als solche aus, sondern nur die **vorzeitige Rückforderung**.

**Beispiel:** Teilzahlungsbank L gewährt dem verzweifelten E einen Ratenkredit in Höhe von 10.000 € mit einer Laufzeit von 60 Monaten. Der effektive Jahreszins soll 32 % betragen. Nach Auszahlung des Darlehens erhält E von der Verbraucherzentrale die Auskunft, der Vertrag sei wegen der Zinshöhe nichtig. E verweigert daher die Zahlung der monatlich fälligen Raten. Ansprüche der L gegen E?

**A**. Anspruch der L auf Zahlung weiterer Raten, **§ 488 Abs. 1**
Zwar haben sich L und E über die Bestandteile eines Darlehensvertrags geeinigt. Der Darlehensvertrag ist aber gemäß § 138 Abs. 1 nach den Grundsätzen über wucherähnliche Geschäfte nichtig. Es besteht nämlich ein auffälliges Missverhältnis zwischen Leistung und Gegenleistung und der Kreditgeber L hat – subjektiv – die schwächere Lage des E bewusst ausgenutzt. L hat sich zumindest leichtfertig der Erkenntnis verschlossen, dass sich der E nur unter dem Zwang der Verhältnisse auf den ungünstigen Vertrag einließ.[206]
Nach h.M. sind sittenwidrige Geschäfte insgesamt nichtig und nicht nur teilnichtig bezüglich der überhöhten Zinsen.[207] Die L-Bank kann mithin von E keine weiteren Ratenzahlungen verlangen, weil der Darlehensvertrag nichtig ist.

---

201 Palandt/Sprau § 817 Rn. 8; Looschelders § 54 Rn. 37.
202 RGZ 105, 270, 271; BGHZ 39, 87, 91.
203 BGH NJW 2005, 1490, 1491; Brox/Walker § 42 Rn. 7.
204 Looschelders § 54 Rn. 37.
205 BeckOK/Wendehorst § 817 Rn. 2.
206 BGH RÜ 2001, 198, 199 f.
207 Palandt/Ellenberger § 138 Rn. 19; BeckOK/Wendehorst § 138 Rn. 31.

**B.** Anspruch der L gegen E auf Rückzahlung des Darlehens aus **§ 812 Abs. 1 S. 1 Alt. 1**
**I.** Die Voraussetzungen des § 812 Abs. 1 S. 1 Alt. 1 sind gegeben, da L dem E die Darlehenssumme ohne Rechtsgrund geleistet hat.
**II.** Ferner darf dem Rückzahlungsanspruch kein Ausschlussgrund entgegenstehen.
**1.** Die Rückzahlung ist nicht gemäß **§ 814** ausgeschlossen, weil nicht davon ausgegangen werden kann, dass die L positive Kenntnis von der Nichtigkeit des Darlehensvertrags hatte.
**2.** Der Ausschlussgrund des **§ 817 S. 2** gilt nach ganz h.M. nicht nur für Ansprüche aus § 817 S. 1. Vielmehr ist § 817 S. 2 auf alle übrigen Fälle der Leistungskondiktion analog anzuwenden, und zwar auch dann, wenn nur der Leistende gesetzes- oder sittenwidrig handelt.
L hat mit der Leistung des Darlehensbetrags – objektiv – sittenwidrig gehandelt. Der subjektive Tatbestand setzt zum einen Tatsachenkenntnis und zum anderen Kenntnis der Sittenwidrigkeit voraus. Doch genügt für den letzteren Umstand, dass sich der Leistende in grob fahrlässiger Weise der Kenntnis verschlossen hat.[208] Nicht erforderlich ist aber Kenntnis von der Nichtigkeitsfolge. Da L zumindest grob fahrlässig die Sittenwidrigkeit nicht erkannt hat, ist der Tatbestand des § 817 S. 2 erfüllt.
Rechtsfolge gemäß § 817 S. 2 ist, dass die erbrachte Leistung, die endgültig in dem Vermögen des Empfängers verbleiben sollte, nicht zurückgefordert werden kann.[209] Da L den Darlehensbetrag **nicht endgültig** dem Empfänger E überlassen wollte, greift insoweit § 817 S. 2 nicht ein. Leistung i.S.d. § 817 S. 2 ist nämlich nicht die Übereignung des Geldes auf Dauer, sondern die **Kapitalüberlassung auf Zeit**. Ausgeschlossen ist daher nur die Rückforderung der Kapitalnutzung. Der Darlehensgeber muss daher dem Darlehensnehmer das Kapital für die – unwirksam – vereinbarte Laufzeit überlassen.[210]
Nach § 817 S. 2 ist damit ausgeschlossen, dass L von E die Darlehenssumme vor Beendigung der Laufzeit von 60 Monaten zurückverlangt. Da die Herausgabe des konkreten Kontoguthabens nach der Laufzeit nicht möglich ist, hat E gemäß § 818 Abs. 2 Wertersatz zu leisten.
Fraglich ist, ob als Gegenstand der Bereicherung des E auch die fünfjährige unentgeltliche **Kapitalnutzung** in Betracht kommt und E insoweit auch Wertersatz i.H.d. marktüblichen **Zinses** zahlen muss. § 817 S. 2 hat eine Ordnungsfunktion. Es ist daher sachgerecht, dem sittenwidrig Handelnden das Risiko seines Verhaltens aufzuerlegen, sodass E keinen Wertersatz für die Kapitalnutzung leisten muss. Andernfalls könnte die Bank risikolos arbeiten, weil ihr der übliche Zinssatz regelmäßig zugesprochen werden müsste.[211]

## bb) Einschränkungen durch Treu und Glauben

Ferner ist § 817 S. 2 im Hinblick auf den Zweck des Verbotsgesetzes und nach dem Grundsatz von Treu und Glauben (§ 242) einschränkend auszulegen. Das ist insbesondere von Bedeutung bei den sog. „Schenkkreisen“, in Bezug auf den Kauf von Radarwarngeräten und bei einem beiderseitigen Verstoß gegen das Schwarzarbeitergesetz (SchwarzArbG). **134**

- Die Instanzgerichte[212] gehen teilweise bei nach dem Schneeballsystem organisierten **Schenkkreisen**.[213] davon aus, dass keine Korrektur über § 242 erfolgt und daher § 817 S. 2 der Rückforderung entgegensteht. Als Grund dafür wird genannt, dass das Potenzial der zur Verfügung stehenden Mitspieler kleiner wird, wenn der Leistende weiß, dass er sein Geld nicht zurückbekommt.

  Die ganz **h.M.**[214] nimmt jedoch an, dass **§ 817 S. 2** der **Rückforderung nicht entgegensteht**, da der Ausschluss der Kondiktionen einen Anreiz für den sittenwidrig han-

208 BGH NJW 1993, 2108.
209 Palandt/Sprau § 817 Rn. 11.
210 BGH NJW 1636, 1637.
211 BGH NJW 1983, 1420, 1423.
212 OLG Köln NJW 2005, 3290, 3291; AG Siegberg NJW-RR 2007, 1431.
213 Vgl. BGH NJW 2006, 45, RÜ 2006, 6.
214 BGH NJW 2006, 44, 45; Jauernig/Stadler § 817 Rn. 4; Palandt/Sprau § 817 Rn. 18; Armgard NJW 2006, 2070; Möller NJW 2006, 268; Schmidt JuS 2006, 265.

delnden Empfänger bilden würde, sein Verhalten fortzusetzen. Das Spiel zielt zugunsten einiger weniger Mitspieler darauf ab, leichtgläubige und unerfahrene Personen auszunutzen und sie zur Zahlung des Einsatzes zu bewegen. Man würde die Initiatoren solcher Spiele zum Weitermachen einladen, wenn sie das durch die sittenwidrige Methode erlangte Geld behalten dürften.

135 ■ **Keine einschränkende Auslegung** des § 817 S. 2 findet statt **beim Kauf von Radarwarngeräten** oder beim Kauf von mobilen Navigationsgeräten, die ein Radarwarngerät enthalten.[215] Obwohl der Kaufvertrag also gemäß § 138 Abs. 1 nichtig ist, kann der Kaufpreis bei einem defekten Gerät nicht zurückgefordert werden, denn durch Radarwarngeräte werden das Gemeinwohl und die Interessen anderer Verkehrsteilnehmer bedroht. Dem Leistenden ist ferner bewusst, dass er sich auf ein verbotswidriges Verhalten vorbereitet und dadurch andere Verkehrsteilnehmer gefährdet. Eine Einschränkung unter dem Gesichtspunkt des § 242 ist demnach nicht vorzunehmen, da der **Käufer** eines Radarwarngerätes **nicht schutzbedürftig** ist.

136 ■ Auch bei einem beiderseitigen Verstoß gegen das **SchwarzArbG** versagt der BGH inzwischen die einschränkende Auslegung des § 817 S. 2.

**Fall 9: Arbeit ohne Lohn**

Anfang 2021 ließ die B vier Reihenhäuser errichten und beauftragte K mit den Elektroinstallationsarbeiten. Als Gegenleistung war schriftlich ein Betrag von 13.800 € vereinbart. Darüber hinaus sollte B an den K weitere 5.000 € in bar zahlen, für die keine Rechnung gestellt werden sollten.

Die B überwies an K zunächst 10.700 € und zahlte weitere 2.300 € in bar. Nachdem K die Arbeiten abgeschlossen hatte, stellte er im April 2021 seine Schlussrechnung über den Restbetrag i.H.v. 5.800 €. Da B den ausstehenden Betrag nicht begleichen will, erhebt K beim zuständigen Landgericht Klage.

Steht K der geltend gemachte Anspruch zu?

A. K könnte gegen B einen Anspruch auf Werklohn i.H.v. 5.800 € aus **§ 631 Abs. 1** haben.

Dann müssten K und B einen wirksamen Werkvertrag abgeschlossen haben.

I. Mit dem **Werkvertrag** verpflichtet sich der Unternehmer zur entgeltlichen Herstellung eines Erfolgs. K und B haben vereinbart, dass K in vier Reihenhäusern der B Elektroinstallationsarbeiten vornimmt und dafür ein Entgelt i.H.v. 18.800 € erhalten soll. Die Parteien haben sich damit über den Abschluss eines Werkvertrags geeinigt.

II. Der Vertrag könnte jedoch gemäß **§ 134 BGB** i.V.m. **§ 1 Abs. 2 Nr. 2 SchwarzArbG** nichtig sein.

1. Dazu müsste es sich bei § 1 Abs. 2 Nr. 2 SchwarzArbG um ein **Verbotsgesetz** i.S.d. § 134 BGB handeln. Dies sind Gesetze, die ein Rechtsgeschäft wegen seines Inhalts, des mit ihm bezweckten Erfolgs oder aufgrund besonderer Um-

215 BGH NJW 2005, 1490; Hufnagel NJW 2008, 621; Würdinger JuS 2012, 234, 238.

stände untersagen. § 1 Abs. 2 SchwarzArbG enthält **kein ausdrückliches Verbot**. Deshalb ist durch Auslegung zu ermitteln, ob die Vorschrift ein Verbotsgesetz ist. Nach dem Zweck des Gesetzes ist ein Verbotsgesetz zu bejahen. Es will nämlich nicht nur den tatsächlichen Vorgang der Schwarzarbeit eindämmen, sondern im Interesse der wirtschaftlichen Ordnung den zugrundeliegenden Rechtsgeschäften die rechtliche Wirkung nehmen. Mithin ist § 1 Abs. 2 Nr. 2 SchwarzArbG ein Verbotsgesetz i.S.d. § 134 BGB.

2. Ferner müsste ein **Verstoß** gegen das Verbotsgesetz vorliegen. Gemäß § 1 Abs. 2 Nr. 2 SchwarzArbG leistet Schwarzarbeit, wer **Werkleistungen erbringt oder ausführen lässt** und dabei als Steuerpflichtiger seine sich daraus ergebenden steuerlichen Pflichten nicht erfüllt.

   a) **K** hat **Werkleistungen erbracht**. Er kann dabei gegen steuerliche Pflichten verstoßen haben. Gemäß **§ 14 Abs. 2 S. 1 Nr. 1 UStG** ist der Werkunternehmer bei steuerpflichtigen Werklieferungen oder sonstigen Leistungen im Zusammenhang mit einem Grundstück verpflichtet, eine Rechnung auszustellen. K hat gegen die Pflicht zur Ausstellung einer Rechnung verstoßen. Außerdem hat er mit der Abgabe einer unvollständigen Steuererklärung gegen § 370 AO verstoßen und eine Steuerhinterziehung begangen.

   b) B hat **Werkleistungen ausführen lassen**. Auch sie könnte dabei gegen steuerliche Pflichten verstoßen haben. Gemäß **§ 14 b Abs. 1 UStG** ist der Besteller zur Aufbewahrung von Rechnungen verpflichtet, die er erhalten hat. Diese Verpflichtung trifft gemäß § 14 b Abs. 1 S. 4 UStG auch Verbraucher. Sie impliziert die Verpflichtung, sich eine Rechnung ausstellen zu lassen. Gesetzgeberisches Ziel der Rechnungsaufbewahrungspflicht war es, „Ohne-Rechnung-Geschäfte" zu verhindern und nicht nur für den Werkunternehmer, sondern **auch für den Besteller** steuerliche Pflichten zu begründen und damit die Schwarzarbeit wirksam zu bekämpfen.[216] Auch B hat also gegen steuerliche Pflichten und damit gegen § 1 Abs. 2 Nr. 2 SchwarzArbG verstoßen.

3. Der **Verstoß** gegen das Verbotsgesetz **müsste zur Nichtigkeit führen**. Ob dies der Fall ist, ist nach Sinn und Zweck der jeweiligen Verbotsnorm zu beurteilen. Entscheidend ist, ob das Gesetz sich nicht nur gegen den Abschluss des Rechtsgeschäfts wendet, sondern auch gegen seine privatrechtliche Wirksamkeit. Sinn und Zweck des SchwarzArbG ist die Bekämpfung der Schwarzarbeit (§ 1 Abs. 1 SchwarzArbG). Die Regelung in § 1 Abs. 2 Nr. 2 SchwarzArbG macht deutlich, dass dazu auch das Entstehen verheimlichter Steuertatbestände verhindert werden soll. Dieses gesetzgeberische Ziel lässt sich dadurch erreichen, dass Rechtsgeschäfte, die gegen § 1 Abs. 2 Nr. 2 SchwarzArbG verstoßen, nichtig sind.

   Sind beide Parteien Adressaten des Verbotsgesetzes und haben **beide Parteien gegen das Gesetz verstoßen**, ist das Rechtsgeschäft grundsätzlich nichtig. Hier liegt ein beiderseitiger Verstoß gegen § 1 Abs. 2 Nr. 2 SchwarzArbG vor.

216 BT-Drs. 15/2573, S. 34.

Die „Ohne-Rechnung-Abrede" der Parteien bezog sich nur auf einen Teil der Gesamtsumme, nämlich 5.000 € von insgesamt 18.800 €. Rechtsfolge könnte daher nur die **Teilnichtigkeit** sein. Teilnichtigkeit setzt aber ein teilbares Rechtsgeschäft voraus. Ein solches liegt jedoch hier nicht vor.

Der zwischen K und B geschlossene Werkvertrag ist gemäß § 134 BGB i.V.m. § 1 Abs. 2 Nr. 2 SchwarzArbG nichtig. K hat gegen B daher keinen Anspruch aus § 631 Abs. 1 BGB.

B. K könnte gegen B ein Anspruch auf Aufwendungsersatz aus **§§ 677, 683 S. 1, 670** zustehen.

I. Fraglich ist, ob die **§§ 677 ff. anwendbar** sind. In der Lit. wird die Auffassung vertreten, dass nichtige Verträge ausschließlich nach den Regeln der Leistungskondiktion abzuwickeln sind. Dagegen sind nach der Rspr. die Regeln über die GoA auch bei nichtigen Verträgen anwendbar. Für die Rspr. spricht, dass derjenige, der aufgrund eines nichtigen Vertrags für jemanden tätig geworden ist, nicht schlechter stehen darf als derjenige, der aus einem anderen Grund fremdnützig tätig wurde.

II. Die Vornahme der Elektroinstallationsarbeiten in den Häusern der B war für K nicht nur ein eigenes Geschäft, das er aufgrund des Werkvertrags tätigte, sondern **auch ein fremdes Geschäft**.

III. Der erforderliche **Fremdgeschäftsführungswille** wird nach h.M. nicht nur beim objektiv fremden Geschäft, sondern ebenso beim auch fremden Geschäft vermutet.

IV. Die Übernahme der Geschäftsführung war zudem interessen- und willensgemäß i.S.d. **§ 683 S. 1**.

V. Gemäß §§ 683 S. 1, 670 kann der Geschäftsführer **Ersatz der erforderlichen Aufwendungen** verlangen. Verstößt der Geschäftsführer gegen ein gesetzliches Verbot, darf er seine Aufwendungen nicht für erforderlich halten. Da K gegen das gesetzliche Verbot des § 1 Abs. 2 Nr. 2 SchwarzArbG verstoßen hat, hat er keinen Anspruch aus §§ 677, 683 S. 1, 670.

C. K könnte gegen B einen Anspruch aus **§ 812 Abs. 1 S. 1 Alt. 1** haben.

I. B hat die Werkleistungen des K und damit ein vermögenswertes **Etwas erlangt**.

II. Eine **Leistung** ist die bewusste und zweckgerichtete Mehrung fremden Vermögens. Der Leistungszweck bei der Kondiktion aus § 812 Abs. 1 S. 1 Alt. 1 muss in der Erfüllung einer Verbindlichkeit bestehen. K hat die Elektroinstallationen zum Zweck der Erfüllung eines Werkvertrags durchgeführt und damit eine Leistung an B erbracht.

III. Die Leistung erfolgte **ohne Rechtsgrund**, da der Werkvertrag gemäß § 134 BGB i.V.m. § 1 Abs. 2 Nr. 2 SchwarzArbG nichtig war.

IV. Gemäß § 812 Abs. 1 S. 1 Alt. 1 ist B zur Herausgabe des Erlangten verpflichtet. Da die Werkleistung nicht herausgegeben werden kann, besteht grundsätzlich eine Verpflichtung zum **Wertersatz** gemäß § 818 Abs. 2.

V. Der Bereicherungsanspruch könnte indes gemäß **§ 814** ausgeschlossen sein. Dann müsste K gewusst haben, dass er zur Leistung nicht verpflichtet war. Im Fall des § 814 muss der Leistende positive Kenntnis davon haben, dass er nach der Rechtslage nichts schuldet. Nach der früheren Rspr. des BGH zu der Rechtslage vor Inkrafttreten des aktuellen SchwarzArbG hatte die Vereinbarung einer „Ohne-Rechnung-Abrede" lediglich die Teilnichtigkeit zur Folge. Auch diese Rechtsfolge wurde durch die Anwendung des § 242 weitgehend verändert und sowohl Gewährleistungsansprüche des Bestellers als auch Wertersatzansprüche des Unternehmers für die Werkleistung anerkannt. Es kann daher nicht angenommen werden, dass K positive Kenntnis davon hatte, dass er nicht zur Leistung verpflichtet war. Der Anspruch ist nicht gemäß § 814 ausgeschlossen.

VI. Der Anspruch könnte aber gemäß **§ 817 S. 2** ausgeschlossen sein.

1. Dem Wortlaut nach bezieht sich der Kondiktionsausschluss in § 817 S. 2 nur auf die Kondiktion aus § 817 S. 1, d.h. auf Fälle in denen der Leistungsempfänger gegen ein gesetzliches Verbot oder die guten Sitten verstoßen hat. § 817 S. 2 gilt aber erst recht dann, wenn nur der Leistende gegen ein gesetzliches Verbot oder die guten Sitten verstoßen hat. Die Vorschrift ist damit auch im Rahmen einer Leistungskondiktion aus § 812 Abs. 1 S. 1 Alt. 1 **anwendbar**.

2. K müsste mit der Leistung gegen ein gesetzliches Verbot verstoßen haben. K hat vereinbarungsgemäß Elektroinstallationsarbeiten ausgeführt. Die Erbringung derartiger Leistungen als solche ist wertneutral. Ein **Verstoß gegen das Verbotsgesetz des § 1 Abs. 2 Nr. 2 SchwarzArbG** ergibt sich jedoch daraus, dass K die bereits bei Abschluss der vertraglichen Vereinbarung mit B zutage getretene Absicht hatte, die sich aufgrund seiner Werkleistung ergebenden steuerlichen Pflichten nicht zu erfüllen. Durch das SchwarzArbG soll nicht allein der Steuerhinterziehung begegnet und damit ein fiskalischer Zweck verfolgt werden; mit der gesetzlichen Regelung soll vielmehr auch die mit der Schwarzarbeit einhergehende Wettbewerbsverzerrung verhindert oder zumindest eingeschränkt werden. Sie dient damit auch dem Schutz gesetzestreuer Unternehmer und Arbeitnehmer.[217] Entsprechend dieser Zielsetzung verstößt nicht nur die § 1 Abs. 2 Nr. 2 SchwarzArbG widersprechende vertragliche Vereinbarung der Parteien gegen ein gesetzliches Verbot, sondern auch die in Ausführung dieser Vereinbarung erfolgte Leistungserbringung durch K.

3. Der Anwendung des § 817 S. 2 könnten die Grundsätze von Treu und Glauben entgegenstehen. Nach früherer Rspr. wurde § 817 S. 2 bei Wertersatzansprüchen des gegen das SchwarzArbG verstoßenden Werkunternehmens gemäß § 242 korrigiert. Es wurde angenommen, dass der Ausschluss von Bereicherungsansprüchen nicht erforderlich sei, da bereits der Ausschluss vertraglicher Ansprüche, verbunden mit der Gefahr der Strafverfolgung und der Nachzahlung von Steuern und Sozialabgaben zur Durchsetzung des SchwarzArbG ausreiche. Diese Sichtweise hat der BGH aufgegeben, da die Schwarzarbeit insbe-

217 Vgl. BT-Drs. 15/2573 S. 17.

sondere in der Form der Ohne-Rechnung-Abrede nicht abgenommen, sondern stark zugenommen hat. Schwarzarbeit habe in Deutschland ein alarmierendes Niveau und sei kein Kavaliersdelikt, sondern handfeste Wirtschaftskriminalität.[218] Für die effektive Durchsetzung des Verbots der Schwarzarbeit ist ein Kondiktionsausschluss gemäß § 817 S. 2 erforderlich. Die Vorschrift des § 817 S. 2 ist **nicht nach § 242** zugunsten des Schwarzarbeiters **einzuschränken**.

D. Ein Wertersatzanspruch ergibt sich auch nicht aus **§ 817 S. 1**, da der Rückforderung jedenfalls § 817 S. 2 entgegensteht.

---

Ein zunächst nicht gegen ein gesetzliches Verbot verstoßender Werkvertrag kann **auch** dann nach § 1 Abs. 2 Nr. 2 SchwarzArbG, § 134 **nichtig** sein, **wenn** er **nachträglich** so **abgeändert** wird, dass er nunmehr von dem Verbot des § 1 Abs. 2 Nr. 2 SchwarzArbG erfasst wird. Dafür spricht die Auslegung des Gesetzes, denn Wortlaut sowie Sinn und Zweck des Verbots treffen beide Fallgestaltungen gleichermaßen. Ziel des Gesetzes ist es nämlich, die **Schwarzarbeit schlechthin** zu **verbieten** und den Leistungsaustausch zwischen den ‚Vertragspartnern' zu verhindern. Es will nicht nur den tatsächlichen Vorgang der Schwarzarbeit eindämmen, sondern im Interesse der wirtschaftlichen Ordnung den zugrunde liegenden Rechtsgeschäften die rechtliche Wirkung nehmen. Mithin ist nicht nur die Abänderungsvereinbarung selbst, sondern auch der ursprüngliche, für sich genommen rechtlich nicht zu beanstandende Werkvertrag wegen Verstoßes gegen das SchwarzArbG nichtig.[219]

## III. Rechtsfolgen des Bereicherungsanspruchs

Die Ausführungen zu den Rechtsfolgen des Bereicherungsanspruchs gelten nicht nur für die Kondiktion aus § 812 Abs. 1 S. 1 Alt. 1, sondern **grundsätzlich für alle bereicherungsrechtlichen Ansprüche**. Auf Besonderheiten hinsichtlich der Rechtsfolgen wird im Zusammenhang mit der jeweiligen Kondiktion hingewiesen.

Zunächst ein **Überblick** über die möglichen Rechtsfolgen eines bereicherungsrechtlichen Anspruchs.

- **§ 812 Abs. 1:** Der Empfänger muss das **Erlangte herausgeben** (vgl. Rn. 137).
- **§ 818 Abs. 1:** Er muss zudem die gezogenen **Nutzungen** und **Surrogate** herausgeben (vgl. Rn. 138 ff.).
- **§ 818 Abs. 2:** Soweit die Herausgabe des Erlangten, der Nutzungen oder der Surrogate unmöglich ist, besteht die Verpflichtung zum **Wertersatz** (vgl. Rn. 142 ff.).
- **§ 818 Abs. 3:** Es besteht keine Herausgabe- oder Wertersatzpflicht, soweit der Empfänger **entreichert** ist (vgl. Rn. 146 ff.).

---

218 BGH NJW 2014, 1805, RÜ 2014, 409.
219 BGH RÜ 2017, 409, 410.

- **§ 818 Abs. 4** (§§ 819, 820): **Verschärfte Haftung** des Bereicherungsschuldners nach den allgemeinen Vorschriften (vgl. Rn. 169 ff.).

***Klausurhinweis:*** *Die möglichen Rechtsfolgen eines bereicherungsrechtlichen Anspruchs lassen sich mithin in* ***fünf*** *(gedankliche)* ***Prüfungsschritte*** *einteilen. In Klausuren liegen nicht selten die eigentlichen Probleme der Prüfung auf der Rechtsfolgenseite der Kondiktion.*

1. Herausgabe des Bereicherungsgegenstands selbst, **§§ 812 Abs. 1 S. 1, 818**
2. ggf. auch Herausgabe der Nutzungen und Surrogate, **§ 818 Abs. 1**
3. ggf. Wertersatz, soweit Herausgabe des Bereicherungsgegenstands bzw. der Nutzungen oder Surrogate unmöglich, **§ 818 Abs. 2**
4. keine Herausgabe- oder Wertersatzpflicht, soweit Empfänger entreichert, **§ 818 Abs. 3**
5. ggf. verschärfte Haftung des Bereicherungsschuldners; dann u.a. keine Berufung auf Entreicherung, **§ 818 Abs. 4** (§§ 819, 820)

## 1. Herausgabe des Erlangten

Nach **§ 812 Abs. 1 S. 1** muss der Bereicherungsschuldner das ohne rechtlichen Grund **137**
Erlangte herausgeben. Dies gilt nicht nur für den Bereicherungsanspruch aus § 812 Abs. 1 S. 1 Alt. 1 (Grundfall der Leistungskondiktion), sondern auch für die Bereicherungsansprüche aus § 812 Abs. 1 S. 2 Alt. 1 (Wegfall des rechtlichen Grundes), § 812 Abs. 1 S. 2 Alt. 2 (Zweckverfehlung) und § 813. Den weiteren Umfang des Bereicherungsanspruchs bestimmt § 818.

Nach §§ 812 Abs. 1 S. 1, 818 Abs. 1 muss der Empfänger zunächst den **Bereicherungsgegenstand selbst** herausgeben.

**Beispiel:** Hat der Schuldner Eigentum an einer beweglichen Sache erlangt, so ist er zur Rückübereignung auf einem in §§ 929 ff. vorgesehen Weg verpflichtet.

## 2. Herausgabe von Nutzungen und Surrogaten

Gemäß § 818 Abs. 1 erstreckt sich die Verpflichtung zur Herausgabe auch auf Nutzungen und Surrogate.

### a) Nutzungen

Gemäß **§ 100** sind Nutzungen die Früchte einer Sache oder eines Rechts sowie die Ge- **138**
brauchsvorteile (z.B. Bewohnen eines Hauses). Nach h.M. sind gemäß § 818 Abs. 1

grundsätzlich nur die **tatsächlich gezogenen Nutzungen herauszugeben.**[220] Wurden Nutzungen entgegen den Regeln einer ordnungsgemäßen Wirtschaft nicht gezogen, so sind sie nur bei verschärfter Haftung des Bereicherungsschuldners ersatzfähig, §§ 818 Abs. 4, 292 Abs. 2, 987 Abs. 2 (vgl. Rn. 174).

**Beispiel:** Nutzt ein Mieter oder ein auf Grund eines sonstigen Vertragsverhältnisses Nutzungsberechtigter die Sache über die vereinbarte Laufzeit hinaus, so ist er ohne rechtlichen Grund auf Kosten des Vermieters oder sonstigen Rechtsinhabers um den tatsächlich gezogenen Nutzungswert bereichert und nach §§ 812 Abs. 1, 818 Abs. 1 zu dessen Herausgabe verpflichtet. Eine solche Verpflichtung kann grundsätzlich auch dann vorliegen, wenn der Mieter die Sache nicht selbst nutzt, sondern sie einem Dritten, insbesondere etwa aufgrund eines Untermietvertrages, überlassen hat und hierdurch eine ungerechtfertigte Bereicherung des Mieters eingetreten ist.

Der (ehemalige) Mieter hat danach dem Vermieter grundsätzlich nur dann eine Nutzungsentschädigung nach den Vorschriften über die ungerechtfertigte Bereicherung zu leisten, wenn er die Wohnung in dem vorbezeichneten Sinne auch genutzt hat und auf diese Weise um den gezogenen Nutzungswert bereichert ist. Der bloße (unmittelbare oder mittelbare) Besitz an der Wohnung reicht für einen solchen Bereicherungsanspruch nicht aus.[221]

**Weitere Beispiele:** Gezogene Nutzungen von erlangtem Geld sind die erzielten Zinsen; gleiches gilt für die erzielten Erträge eines Grundstücks oder eines Betriebes.[222]

***Hinweis:*** *Die Reichweite des Nutzungsersatzes gemäß § 818 Abs. 1 korrespondiert mit der Frage, was das erlangte „Etwas" ist. Sieht man die tatsächlich gezogenen Nutzungen als „erlangt" an, so ergibt sich die Herausgabeverpflichtung (bereits) aus § 812 Abs. 1. Diese* ***Abgrenzung zwischen § 818 Abs. 1 und § 812 Abs. 1*** *wird insbesondere bei der Rückabwicklung nichtiger Gebrauchsüberlassungsverträge virulent.*[223]

## b) Surrogate

139 Surrogate sind die durch die **bestimmungsgemäße Ausübung** eines Rechtes erlangten Gegenstände sowie der Ersatz für die Zerstörung, Beschädigung oder Entziehung des erlangten Gegenstandes (z.B. bei der Beschädigung oder Abhandenkommen einer Sache die Versicherungssumme).

140 Der **Veräußerungserlös** ist kein Surrogat i.S.d. § 818 Abs. 1 Hs. 2,[224] da er nicht anlässlich der bestimmungsgemäßen Ausübung des Eigentumsrechts, sondern aufgrund eines selbstständigen Rechtsgeschäfts mit dem Erwerber erlangt worden ist. Die Übertragung eines Rechts ist nicht dessen bestimmungsgemäße Ausübung.

---

220 Vgl. Looschelders § 56 Rn. 2; BeckOK/Wendehorst § 818 Rn. 15 m.w.N.

221 BGH RÜ 2018, 10, 12.

222 Jauernig/Stadler § 818 Rn. 7.

223 Vgl. dazu eingehend MünchKomm/Schwab § 818 Rn. 27 ff.

224 BeckOK/Wendehorst § 818 Rn. 9; MünchKomm/Schwab § 818 Rn. 48.

**Fall 10: Großzügiger Großvater**

L schenkt seiner Enkeltochter E eine Eigentumswohnung und überträgt ihr das Eigentum. E zieht ein. Ein Jahr später veräußert sie die Wohnung an X für 140.000 € – objektiver Wert 120.000 €. Nunmehr stellt sich die Unwirksamkeit des Schenkungsvertrags heraus. L verlangt von E die Herausgabe der Wohnung, hilfsweise 140.000 € Veräußerungserlös sowie die verkehrsübliche Miete i.H.v. 800 € monatlich für ein Jahr. Die E macht geltend, sie hätte ohne die Schenkung allenfalls 300 € für Miete aufgewandt. X hat bereits angekündigt, die Wohnung auf keinen Fall zurückzuveräußern.

Steht L gegen E der geltend gemachte Anspruch zu?

A. L könnte gegen E einen Anspruch aus **§ 812 Abs. 1 S. 1 Alt. 1** haben.

I. E hat Eigentum und Besitz an der Wohnung durch Leistung des L ohne Rechtsgrund erlangt.

II. Rechtsfolge des § 812 Abs. 1 S. 1 Alt. 1 ist grundsätzlich die Herausgabe des Erlangten.

1. Da E das Eigentum an der Wohnung aber nicht an L zurückübertragen kann, ihr also diese Pflicht aus § 812 Abs. 1 S. 1 Alt. 1 unmöglich geworden ist, muss sie nach § 818 Abs. 2 **Wertersatz** leisten, also den objektiven Wert der Wohnung i.H.v. 120.000 € ersetzen. Der darüber hinaus erzielte Erlös i.H.v. 20.000 € verbleibt bei ihr.

2. Gemäß § 818 Abs. 1 Hs. 2 erstreckt sich die Herausgabepflicht auf die **Surrogate**, d.h. auf dasjenige, was der Empfänger aufgrund eines erlangten Rechts oder als Ersatz für die Zerstörung, Beschädigung oder Entziehung des erlangten Gegenstands erworben hat. Surrogat in diesem Sinne ist jedoch nur dasjenige, was dem Empfänger anlässlich der **bestimmungsgemäßen Ausübung** des Rechts zugeflossen ist.

   Da der Veräußerungserlös nicht anlässlich der bestimmungsgemäßen Ausübung des Eigentumsrechts, sondern aufgrund eines selbstständigen Rechtsgeschäfts mit dem Erwerber erlangt worden ist, stellt der **Veräußerungserlös kein Surrogat** i.S.d. § 818 Abs. 1 Hs. 2 dar.[225]

3. E hat die Wohnung genutzt. Die dadurch erlangten Gebrauchsvorteile sind **Nutzungen** i.S.d. § 100 und müssen gemäß § 818 Abs. 1 herausgegeben werden.

   a) Da die Herausgabe der Gebrauchsvorteile unmöglich ist, muss gemäß **§ 818 Abs. 2** der objektive Wert ersetzt, d.h. die verkehrsübliche Miete gezahlt werden.[226]

   b) E braucht nur die **Bereicherung** herauszugeben. Bereichert ist sie nur insoweit, als sie **Aufwendungen erspart** hat, vgl. § 818 Abs. 3. Da sie – ohne

225 Staudinger/Lorenz § 818 Rn. 17; MünchKomm/Schwab § 818 Rn. 48.
226 Palandt/Sprau § 818 Rn. 19; Staudinger/Lorenz § 818 Rn. 26.

Übertragung der Wohnung – allenfalls einen Betrag von 300 € aufgewandt hätte, ist sie nur in Höhe dieses Betrags bereichert. Sie ist also nur zum Wertersatz i.H.v. 3.600 € (12 x 300 €) verpflichtet.

B. L könnte gegen E einen Anspruch auf Herausgabe des Erlöses aus **§ 816 Abs. 1 S. 1** haben.

Dies setzt voraus, dass E als Nichtberechtigte verfügt hat. L hat jedoch wirksam Eigentum an sie übertragen. Die Unwirksamkeit des Schenkungsvertrags führt nämlich nicht zur Unwirksamkeit der Übereignung. E hat als Berechtigte an X verfügt.

Mithin scheidet ein Anspruch gemäß § 816 Abs. 1 S. 1 aus.

**Abwandlung zu Fall 10:**

L hat der E insgesamt 100.000 € geschenkt. E hat damit einen Kredit mit einem 13 %-igen Zinssatz abgelöst. Kann L die Herausgabe der ersparten Zinsen verlangen, wenn der Schenkungsvertrag unwirksam ist?

Nach § 818 Abs. 1 erstreckt sich die Herausgabeverpflichtung auf die gezogenen **Nutzungen**, d.h. auf die Sach- und Rechtsfrüchte und sonstigen Gebrauchsvorteile (§ 100).

141 I. Hierzu zählen die **Zinserträge**, die dem Bereicherungsschuldner aus einer kapitalvermehrenden Anlage des erlangten Geldbetrags zugeflossen sind.[227]

II. E hat jedoch die erlangte Zahlung nicht zinsbringend angelegt, sondern zur Tilgung eigener Darlehensverpflichtungen verwandt und sich somit die Zahlung von Sollzinsen erspart. Nach h.M. sind aber auch **ersparte Darlehenszinsen** als gezogene Nutzungen i.S.d. § 818 Abs. 1 anzusehen. Bei wirtschaftlicher Betrachtungsweise liegt kein Unterschied darin, ob der Bereicherungsschuldner das erlangte Geld zinsbringend anlegt und damit sein Vermögen vermehrt oder ob er eine Verminderung des Vermögens vermeidet, indem er eine eigene verzinsliche Schuld ablöst.[228]

---

### 3. Wertersatz

142 Soweit die Herausgabe des **Bereicherungsgegenstands selbst**, seine **Nutzung oder** ein **Surrogat** wegen der Beschaffenheit des Erlangten nicht möglich oder der Bereicherungsschuldner aus einem anderen Grunde zur Herausgabe außerstande ist, hat er gemäß § 818 Abs. 2 den Wert zu ersetzen.

**Beispiele:** Dienstleistungen, Beförderungen (Flugreise) oder Gebrauchsvorteile einer Wohnung können wegen der „Beschaffenheit" des Bereicherungsgegenstandes nicht herausgegeben werden. Gleiches gilt für die mit einem Kfz gefahrenen Kilometer als tatsächlich gezogene Nutzung.

227 Palandt/Sprau § 818 Rn. 11.

228 BGH RÜ 1998, 321, 322; Staudinger/Lorenz § 818 Rn. 11.

Nach ganz h.M.[229] ist für den Ersatzanspruch der **objektive Wert** maßgebend. Dabei ist auf den Zeitpunkt abzustellen, in dem der Anspruch auf Wertersatz entstanden ist, also auf den Zeitpunkt der Unmöglichkeit der Herausgabe.[230]

***Hinweis:*** *Hat der Bereicherungsschuldner Besitz an Geldscheinen erlangt (sog. Besitzkondiktion) und diese später verbraucht, stellt sich im Rahmen des § 818 Abs. 2 die Frage, ob dem Besitz als solchem ein zu erstattender eigenständiger Wert zukommt. Nach Auffassung des BGH kommt dem* ***Besitz als solchem*** *– neben aus der Sache gezogenen Nutzungen –* ***kein eigenständiger Wert*** *zu, der den Bestand des Besitzes überdauern oder bei Austauschgeschäften durch die erhaltene Gegenleistung ersetzt werden könnte.*[231]

**Fall 11: Unwirksame Endrenovierungsklausel** 143

V vermietete im Jahre 1999 an M eine Wohnung. Der Mietvertrag, den V im Schreibwarenhandel gekauft hatte, enthielt eine unwirksame Endrenovierungsklausel, was V weder wusste noch erkennen konnte. Beim Auszug renovierte M die Wohnung und verlangt nunmehr von V Erstattung der für das Streichen der Wände und Decken getätigten Aufwendungen, da er erfahren hat, dass die Endrenovierungsklausel unwirksam ist.

Hat M gegen V einen entsprechenden Erstattungsanspruch?

A. M könnte gegen V einen Anspruch aus **§§ 280 Abs. 1, 241 Abs. 2, 311 Abs. 2** haben.

I. Vor Abschluss des Mietvertrags bestand zwischen den Parteien ein vorvertragliches Schuldverhältnis.

II. In der Verwendung einer unwirksamen Klausel innerhalb eines Formularvertrags liegt eine vorvertragliche Pflichtverletzung.[232]

III. V hat die Pflichtverletzung jedoch nicht zu vertreten, da er die Unwirksamkeit nicht erkennen konnte. Ein Schadensersatzanspruch aus §§ 280 Abs. 1, 241 Abs. 2, 311 Abs. 2 scheidet daher aus.

B. M könnte gegen V einen Anspruch aus **§ 539 Abs. 1** i.V.m. **§§ 677, 683 S. 1, 670** haben.

I. **§ 539 Abs. 1** enthält einen **Rechtsgrundverweis** auf die GoA, sodass deren Voraussetzungen vorliegen müssen.

II. M müsste ein fremdes Geschäft, hier also ein **Geschäft des V geführt** haben.

1. Dazu müsste die Renovierung zum Rechts- oder Interessenkreis des V gehört haben. Im Falle einer unwirksamen Schönheitsreparaturklausel verbleibt die Erhaltungspflicht gemäß **§ 535 Abs. 1 S. 2** beim Vermieter, sodass man zumin- 144

229 Vgl. Palandt/Sprau § 818 Rn. 19 m.w.N.

230 BGH NJW 2006, 2847, 2851 f.; Palandt/Sprau § 818 Rn. 20; Änderung der Rspr.! A.A. noch BGH NJW 2002, 1340, 1341.

231 BGH RÜ 2014, 78, 80.

232 BGH RÜ 2009, 48; Palandt/Weidenkaff § 535 Rn. 47a.

dest ein „auch fremdes Geschäft" bejahen könnte.[233] Außerdem führen Renovierungsmaßnahmen zur Verbesserung der Mietsache und kommen damit dem Vermögen des Vermieters zugute.

2. Nach der Rspr. des BGH[234] führt der Mieter, der aufgrund einer vermeintlichen vertraglichen Verpflichtung Schönheitsreparaturen in der Mietwohnung vornimmt, jedoch kein Geschäft des Vermieters, sondern wird nur im **eigenen Rechts- und Interessenkreis** tätig. Mit der Vornahme von Schönheitsreparaturen will der Mieter eine **Leistung** erbringen, die rechtlich und wirtschaftlich als Teil des von ihm für die Gebrauchsüberlassung an der Wohnung geschuldeten Entgelts anzusehen ist.

   Ebenso wenig wie die Zahlung der Miete sind damit Schönheitsreparaturen als Geschäft des Vermieters anzusehen. M hat mithin kein Geschäft des V geführt.

M hat gegen V keinen Anspruch gemäß § 539 Abs. 1 i.V.m. §§ 677, 683 S. 1, 670.

C. M könnte gegen V einen Anspruch aus **§ 812 Abs. 1 S. 1 Alt. 1** haben.

I. V hat den Neuanstrich der Wohnung erlangt.

II. Dies geschah auch durch Leistung des M, also bewusst zum Zwecke der Erfüllung einer (vermeintlichen) Pflicht aus dem Mietvertrag.

III. Die Leistung erfolgte ohne Rechtsgrund, da die Endrenovierungsklausel bezüglich der Schönheitsreparaturen unwirksam ist.

145 IV. Da die von M erbrachte Leistung nicht in Natur herausgegeben werden kann, muss V gemäß **§ 818 Abs. 2 Wertersatz** leisten. Fraglich ist, welcher Wert dabei zugrunde zu legen ist.

1. Teilweise[235] wird davon ausgegangen, dass die durch die Renovierungsmaßnahmen **eingetretene Wertsteigerung** der Mieträume in Form von Vorteilen auszugleichen ist, die der Vermieter aus dem erhöhten objektiven Ertragswert der Mietsache tatsächlich erzielen kann oder hätte erzielen können.

2. Bei rechtsgrundlos erbrachten Dienst- oder (nicht verkörperten) Werkleistungen bemisst sich der Wert der herauszugebenden Bereicherung allerdings grundsätzlich nach dem **Wert** der **üblichen**, hilfsweise der angemessenen **Vergütung**.[236]

   Es kommt also nicht darauf an, ob und in welcher Höhe die Renovierung zu einer Wertsteigerung der Mietwohnung geführt hat. Zu berücksichtigen ist bei der Wertermittlung vielmehr, dass der Mieter bei Ausführung von Schönheitsreparaturen vielfach die **Arbeiten in Eigenleistung** erledigt oder sie durch Verwandte und Bekannte erledigen lässt. Somit bemisst sich der objektive Wert danach, was der Mieter billigerweise neben einem Einsatz an freier Zeit

233 Hey JuS 2009, 400; Dötsch NZM 2008, 108, 110.
234 BGH NJW 2009, 2590, 2591 f.
235 Bröstinghaus WuM 2005, 675, 678.
236 Palandt/Sprau § 818 Rn. 22; BeckOK/Wendehorst § 818 Rn. 30.

als Kosten für das notwendige Material sowie als Vergütung für die Arbeitsleistungen seiner Helfer aus dem Verwandten- und Bekanntenkreis aufgewendet hat oder hätte aufwenden müssen.[237]

M hat gegen V einen Wertersatzanspruch gemäß §§ 812 Abs. 1 S. 1 Alt. 1, 818 Abs. 2.

---

## 4. Wegfall der Bereicherung

Der § 818 Abs. 3 beschränkt die Herausgabepflicht auf die **noch vorhandene Bereicherung**. Dadurch wird der Bereicherungsschuldner gegenüber anderen Schuldnern, die z.B. aus den §§ 346, 823 ff. oder 987 ff. haften, **privilegiert**. 146

Nach dem Wortlaut des § 818 Abs. 3 ist eine Verpflichtung zur Herausgabe oder zum Wertersatz ausgeschlossen, soweit der Empfänger „nicht mehr" bereichert ist. Die Regelung greift aber nicht nur dann ein, wenn das Erlangte ersatzlos weggefallen ist, sondern auch wenn **von Anfang** eine **Bereicherung fehlt**.

Der Wegfall der Bereicherung gemäß § 818 Abs. 3 **gilt für alle Bereicherungsansprüche**,[238] nicht jedoch für Ansprüche außerhalb des Bereicherungsrechts.[239]

- Ist die herauszugebende **Sache beschädigt oder zerstört**, ohne dass der Empfänger dafür einen Ersatz erlangt hat, so ist er nicht mehr bereichert, unabhängig davon, ob er schuldhaft gehandelt hat.

  **Hinweis:** Liegt ein gegenseitiger Vertrag vor, so ist die Wertminderung der Sache als Abzugsposten bei der Gegenleistung zu berücksichtigen (Saldotheorie, vgl. Rn. 152 ff.).

- Wird die herauszugebende **Sache** (insbesondere Geld) **verbraucht**, so ist der Empfänger nicht mehr bereichert, wenn er keine Aufwendungen erspart hat. Das Gleiche gilt, wenn das „Herauszugebende" in einer Gebrauchsmöglichkeit oder Tätigkeit besteht (vgl. Rn. 148).

- Bei den übrigen **bereicherungsrechtlichen Vermögensnachteilen** gilt es zu differenzieren (vgl. Rn. 149 ff.):

  - Der Empfänger kann Berücksichtigung der **Aufwendungen** verlangen (Vertragskosten, Verwendungen), die er im Vertrauen auf den Bestand der Bereicherung gemacht hat.

  - **Schäden**, die durch den Bereicherungsgegenstand entstanden sind, sind dagegen nicht zu berücksichtigen.

---

237 BGH RÜ 2009, 481, 486.

238 Palandt/Sprau § 818 Rn. 27.

239 BGH NJW 2003, 2451, 2453.

### a) Bereicherungsgegenstand kann überhaupt nicht oder nur beschädigt zurückgegeben werden

147 Dass die herauszugebende **Sache beschädigt** wurde, steht einem Wegfall der Bereicherung grundsätzlich nicht entgegen.

**Beispiel:** L schenkt seinem 21-jährigen Neffen E einen Wagen. Infolge Unachtsamkeit wird der Wagen schwer beschädigt. Nunmehr stellt sich heraus, dass der Schenkungsvertrag nichtig ist. L verlangt den Wagen heraus und beansprucht Wertersatz.

Anspruch L gegen E aus **§ 812 Abs. 1 S. 1 Alt. 1**
**I.** E hat gemäß § 929 Eigentum und Besitz am Wagen erworben; also Etwas durch Leistung des L erlangt, weil L mit der Eigentumsübertragung eine Verpflichtung aus dem Schenkungsvertrag erfüllen wollte; dies erfolgte ferner ohne Rechtsgrund, da der mit der Übereignung des Wagens verfolgte Zweck, nämlich den Schenkungsvertrag zu erfüllen, verfehlt wurde.
**II.** Als Rechtsfolge muss E den – beschädigten – Wagen herausgeben, § 812 Abs. 1 S. 1 Alt. 1.
**1.** Da E den Wagen nur beschädigt zurückgewähren kann, besteht eine **Wertersatzpflicht** gemäß § 818 Abs. 2.
**2.** Doch ist E nicht mehr bereichert. Der **gutgläubige Empfänger**, der **keine Gegenleistung** schuldet, ist im Falle der ersatzlosen Beschädigung der Sache, unabhängig davon, ob er die Sache schuldhaft verschlechtert hat, **nicht** zum **Wertersatz** verpflichtet.[240]
Danach trägt der **Leistende das Risiko der Verschlechterung und des Untergangs**, obwohl er nicht die Sachgewalt über die Sache ausübt. Es wäre nicht sachgerecht, wenn der Empfänger mit diesem Risiko belastet würde, weil er für den Erwerb der Sache keinen Vermögenswert aufwenden wollte.

***Hinweis:** Dass der Leistende das Risiko der Verschlechterung oder des Untergangs trägt, gilt **nur bei einseitigen Verträgen bzw. bei Vorleistung**. Ist es bei gegenseitigen Verträgen zu einem Leistungsaustausch gekommen, so greifen Besonderheiten ein (Saldotheorie), vgl. Rn. 152 ff.*

148 Hat der Empfänger die **zurückzugewährende Sache** (insbesondere Geld) **verbraucht**, besteht eine Bereicherung nur insoweit fort, als der Empfänger sich damit noch vorhandene Vermögensvorteile geschaffen hat, wie z.B. anderweitige Ersparnisse, Anschaffungen oder die Tilgung eigener Schulden.[241]

**Beispiel:** L zahlt seiner geschiedenen mittellosen Ehefrau E Unterhalt aufgrund eines rechtskräftigen Urteils. Nach einem Jahr zahlt L der E irrtümlich monatlich 300 € mehr. Als er dies nach acht Monaten bemerkt, verlangt er Rückzahlung von 2.400 €. Die E macht geltend, sie habe das ganze Geld für den laufenden Unterhalt verbraucht. Sie sei davon ausgegangen, dass L mehr verdient und daher freiwillig den Betrag erhöht habe.

Anspruch L gegen E gemäß **§ 812 Abs. 1 S. 1 Alt. 1**
**I.** Die E hat acht Monate lang einen Vermögensvorteil i.H.v. 300 € durch die Leistung des L ohne Rechtsgrund erhalten.
**II.** Als Rechtsfolge ist E gemäß § 812 Abs. 1 S. 1 Alt. 1 verpflichtet, die Zuvielzahlung zurückzugewähren. Da sie dazu nicht in der Lage ist, besteht gemäß § 818 Abs. 2 eine **Wertersatzpflicht**. Diese entfällt gemäß **§ 818 Abs. 3**, wenn die E nicht mehr bereichert ist.
Im Zeitpunkt des Herausgabeverlangens befindet sich im Vermögen der E nur dann ein Vermögensvorteil, wenn sie die anderweitig vorhandenen Vermögenswerte wegen der Unterhaltszahlungen nicht eingesetzt hat, sodass ihr diese erhalten geblieben sind. Die E ist hingegen dann nicht mehr bereichert, wenn sie weder Aufwendungen erspart hat noch Schulden getilgt und dadurch ihren Vermögensstand verbessert hat.

240 Staudinger/Lorenz § 818 Rn. 34.
241 BGH NJW 2003, 3271.

Da die E keine Schulden getilgt hat oder die Zahlungen in anderer Weise noch im Vermögen der E vorhanden sind, ist **durch den Verbrauch** der Unterhaltsgelder eine **Entreicherung** eingetreten. E ist nicht zur Rückzahlung der 2.400 € verpflichtet.[242]

## b) Empfänger sind Nachteile entstanden

In den §§ 812, 818 Abs. 1–3 ist nur geregelt, dass der gutgläubige Empfänger die übertragene Sache und die unter Einsatz der erlangten Sache erworbenen **Vermögensvorteile** herausgeben muss, soweit sie sich noch in seinem Vermögen befinden. 149

Nicht geregelt ist hingegen die Frage, inwieweit auch **Vermögensnachteile** im Rahmen der bereicherungsrechtlichen Rückabwicklung Berücksichtigung finden können. Als Vermögensnachteile kommen zum einen solche in Betracht, die mit dem Bereicherungsvorgang entstanden sind, zum anderen aber auch Schäden an anderen Rechtsgütern, die durch die rechtsgrundlos erlangte Sache verursacht worden sind.

### aa) Mit dem Bereicherungsvorgang entstandene Nachteile

Zu den Nachteilen, die dem Empfänger mit dem Bereicherungsvorgang entstehen und als Abzugsposten zu berücksichtigen sind, gehören unstreitig 150

- die **Vertragskosten**, also die durch den Vertragsschluss entstehenden Kosten, sowie die Kosten für Maßnahmen, die getroffen wurden, um den Gebrauch der Sache zu ermöglichen (Transport-, Versicherungs-, Aufstellungskosten usw.; bei Grundstücken Notariats- und Eintragungskosten).
- Außerdem **Verwendungen**, also solche Vermögensopfer, die zur Instandsetzung, Wiederherstellung oder der Verbesserung der Sache dienen.

### bb) Berücksichtigung von Schäden

Streitig ist, ob weitere Schäden, die durch die rechtsgrundlos erlangte Sache entstanden sind, zu berücksichtigen sind. 151

- Zum Teil wird davon ausgegangen, dass alle adäquat verursachten Folgeschäden als abzugsfähige Posten zu berücksichtigen sind.[243]
- **Nach ganz h.M.**[244] sind solche Schäden jedoch im Rahmen des § 818 Abs. 3 **nicht zu berücksichtigen.** Dies wird entweder damit begründet, dass kein innerer Zusammenhang zwischen Vermögenseinbuße und Bereicherung besteht, oder dass Schäden unabhängig von der Rechtsgrundlosigkeit in die **Risikosphäre des Empfängers** fallen. Letztlich entscheidend ist folgender Aspekt: Im Bereicherungsrecht soll nur die erfolgte Bereicherung zurückgeführt werden, ein umfassender Ausgleich sämtlicher Vor- und Nachteile, die nicht im inneren Zusammenhang mit dem Bereicherungsvorgang stehen, erfolgt aber nicht.

---

242 Vgl. BGH NJW 1992, 2415, 2416.

243 Palandt/Sprau § 818 Rn. 39; BeckOK/Wendehorst § 818 Rn. 65 m.w.N.

244 BeckOK/Wendehorst § 818 Rn. 67; Jauernig/Stadler § 818 Rn. 33; Staudinger/Lorenz § 818 Rn. 40.

**Schulbeispiel:** V verkauft dem K einen Hund. Der Hund beschädigt den Teppich des K. Nunmehr stellt sich heraus, dass der Kaufvertrag nichtig ist.

Die Schäden am Teppich – also an anderen Rechtsgütern des Empfängers – können nicht als Wegfall der Bereicherung berücksichtigt werden. Die Schäden sind nur unter den Voraussetzungen der §§ 280, 241 Abs. 2 oder der §§ 823 ff. auszugleichen.

**Fall 12: Rokoko-Vermächtnis**

Die A ist verstorben. Es wird ein Testament gefunden, in dem ihr Sohn L als Erbe eingesetzt und der Nichte E eine Zimmereinrichtung aus der Zeit des Rokoko vermacht ist. Die E lässt die Zimmereinrichtung auf Bitten des Erben L durch einen Spediteur abholen. Sodann lässt E die Zimmereinrichtung restaurieren und reparieren. Nachdem die E das Rokoko-Zimmer sechs Monate benutzt hat, wird ein Testament neueren Datums gefunden. Darin ist nicht mehr bestimmt, dass die E das Zimmer erhalten soll, L aber als Erbe eingesetzt.

L verlangt nunmehr das Zimmer zurück. E ist dazu bereit, möchte aber die Kosten ersetzt haben. Zu Recht?

A. L könnte gegen E einen Anspruch auf Herausgabe der Zimmereinrichtung gemäß **§ 985** haben.

Dann müsste L Eigentümer sein. Mit dem Erbfall hat L gemäß **§ 1922** das Eigentum von A an der Zimmereinrichtung erworben. Als L der E gestattete, das Zimmer abzuholen, brachte er zum Ausdruck, dass er der E zum Zwecke der Erfüllung der Vermächtnisforderung aus **§ 2174** die Zimmereinrichtung übereignen wollte. Somit ist das Eigentum gemäß § 929 durch Einigung und Übergabe von L auf die E übergegangen.

Dass der E tatsächlich keine Vermächtnisforderung zustand, berührt die Wirksamkeit der abstrakten Eigentumsübertragung nicht. Ein Anspruch des L gegen die E aus § 985 scheidet somit aus.

B. L könnte gegen E einen Anspruch aus **§ 812 Abs. 1 S. 1 Alt. 1** haben.

I. E hat Eigentum und Besitz an der Zimmereinrichtung durch Leistung des Erben L erlangt, weil L mit der Übereignung die vermeintliche Verpflichtung aus dem Vermächtnis erfüllen wollte. Mangels Wirksamkeit des Vermächtnisses konnte der Zweck nicht erreicht werden. E hat die Einrichtung ohne Rechtsgrund erlangt.

II. Nach § 812 Abs. 1 S. 1 Alt. 1 muss E das Eigentum und den Besitz an den Möbeln zurückübertragen.

III. E hat die Möbel benutzt und somit Gebrauchsvorteile erlangt, sodass diese **gezogenen Nutzungen** (§ 100) herauszugeben sind, § 818 Abs. 1.

1. Da die Herausgabe der Nutzungen indes nicht möglich ist, muss E gemäß **§ 818 Abs. 2 Wertersatz** leisten. Nach h.M. muss der objektive Wert ersetzt werden, d.h. es muss der Betrag gezahlt werden, der üblicherweise für die Benutzung einer solchen Zimmereinrichtung gezahlt wird.[245]

245 Vgl. Palandt/Sprau § 818 Rn. 19; a.A. Erman/Buck-Heeb § 818 Rn. 19 f.: Danach soll der Empfänger nur zum Ersatz des Wertes verpflichtet sein, den das Erlangte gerade für ihn konkret individuell hat – subjektiver Wert.

2. Die Wertersatzpflicht ist gemäß **§ 818 Abs. 3** ausgeschlossen, soweit der Empfänger nicht mehr bereichert ist. Um den Wert der Gebrauchsvorteile ist E nur noch bereichert, wenn sie Aufwendungen erspart hat, d.h. wenn sie für den Fall, dass sie das Zimmer nicht durch den Bereicherungsvorgang erworben hätte, ein anderes Zimmer gekauft oder angemietet hätte. Den Umständen nach ist davon auszugehen, dass sie kein anderes Zimmer angeschafft, also keine Aufwendungen gemacht hätte. Sie hat somit **keinen Vorteil mehr** in ihrem Vermögen und ist nicht mehr bereichert.

IV. E hat, um das Zimmer benutzen zu können, Transport- und Instandhaltungskosten gehabt. Sie hat also Vertragskosten und Verwendungen bezahlt. Diese **Kosten** sind infolge der erforderlichen bereicherungsrechtlichen Rückabwicklung **nutzlos**; sie hat also infolge des Bereicherungsvorgangs Nachteile erlitten. Fraglich ist, ob diese Nachteile berücksichtigungsfähig sind.

Nach dem Wortlaut des § 818 Abs. 3 ist die Verpflichtung zur Herausgabe oder zum Ersatz des Werts ausgeschlossen, soweit der Empfänger nicht mehr bereichert ist. Die Vorschrift enthält **keine Regelung** darüber, wer die übrigen, mit dem Bereicherungsvorgang verbundenen **Nachteile** zu tragen hat. Es besteht somit eine Regelungslücke, die unter Berücksichtigung der Interessen der Parteien im Wege der Wertung zu schließen ist. Es fragt sich, wer das **Risiko** dafür tragen muss, dass die **Aufwendungen**, die zum Erwerb und zur Instandhaltung des Bereicherungsgegenstands gemacht worden sind, nutzlos sind.

Nach Sinn und Zweck der Regelung in § 818 Abs. 3 soll der „Bereicherte", der für das erlangte Etwas **keine Gegenleistung** erbringen wollte, nur zur Herausgabe der **Vorteile** verpflichtet sein, aber keine Schäden erleiden, sodass ihm alle Nachteile, die im Zusammenhang mit dem Bereicherungsvorgang stehen, zu ersetzen sind. Damit ist gewährleistet, dass nicht der Bereicherungsschuldner, sondern der **Leistende** das Risiko für beim Bereicherten eingetretene Nachteile trägt und die Schäden des Bereicherten auszugleichen hat.

L trifft hinsichtlich der entstandenen Kosten eine Ausgleichspflicht im Rahmen der bereicherungsrechtlichen Rückabwicklung. E kann diese Nachteile daher als **Wegfall der Bereicherung i.S.d. § 818 Abs. 3** in Rechnung stellen.[246]

E ist nur verpflichtet, das Zimmer Zug um Zug gegen Zahlung der Vertrags- und Verwendungskosten herauszugeben.

---

***Hinweis:*** *E steht nach § 818 Abs. 3 kein selbstständiger Anspruch auf Ersatz der ihr entstandenen Nachteile – Verwendungen und Transportkosten – zu. Die Vorschrift des § 818 Abs. 3 ist* ***keine Anspruchsgrundlage****, sondern sie gewährt dem Empfänger nur das Recht, die Herausgabe solange zu verweigern, bis ihm die Nachteile ersetzt sind.*[247]

246 Staudinger/Lorenz § 818 Rn. 37 f.

247 MünchKomm/Schwab § 818 Rn. 135.

*E kann die Restaurierungskosten (= die Verwendungen) ersetzt verlangen, obwohl sie dafür keine selbstständige Anspruchsgrundlage hat.*

- *Ein Verwendungsersatzanspruch aus § 994 scheidet aus, weil E Eigentümerin war.*
- *Ein Verwendungsersatzanspruch aus GoA, §§ 677, 683, kommt nicht in Betracht, weil sie mit der Instandsetzung ein eigenes Geschäft tätigte.*
- *Ein selbstständiger Anspruch aus § 812 Abs. 1 S. 1 Alt. 1 wäre nur insoweit gegeben, als L nach Rückabwicklung bereichert wäre.*

*Auch die Transportkosten kann E im Rahmen des § 818 Abs. 3 in Rechnung stellen, obwohl auch hierfür keine selbstständige Anspruchsgrundlage besteht.*

## 5. Besonderheiten bei gegenseitigen Verträgen – Saldotheorie

### a) Hintergrund der Saldotheorie

152 Legt man das Gesetz zugrunde, so stehen sich bei der Rückabwicklung gegenseitiger Verträge **zwei Kondiktionen** gegenüber (strenge Zwei-Kondiktionen-Theorie). Jedem Vertragspartner steht ein eigenständiger Bereicherungsanspruch zu, wobei beide Ansprüche gemäß §§ 273, 274 **Zug um Zug** zu erfüllen sind. Probleme ergeben sich, wenn ein Bereicherungsgegenstand beschädigt oder zerstört wird.

**Beispiel:** V verkauft an K eine Motorjacht für 5 Mio. €. Bei einem Brand, dessen Gründe nicht geklärt sind, wird diese völlig zerstört. Nunmehr stellt sich heraus, dass der Kaufvertrag unwirksam ist.
Nach der gesetzlichen Regelung hat V gegen K einen Anspruch auf Herausgabe der zerstörten Jacht und K kann von V den gezahlten Kaufpreis i.H.v. 5 Mio. € zurückverlangen.

Bei der gesetzlichen Regelung trägt danach derjenige das **Risiko für den Untergang** der Sache, der die Sache nicht in Besitz hat. Bei einem unwirksamen gegenseitigen Vertrag stünde also der Empfänger der Leistung besser da, als er bei Wirksamkeit des Vertrags gestanden hätte, denn dann hätte er das Risiko für den Untergang tragen müssen.

153 - Nach der **strengen Zwei-Kondiktionen-Theorie** bleibt es bei diesem Ergebnis.[248] Danach hat jeder Vertragspartner einen Anspruch auf Herausgabe des Erlangten, unabhängig vom Anspruch des anderen Vertragspartners. Die beiden Ansprüche können (nur) durch die Geltendmachung eines Zurückbehaltungsrechts, § 273, bzw. bei gleichartigen Ansprüchen durch Aufrechnung, § 389, miteinander verknüpft werden.

154 - Um den Empfänger der Leistung mit dem Risiko des Untergangs zu belasten, wird in der Lit. die **modifizierte Zwei-Kondiktionen-Theorie** vertreten. Wer eine Sache willentlich in sein Vermögen einordnet, soll demnach auch das Risiko der Verschlechterung und des Untergangs tragen müssen.[249] Bezüglich der **Risikoverteilung wird auf § 346 Abs. 2 S. 1 Nr. 3, Abs. 3 S. 1 Nr. 3 rekurriert**, um insoweit die Regeln des Rücktritts- und Bereicherungsrechts zu harmonisieren.

248 Früher h.M., vgl. dazu Medicus Schuldrecht II Rn. 1184.

249 Flume JZ 2002, 321.

- Nach der st.Rspr.[250] und h.Lit.[251] greift bei der Rückabwicklung gegenseitiger Verträge hingegen die **Saldotheorie**. Diese enthält drei Aussagen. **155**
  - Danach kann **jede Partei nur so viel zurückverlangen, wie sie ihrerseits zurückgewähren kann.** Der Wertverlust an der empfangenen Sache wird als Wegfall der Bereicherung i.S.v. § 818 Abs. 3 bei der Rückforderung der Gegenleistung abgezogen.
  - Leistung und Gegenleistung sowie alle **übrigen Vor- und Nachteile** sind miteinander zu verrechnen („zu saldieren"), ohne dass eine Aufrechnung erforderlich ist.
  - Soweit keine Verrechnung möglich ist, wird zur Leistung **Zug um Zug** verurteilt, ohne dass die Geltendmachung eines Zurückbehaltungsrechts i.S.v. § 273 erforderlich ist.
- Ein Teil der Lit., welche die Saldotheorie vertritt, lehnt die generelle Risikoverteilung zulasten des Leistungsempfängers ab. Die Wertminderung bzw. der Untergang der Sache soll dem Empfänger nur dann zugerechnet werden, wenn er die Beschädigung bzw. den Untergang „verschuldet" hat.[252] Dabei wird die **Wertung des § 346 Abs. 3 S. 1 Nr. 3 hinzugezogen.**[253] **156**

## b) Ausgleich bei Beschädigung oder Untergang des Leistungsgegenstands nach der Saldotheorie

**Fall 13: Billiger Baukran** **157**

Baumaschinenhändler V veräußert an Bauunternehmerin K einen Baukran (Wert: 82.000 €) für günstige 75.000 €, die er von K als Barzahlung erhält. Bei der Inbetriebnahme reißt aus ungeklärten Gründen ein Drahtseil. Der Kran kippt um und eine Wertminderung i.H.v. 25.000 € tritt ein. Nunmehr stellt sich heraus, dass der Kaufvertrag nichtig ist. Ansprüche der Beteiligten?

A. **K** könnte **gegen V** einen Anspruch auf Rückzahlung des Kaufpreises gemäß **§ 812 Abs. 1 S. 1 Alt. 1** haben.

I. K hat zum Zwecke der Erfüllung des Kaufvertrags den Kaufpreis an V gezahlt. Da der Kaufvertrag nichtig ist, hat V ohne Rechtsgrund Eigentum und Besitz an dem gezahlten Kaufpreis erlangt.

II. K hat deshalb gegen V einen Anspruch auf Herausgabe des Erlangten. Dies bedeutet für V, dass er seinerseits alles zurückgewähren muss, was er von K erhalten hat, K aber nicht den von V erhaltenen unbeschädigten Baukran zurückgewähren kann. Auch Wertersatz nach § 818 Abs. 2 muss K nicht leisten, da er entreichert ist, § 818 Abs. 3.

---

250 RGZ 54, 137, 141; BGHZ 145, 42, 54; 146, 298, 306.

251 Palandt/Sprau § 818 Rn. 48; Jauernig/Stadler § 818 Rn. 40 f.; Staudinger/Lorenz § 818 Rn. 44.

252 Staudinger/Lorenz § 818 Rn. 44.

253 Staudinger/Lorenz § 818 Rn. 44.

Legt man also den Wortlaut des Gesetzes zugrunde, so hat K gegen V einen Anspruch auf Rückzahlung des Kaufpreises und V bekommt lediglich den beschädigten Kran zurück. Dies hat zur Folge, dass derjenige, der die Sache nicht in Besitz hat, hier also der V, das **Risiko für den Untergang** trägt.

1. Nach der **strengen Zwei-Kondiktionen-Theorie** bleibt es bei diesem Ergebnis. Danach hat jeder Vertragspartner einen Anspruch auf Herausgabe des Erlangten, unabhängig von dem Anspruch des anderen Vertragspartners. Die beiden Ansprüche können (nur) durch die Geltendmachung eines Zurückbehaltungsrechts, § 273, bzw. bei gleichartigen Ansprüchen durch Aufrechnung miteinander verknüpft werden.

2. Um den Empfänger der Leistung mit dem Risiko des Untergangs zu belasten, wird in der Lit. die **modifizierte Zwei-Kondiktionen-Theorie** vertreten.

   Danach wird teilweise davon ausgegangen, dass derjenige, der eine Sache willentlich in sein Vermögen einordnet, auch das Risiko der Verschlechterung und des Untergangs tragen muss.[254] K könnte sich nicht auf den Wegfall der Bereicherung berufen, sondern müsste in Höhe der Beschädigung Wertersatz leisten.

3. Nach der Rspr. und einem Teil der Lit. muss jedoch bei der **Rückabwicklung gegenseitiger Austauschverträge** berücksichtigt werden, dass zwischen der erbrachten Leistung und der erhaltenen Gegenleistung ein tatsächliches Abhängigkeitsverhältnis – **faktisches Synallagma** – besteht.

   Danach kann jede Partei nur so viel zurückverlangen, wie sie ihrerseits zurückgewähren kann – **Saldotheorie**. Der Wertverlust an der von K empfangenen Leistung, nämlich dem Baukran, wird nach § 818 Abs. 3 als Abzugsposten bei der zurückgeforderten Gegenleistung – dem Kaufpreis – berücksichtigt, mit der Folge, dass grundsätzlich der **Empfänger der Leistung** das **Risiko** der bei ihm eingetretenen Wertminderung bzw. des Untergangs trägt.

   Der Empfänger der Leistung, K, erhält also die erbrachte Gegenleistung, also den Kaufpreis, nur unter Abzug des bei ihr am Baukran eingetretenen Wertverlustes zurück, unabhängig davon, ob sie den eingetretenen Wertverlust verschuldet hat.[255]

   Danach ergibt sich nach Verrechnung von **Leistung und Gegenleistung:** K kann nur Rückzahlung von 50.000 € verlangen.

   Es besteht bezüglich Leistung und Gegenleistung von vornherein nur eine **Zug-um-Zug-Verpflichtung**, ohne dass sich eine Partei auf ein Zurückbehaltungsrecht berufen müsste.

4. Ein Teil der Lit., die die Saldotheorie vertritt, lehnt diese generelle Risikoverteilung zulasten des Leistungsempfängers ab. Die Wertminderung oder der Un-

254 Flume JZ 2002, 321.

255 Vgl. Palandt/Sprau § 818 Rn. 48.

tergang der Sache soll dem Empfänger nur dann zugerechnet werden, wenn er die Beschädigung oder den Untergang **„verschuldet"** hat.[256]

Dabei wird die **Wertung des § 346 Abs. 3 S. 1 Nr. 3** herangezogen.[257] Danach haftet der Rückgewährschuldner nicht auf Wertersatz, wenn die Verschlechterung oder der Untergang eingetreten ist, obwohl er diejenige **Sorgfalt** beobachtet hat, die er **in eigenen Angelegenheiten** anzuwenden pflegt. Hierfür trägt der Schuldner die Beweislast. Legt man die Wertung des § 346 Abs. 3 S. 1 Nr. 3 zugrunde, so muss K beweisen, dass das Seil gerissen ist, obwohl sie die Sorgfalt in eigenen Angelegenheiten beobachtet hat. Dies kann sie nicht, da der Grund ungeklärt ist. Somit muss sie auch nach dieser Ansicht das Risiko für den Untergang tragen.

Nach alledem steht fest, dass K nur die Rückzahlung von 50.000 € Zug um Zug gegen Rückübertragung des beschädigten Krans verlangen kann.

B. **V** könnte **gegen K** einen Anspruch auf Rückübereignung des Krans gemäß **§ 812 Abs. 1 S. 1 Alt. 1** haben.

Die Herausgabepflicht der K besteht nur Zug um Zug gegen Rückzahlung des Kaufpreises. Zwischen den ausgetauschten Leistungen besteht ein faktisches Synallagma.

Doch K kann nur den beschädigten – um 25.000 € im Wert geminderten – Baukran zurückgewähren. Diese bei ihm eingetretene **Wertminderung** geht zu seinen Lasten. K kann nur so viel zurückverlangen, wie er seinerseits zurückgewähren kann.

V kann den Kran von K Zug um Zug gegen Rückzahlung von 50.000 € herausverlangen. Die eingetretene Wertminderung ist also Abzugsposten, ohne dass die Aufrechnung erklärt werden muss.

---

## c) Ausgleich der übrigen Vor- und Nachteile nach der Saldotheorie

Neben den ausgetauschten Vermögenswerten müssen im Rahmen der bereicherungsrechtlichen Rückabwicklung eines gegenseitigen Vertrags auch die mit dem Bereicherungsvorgang im Zusammenhang stehenden Vorteile (§ 818 Abs. 1) und Nachteile (§ 818 Abs. 3) miteinander verrechnet (saldiert) werden.[258]

### aa) Auszugleichende Vorteile

Der Anspruchsgegner, der die Sache zurückübertragen muss, ist gemäß § 818 Abs. 1 verpflichtet, auch die Nutzungen und Surrogate herauszugeben. Doch ist bei der Berechnung des Umfangs der herauszugebenden Nutzungen zu berücksichtigen, dass der **158**

256 Staudinger/Lorenz § 818 Rn. 44 f.

257 Staudinger/Lorenz § 818 Rn. 44; BeckOK/Wendehorst § 818 Rn. 122.

258 Vgl. BGH RÜ 2000, 455 f.

Anspruchsgegner eine **eigene Sache genutzt** hat und er daher nicht verpflichtet sein darf, für die Nutzung den üblichen Mietzins zu zahlen.

Der Nutzungswert ist vielmehr der sog. **Wertverzehr.**[259] Dem liegt die Erwägung zugrunde, dass derjenige, der eine rechtsgrundlos erworbene eigene Sache nutzt, hierdurch Ausgaben erspart, weil der durch den Gebrauch eintretende Wertverlust nicht zulasten des eigenen, sondern des fremden Vermögens geht. Vergleichsmaßstab ist mithin die **hypothetische Situation**, dass der Bereicherungsschuldner anstelle der rechtsgrundlos erworbenen anderweitig eine gleichartige und gleichwertige Sache angeschafft und diese für dieselbe Zeitspanne in derselben Weise genutzt haben würde.[260]

**Beispiel:** V liefert am 15.04.2018 eine Maschine für 820.000 € an K. Am 26.03.2019 stellt sich heraus, dass der Kaufvertrag nichtig ist. V verlangt die Rückgabe der Maschine und Ausgleich für den durch den Gebrauch der Maschine entstandenen Wertverlust i.H.v. 80.000 €. K verlangt den Kaufpreis und die von V erzielten Zinsen i.H.v. 10.000 €.

**A.** V kann gemäß **§ 812 Abs. 1 S. 1 Alt. 1** die Rückübertragung der Maschine Zug um Zug gegen Rückzahlung des Kaufpreises verlangen. Darüber hinaus müssen alle Vor- und Nachteile ausgeglichen werden.
**I.** Als Vorteil des K kommt der Gebrauch (= die Nutzung) der Maschine in Betracht.
**1.** Hätte K eine fremde Anlage benutzt, so müsste er als Nutzung den objektiven Wert ersetzen, also den Betrag zahlen, der üblicherweise für die Nutzung fremder Sachen entrichtet wird – regelmäßig der übliche Mietzins.
**2.** K, der das Eigentum von V gemäß § 929 erlangt hat, hat die Maschine jedoch als **eigene** genutzt, sodass der Nutzungswert nicht die übliche Vergütung für die Nutzung fremder Sachen ist. Vielmehr besteht der **Vorteil** des K darin, dass er den **durch die Nutzung entstandenen Wertverlust** an der Maschine nicht zu tragen hat. Denn wenn der K nicht die von V geleistete Maschine genutzt hätte, so hätte er keine andere gemietet, sondern eine andere, aber eigene Maschine genutzt. Dieser Wertverlust, der durch die Benutzung der Maschine eingetreten ist, ergibt sich aus der Differenz zwischen dem **Zeitwert** der Maschine am 15.04.2014 und dem **Zeitwert** der Maschine zum **Ende** des Gebrauchs. Der Nutzungswert ist also der sog. **Wertverzehr**.
V ist berechtigt, von K die Nutzungen in Höhe von 80.000 € – den Wertverlust – ersetzt zu verlangen.
**II.** K kann von V außer dem Kaufpreis auch die Zinsen (= Nutzungen) i.H.v. 10.000 € ersetzt verlangen.
**III.** Damit ergibt sich ein einheitlicher Bereicherungsanspruch:
V kann von K Rückgabe der Maschine verlangen Zug um Zug gegen Rückzahlung von 750.000 € (Kaufpreis i.H.v. 820.000 € + Zinsen i.H.v. 10.000 € = 830.000 € – 80.000 € Wertverzehr = 750.000 €).
**B.** K kann vom V 750.000 € Zug um Zug gegen Rückgabe der Maschine verlangen.

### bb) Auszugleichende Nachteile

159 Jede Partei kann beim Fehlschlagen eines Austauschvertrags gemäß § 818 Abs. 3 verlangen, dass die ihr entstandenen Nachteile, die zur Folge hatten, dass sie nicht mehr bereichert ist, ausgeglichen werden. Nicht anrechnungsfähig sind Schäden, die durch das geleistete Etwas selbst entstanden sind (s.o. Rn. 151).

Als Anrechnungsposten kommen vor allem **Aufwendungen** und **Vertragskosten** in Betracht. Welche dieser Nachteile im Einzelnen zu berücksichtigen sind, ist umstritten.

Nach einer Ansicht sind im Hinblick auf die Entreicherung nach § 818 Abs. 3 sämtliche Vor- und Nachteile zu verrechnen, unabhängig davon, ob es sich um notwendige oder

259 BGH NJW 1996, 250, 251.
260 BGH NJW 1996, 250, 251.

Luxusverwendungen handelt. Denn dies seien Wertungen, die erst im Rahmen eines eigenen Aufwendungsersatzanspruchs geltend gemacht werden könnten.[261]

Die h.M. verneint dagegen eine generelle Berücksichtigung aller Vor- und Nachteile und ermittelt durch Wertung, welche der Parteien das Risiko der Entreicherung zu tragen hat. Maßgebliche Kriterien für diese **Wertung** sind:

- wer nach den gesetzlichen Vorschriften oder aufgrund einer Vereinbarung die Kosten zu tragen hat und
- in wessen wirtschaftlichem Interesse die Kosten verursacht worden sind.[262]

## (1) Aufwendungen – aufgedrängte Bereicherung

Im Zusammenhang mit der Berücksichtigung von getätigten Aufwendungen kann bei der Rückabwicklung eine sog. **aufgedrängte Bereicherung** entstehen. Dabei handelt es sich um Aufwendungen, die der Bereicherungsgläubiger so nicht gemacht hätte. Mithin wird die Frage virulent, ob der Bereicherungsschuldner Aufwendungen ersetzt verlangen kann, die der Gläubiger so nicht getätigt hätte, die ihm also „aufgedrängt" worden sind. 160

Die herauszugebende Bereicherung bestimmt sich mit Rücksicht auf die Wertung des § 818 Abs. 3 in diesen Fällen nach dem **subjektiven Ertragswert** des Bereicherungsgegenstands **für den Bereicherungsgläubiger**. Kann daher dieser mit den getätigten Aufwendungen nichts anfangen, so muss er den Wert nicht ersetzen, auch wenn der Bereicherungsgegenstand objektiv einen höheren Wert erhalten hat (s. dazu Rn. 227).[263]

**Beispiel:** C und D schließen einen unwirksamen Kaufvertrag über einen Pkw, der an D wirksam übereignet wird. Als C die Rückübereignung fordert, macht D geltend, er habe das Auto mit total stylischen Zierblechen verkleiden lassen, was ihn 5.000 € gekostet habe. Er sei deshalb zur Rückübereignung erst nach Zahlung von 5.000 € bereit. Eine Wertsteigerung hat das Auto durch die Veränderung nicht erhalten.

Fraglich ist, ob die Kosten für die Zierbleche im Rahmen des § 818 Abs. 3 berücksichtigt werden können. Da diesbezüglich weder eine Vereinbarung noch eine gesetzliche Regelung existiert, kommt es darauf an, in wessen wirtschaftlichem Interesse die Kosten verursacht wurden. D hat die Veränderung zu dem Zweck durchführen lassen, dass das Auto seinem ästhetischen Empfinden entsprach. Ein wirtschaftliches Interesse des C bestand hieran aber in keinem Fall. Daher sind die Aufwendungen allein im Interesse des D getätigt worden und somit nicht zu berücksichtigen.

## (2) Vertragskosten

Anrechnungsfähig sind grundsätzlich die Vertragskosten, die im Falle der Wirksamkeit des Vertrags, kraft Gesetzes (§ 448) oder kraft Vereinbarung zu tragen wären. 161

- Das betrifft insbesondere die nach der Verkehrsanschauung **üblichen Erwerbskosten**, wie etwa Frachtkosten, Zölle, Maklergebühren und die Kosten der Vertragsbeurkundung.[264]

---

261 MünchKomm/Schwab § 818 Rn. 137.

262 Jauernig/Stadler § 818 Rn. 34; BeckOK/Wendehorst § 818 Rn. 138; a.A. Staudinger/Lorenz § 818 Rn. 37.

263 Vgl. Palandt/Bassenge § 951 Rn. 21.

264 Staudinger/Lorenz § 818 Rn. 37.

- Dagegen sind Kosten, die eine Partei **einseitig** im **eigenen Interesse** aufwendet, nicht abzugsfähig.[265] Dazu zählen beispielsweise Vermessungskosten, Eintragungskosten für die Vormerkung und Finanzierungskosten.

**Beispiel:** A aus München kauft bei B aus Flensburg einen Wohnwagen und holt diesen in Flensburg ab. Als A wieder in München ist, stellt sich die Unwirksamkeit des Vertrags heraus. Kann A den Wohnwagen bis zur Zahlung der Fahrtkosten zurückbehalten?

Dies ist dann der Fall, wenn er nur zu einer Zug-um-Zug-Leistung verpflichtet ist. Wann Aufwendungen zu berücksichtigen sind, ist durch **Wertung** zu ermitteln. Zwischen A und B wurden keinerlei Vereinbarungen über die Kosten der Abholung getroffen. Jedoch bestimmt **§ 448**, dass der Käufer die Kosten der Abnahme zu tragen hat. Fraglich ist, ob hier die Übergabe bei B – dann Käuferpflicht zur Abholung – oder aber die Übergabe bei A – dann Verkäuferpflicht zur Lieferung bei A – geschuldet war. Da nichts anderes vereinbart war, greift die gesetzliche Auslegungsregel des **§ 269**. Danach ist der Leistungsort beim Schuldner. Somit muss A die Sache abholen. Daher war er auch gemäß § 448 zur Übernahme der Frachtkosten verpflichtet. Somit ergibt die gesetzliche Wertung, dass A kein Zurückbehaltungsrecht hat.

### d) Einschränkungen der Saldotheorie

162 Ist eine Partei des unwirksamen Austauschvertrags **schutzwürdig**, so haftet diese Partei nicht nach den Regeln der Saldotheorie. Schutzwürdig sind:

- der **nicht voll Geschäftsfähige** (vgl. Rn. 163),
- der **Partner des verschärft Haftenden** (vgl. Rn. 164 ff.),
- der Empfänger einer **mangelhaften Sache** (vgl. Rn. 167),
- der **vorleistungspflichtige Gläubiger** (vgl. Rn. 168).

### aa) Nicht voll geschäftsfähiger Vertragspartner

163 Ist eine Partei des unwirksamen Austauschvertrags nicht voll geschäftsfähig, so ist sie schutzwürdig. Die Saldotheorie ist **zu ihren Lasten unanwendbar**.[266]

- Dies hat zur Folge, dass sie die von ihr erbrachte Leistung **uneingeschränkt** zurückfordern kann. Es besteht keine Zug-um-Zug-Verpflichtung, es sei denn, der Partner macht gemäß §§ 273, 274 ein Zurückbehaltungsrecht geltend.
- Der nicht voll Geschäftsfähige trägt nicht das Entreicherungsrisiko und schuldet im Falle des Untergangs oder der Verschlechterung **keinen Wertersatz** (§ 818 Abs. 2, Abs. 3).
- Ferner erhält der nicht voll Geschäftsfähige **alle Vertragskosten und Verwendungen** ersetzt.

  **Beispiel:** V verkauft dem minderjährigen M ein Mofa für 1.900 €. M bezahlt mit Geld, das er von seinem Großvater erhalten hat. Die Eltern sind mit dem Kauf nicht einverstanden. Bei einem Unfall wird das Mofa zerstört. Die Eltern verlangen im Namen des M Rückzahlung des Kaufpreises. V verlangt Wertersatz.

---

265 OLG Hamm RÜ 1993, 243 f.

266 BGH RÜ 2001, 4, 5 f.

**I.** Anspruch des M, vertreten durch die Eltern, gegen V gemäß § 812 Abs. 1 S. 1 Alt. 1
**1.** V hat einen Vermögensvorteil i.H.d. Kaufpreises durch Leistung des M zur Erfüllung einer vermeintlichen Kaufvertragsverpflichtung, also ohne Rechtsgrund erlangt.
**2.** Die Rückzahlungsverpflichtung des V könnte entfallen sein, weil M das von V übereignete Mofa nicht mehr zurückübertragen, also die empfangene Leistung nicht zurückgewähren kann.
Doch M war **minderjährig**. Er ist schutzwürdig, denn das Rechtsgeschäft ist nicht genehmigt worden und M darf nicht mit dem Risiko der Verschlechterung und des Untergangs belastet werden. Daher sind die **Grundsätze der Saldotheorie**, nach denen jeder seine Leistung nur insoweit zurückverlangen kann, wie er seinerseits die empfangene Gegenleistung zurückgewähren kann, **nicht anwendbar.**[267] Es gelten die Regeln der Zwei-Kondiktionen-Theorie.
M kann also, vertreten durch die Eltern, vom V den vollen Kaufpreis zurückverlangen.
**II.** Anspruch des V gegen M gemäß § 812 Abs. 1 S. 1 Alt. 1
**1.** Die Tatbestandsvoraussetzungen des § 812 Abs. 1 S. 1 Alt. 1 liegen vor, sodass V von M das Mofa Zug um Zug gegen Rückzahlung des vollen Kaufpreises herausverlangen kann.
**2.** M ist es unmöglich, das Mofa zurückzugewähren, sodass er gemäß § 818 Abs. 2 zum Wertersatz verpflichtet sein könnte.
**3.** Da M wegen der Zerstörung kein Ersatzanspruch gegenüber Dritten zusteht und er als Minderjähriger nicht das Entreicherungsrisiko zu tragen hat, kann er sich auf den **Wegfall der Bereicherung gemäß § 818 Abs. 3** berufen. Er braucht nur das zerstörte Mofa herauszugeben.
**III.** V kann wegen dieses Anspruchs auf Herausgabe des zerstörten Mofas gegenüber dem Zahlungsanspruch des M gemäß § 273 ein Zurückbehaltungsrecht geltend machen. Übt V dieses Zurückbehaltungsrecht aus, so erfolgt eine Zug-um-Zug-Verurteilung.

***Hinweis:*** *Die strenge Zwei-Kondiktionen-Theorie gilt bei Geschäftsunfähigkeit selbst dann, wenn der Bereicherungsgegenstand noch in seinem Vermögen ist.*[268] *Dies hat zur Folge, dass der Geschäftsunfähige uneingeschränkt seine Leistung zurückverlangen kann, wenn der Vertragspartner sich nicht auf ein Zurückbehaltungsrecht beruft.*

## bb) Vertragspartner des verschärft Haftenden

Da der verschärft Haftende von vornherein damit rechnen muss, dass die beiden ausgetauschten Leistungen zurückzugewähren sind, ist es sachgerecht, ihm auch das Entreicherungsrisiko für beide erbrachten Leistungen aufzuerlegen. 164

Der – gutgläubige – Partner ist dem verschärft Haftenden nur nach den Regeln der Zwei-Kondiktionen-Theorie verantwortlich, sodass er sich im Falle des Untergangs oder der Verschlechterung der empfangenen Leistung auf den **Wegfall der Bereicherung berufen** kann, es sei denn, er hat selbst durch vorwerfbares Handeln den Untergang bzw. die Verschlechterung verursacht.

Eine verschärfte Haftung kommt insbesondere in Betracht, wenn eine Partei

- die andere arglistig getäuscht hat;
- einen Gesetzesverstoß nach § 134 bewusst verursacht;
- den Partner zu einem Wuchergeschäft nach § 138 Abs. 2 veranlasst;
- den Partner zu einem wucherähnlichen Geschäft nach § 138 Abs. 1 veranlasst.[269]

267 BGH NJW 1994, 2021, 2022; Staudinger/Lorenz § 818 Rn. 42; BeckOK/Wendehorst § 818 Rn. 131.
268 BGH RÜ 2001, 4, 6.
269 BGH RÜ 2001, 198, 201; abl. Bodenbenner JZ 2002, 186 f.

**Fall 14: Trügerischer Tacho**

V manipuliert den Kilometerstand auf dem Tacho seines Autos um 50.000 km und verkauft es an K für 18.000 €. K verursacht grob fahrlässig einen Verkehrsunfall. Dabei wird der Wagen erheblich beschädigt. Der Wertverlust beträgt 6.000 €. Nachdem K die Anfechtung des Kaufvertrags erklärt hat, verlangt er den vollen Kaufpreis zurück. V will außer der Rückgabe des Wagens Ersatz für den Wertverlust, weil K diesen durch schuldhaftes Verhalten verursacht hat.

Bestehen die geltend gemachten Ansprüche?

A. K könnte gegen V einen Anspruch gemäß **§ 812 Abs. 1 S. 1 Alt. 1** auf Rückzahlung des Kaufpreises haben.

I. Nach h.M. kann im Falle der Anfechtung die bereits erbrachte Leistung gemäß § 812 Abs. 1 S. 1 Alt. 1 zurückgefordert werden. Diese Einordnung gebiete § 142 Abs. 1, wonach der Anfechtung des Kausalgeschäfts ex-tunc-Wirkung zukomme.[270]

Nach a.A. ist § 812 Abs. 1 S. 2 Alt. 1 einschlägig, da bei wirksamer Anfechtung des Rechtsgeschäfts der Rechtsgrund gemäß § 142 rückwirkend entfalle. Im Zeitpunkt der Leistung sei tatsächlich ein Rechtsgrund vorhanden gewesen, dieser entfalle erst durch die Anfechtung.[271]

II. K hat das Geld zum Zwecke der Erfüllung des Kaufvertrags an V übereignet, sodass V durch Leistung des K das Eigentum und den Besitz an dem Geld ohne Rechtsgrund erlangt hat.

1. V hat jedoch für den erlangten Kaufpreis den Wagen an K übereignet, sodass grundsätzlich nach der Saldotheorie nur eine Zug-um-Zug-Verpflichtung besteht, mit der Maßgabe, dass jeder nur so viel zurückverlangen kann, wie er seinerseits zurückgewähren kann. Da K nur einen Wagen im Wert von 12.000 € zurückgeben kann (18.000 € Wert minus 6.000 € Wertverlust), könnte sein Rückzahlungsanspruch insoweit gemindert sein. Der K müsste also das **Risiko der Verschlechterung** tragen.

165 2. Wer das Entreicherungsrisiko tragen muss, ist im Wege der Wertung zu ermitteln.

a) Da V den K **arglistig getäuscht** hat und er gemäß **§ 142 Abs. 2** einem Bösgläubigen gleichsteht, muss er das Risiko der Verschlechterung und des Untergangs für die von ihm an den Empfänger erbrachte Leistung tragen. Es ist dem **Bösgläubigen** nicht nur verwehrt, sich bzgl. der empfangenen Leistung auf den Wegfall der Bereicherung zu berufen, sondern er trägt auch das Risiko für die erbrachte Leistung.[272] Daher kann K von V den vollen Kaufpreis zurückverlangen.

---

270 Staudinger/Lorenz § 812 Rn. 88; BeckOK/Wendehorst § 812 Rn. 63.

271 Palandt/Sprau § 812 Rn. 26.

272 BGH BGHZ 72, 252, 256.

b) Dagegen wird teilweise eingewandt, dass zumindest dann, wenn Rücktritt und Anfechtung konkurrieren, die **Wertung des § 346 Abs. 3 S. 1 Nr. 3** im Rahmen der bereicherungsrechtlichen Rückabwicklung zu berücksichtigen sei.[273]

Anstatt die Anfechtung zu erklären, hätte K auch nach §§ 437 Nr. 2, 323, 326 Abs. 5 zurücktreten können. Danach müsste K hier Wertersatz leisten, da er den Unfall grob fahrlässig verursacht hat. Für diese Auffassung spricht, dass es häufig vom Zufall abhängt, ob die Anfechtung oder der Rücktritt erklärt wird.

c) Dagegen spricht jedoch entscheidend, dass der Gesetzgeber je nachdem, ob der Vertrag wirksam ist (§§ 346 ff.) oder unwirksam ist (§§ 812 ff.) zwei **unterschiedliche Rückabwicklungsregelungen** geschaffen hat. Überträgt man die Wertung der einen Rückabwicklungsregelung auf die andere, so besteht die Gefahr, dass die Unterschiede verwischt werden. Somit kann K von V den vollen Kaufpreis ersetzt verlangen.

3. Da K durch **schuldhaftes Verhalten** den Wagen verschlechtert hat, muss er einen Teil der Wertminderung selbst tragen. In welchem Umfang er für die von ihm verschuldete Wertminderung einzustehen hat, muss gemäß **§ 242** unter Berücksichtigung der beiderseitigen Verursachungsbeiträge ermittelt werden. **166**

V hat den K arglistig getäuscht und damit die Ursache für die Rückabwicklung schuldhaft gesetzt. Der K hat die geleistete Sache schuldhaft verschlechtert, sodass es gerechtfertigt ist, jede Partei zur Hälfte an der Wertminderung zu beteiligen.

Es ist letztlich Tatfrage, in welchem Umfang die eine oder andere Partei das Risiko der Wertminderung zu tragen hat.

III. Da weitere Vor- und Nachteile nach dem Sachverhalt nicht auszugleichen sind, kann K von V insgesamt **15.000 €** (18.000 € minus 3.000 €) zurückverlangen.

B. V könnte gegen K einen Anspruch gemäß **§ 812 Abs. 1 S. 1 Alt. 1** auf Rückgabe des beschädigten Wagens haben.

I. K hat rechtsgrundlos durch Leistung des V das Eigentum und den Besitz am Wagen erlangt.

II. Da V den K arglistig getäuscht hat und deshalb verschärft haftet, findet die Saldotheorie keine Anwendung. Es gelten die Regeln der Zwei-Kondiktionen-Theorie. Als Bösgläubiger trägt V für seine Leistung das Risiko der Verschlechterung und des Untergangs, sodass sich K wegen des Wertverlustes infolge des Unfalls gemäß § 818 Abs. 3 auf den **Wegfall der Bereicherung** berufen kann.

K braucht nur den beschädigten Wagen zurückzugeben.

---

273 Staudinger/Lorenz § 818 Rn. 41; BeckOK/Wendehorst § 818 Rn. 135.

### cc) Empfänger einer mangelhaften Leistung

167 Wenn dem Anspruchsteller eine mangelhafte Sache geliefert und durch den Mangel eine Verschlechterung oder der Untergang verursacht wird, so trägt nicht der Empfänger das Risiko der Verschlechterung und des Untergangs, sondern der Anspruchsteller als Leistender.[274]

**Beispiel:** V verkauft dem K einen Mähdrescher für 15.000 €. Der Mähdrescher ist bei der Lieferung mangelhaft. Infolge des Mangels tritt eine Wertminderung i.H.v. 8.000 € ein. Nunmehr stellt sich heraus, dass der Kaufvertrag nichtig ist.

**I.** Anspruch des K gegen V auf Rückzahlung des Kaufpreises gemäß **§ 812 Abs. 1 S. 1 Alt. 1**.
**1.** V hat durch die Leistung des K einen Vermögensvorteil i.H.d. Kaufpreises ohne Rechtsgrund erhalten.
**2.** Bei Anwendung der Saldotheorie könnte K nur 7.000 € zurückverlangen – 15.000 € Kaufpreis abzüglich 8.000 € Wertminderung. K würde danach das **Entreicherungsrisiko** in Höhe von 8.000 € tragen, obwohl ihm eine mangelhafte Sache geliefert worden und infolge des Mangels die Wertminderung eingetreten ist. Dieses unbillige Ergebnis wird in den Fällen der mangelhaften Lieferung vermieden, indem die Grundsätze der strengen Zwei-Kondiktionen-Theorie angewendet werden.
Danach steht dem K ein selbstständiger Anspruch auf Rückzahlung des Kaufpreises i.H.v. 15.000 € zu.
**II.** Anspruch des V gegen K auf Herausgabe des Mähdreschers gemäß **§ 812 Abs. 1 S. 1 Alt. 1**.
**1.** K hat durch die Leistung des V rechtsgrundlos Eigentum und Besitz am Mähdrescher erlangt.
**2.** Zwar kann K den Mähdrescher nicht im ursprünglichen Zustand zurückgewähren, doch findet die Saldotheorie keine Anwendung, da der Mähdrescher bereits bei der Lieferung mangelhaft war und dadurch die Wertminderung eingetreten ist. Für die eingetretene Wertminderung ist daher gemäß § 818 Abs. 2 **kein** Wertersatz zu leisten, weil K insoweit nicht mehr bereichert ist, § 818 Abs. 3.
V kann von K nur Herausgabe des **beschädigten** Mähdreschers verlangen.
**III.** Da jeder Partei ein Bereicherungsanspruch zusteht und diese beiden Bereicherungsansprüche auf einem einheitlichen Lebenssachverhalt beruhen, also Konnexität gegeben ist, kann jede Partei gegenüber dem Anspruch der anderen gemäß **§ 273** ein Zurückbehaltungsrecht geltend machen und dadurch die Verknüpfung der Ansprüche herstellen.
K kann Rückzahlung des vollen Kaufpreises verlangen, und falls V wegen seines Gegenanspruchs auf Herausgabe des beschädigten Mähdreschers die Einrede des Zurückbehaltungsrechts erhebt, besteht eine entsprechende Zug-um-Zug-Verpflichtung (§§ 273, 274).

### dd) Rückabwicklung bei Vorleistungspflicht des Gläubigers

168 Ist bei einem gegenseitigen Vertrag eine Partei vorleistungspflichtig und hat nur sie ihre Leistung erbracht, bevor es zur Rückabwicklung kommt, gestaltet sich die Rückabwicklung problematisch.

Die Saldotheorie dient bei gegenseitigen Austauschverträgen nämlich der angemessenen Rückgewähr von Leistung und Gegenleistung. Dies setzt aber gerade voraus, dass ein Austausch der beiden Leistungspflichten erfolgt ist. War eine Partei vorleistungspflichtig, so scheidet eine Anwendung der Saldotheorie aus, da **kein faktisches Synallagma** besteht, d.h., dass die Berücksichtigung einer an der geleisteten Sache eingetretenen Wertminderung mangels Vergütungsleistung nicht als Abzugsposten in Rechnung gestellt werden kann. Auch eine Zug-um-Zug-Verurteilung bezüglich der Leistung und Gegenleistung ist nicht möglich. Streitig ist, wer in diesen Fällen das Entreicherungsrisiko zu tragen hat.

---

274 BeckOK/Wendehorst § 818 Rn. 133.

**Beispiel:** V verkauft dem K ein Fahrrad für 1.000 €. Der Kaufpreis soll erst in einem Monat fällig werden. Nachdem das Rad an K übereignet wurde, wird es bei K beschädigt. Der Schaden beträgt 400 €. Bevor der Kaufpreis gezahlt ist, stellt sich die Nichtigkeit des Kaufvertrags heraus. V verlangt das Rad zurück und Wertersatz i.H.v. 400 €.

**I.** Die Saldotheorie ist auf den vorliegenden Sachverhalt nicht anwendbar. Da die Gegenleistung noch nicht erbracht ist, kann sie bei der Rückabwicklung nicht berücksichtigt werden. Der bei K eingetretene Schaden kann keinen Abzugsposten bei dem Anspruch des K auf Rückzahlung des Kaufpreises bilden, weil kein Rückzahlungsanspruch des K besteht. Für die Vertreter der Saldotheorie ergibt sich, dass V von K nur das beschädigte Rad herausverlangen kann. K kann sich im Übrigen auf den **Wegfall der Bereicherung** berufen. Das Risiko der Beschädigung trägt demnach bei der Vorleistung der Vorleistende (V) und nicht der Inhaber der Sache (K). Mit der Vorleistung hat der Verkäufer V dieses Risiko übernommen.[275]
**II.** Dagegen lässt sich einwenden, dass mit der Vorleistung lediglich das Risiko der Insolvenz des Vertragspartners, nicht dagegen das Risiko des Untergangs der Sache verbunden ist.[276] Legt man diese Wertung zugrunde, so kann K sich nicht auf den Wegfall der Bereicherung berufen und muss Wertersatz leisten.

## IV. Verschärfte Haftung

Die Privilegierung des Bereicherungsschuldners gegenüber anderen Schuldnern ist nicht gerechtfertigt, wenn er mit der Herausgabe des Bereicherungsgegenstands rechnen musste. Der Bereicherungsschuldner haftet dann nach den allgemeinen Vorschriften, also verschärft.

- Gemäß **§ 818 Abs. 4** haftet der Empfänger verschärft, wenn die **Klage** des Bereicherungsgläubigers gegen den Bereicherungsschuldner **rechtshängig** ist. Die Rechtshängigkeit tritt ein mit Zustellung der Klage (§§ 261 Abs. 1, 253 Abs. 1 ZPO). Im Mahnverfahren ist § 696 Abs. 3 ZPO zu beachten. 169
- Der **§ 819 Abs. 1** stellt den Eintritt der Rechtshängigkeit dem Fall gleich, dass der Empfänger den Mangel des rechtlichen Grundes bei Empfang kennt oder später davon erfährt, er also **bösgläubig** ist. Nach § 819 Abs. 2 greift die verschärfte Haftung auch ein, wenn der Empfänger durch die Annahme der Leistung gegen ein **gesetzliches Verbot** oder gegen die **guten Sitten** verstößt.
- Gleiches gilt, wenn der **Erfolgseintritt ungewiss** war, **§ 820 Abs. 1 S. 1** (Fall des § 812 Abs. 1 S. 2 Alt. 2) oder wenn der nachträgliche Wegfall des Rechtsgrundes nach dem Inhalt des Rechtsgeschäftes als möglich angesehen wurde, **§ 820 Abs. 1 S. 2** (Fall des § 812 Abs. 1 S. 2 Alt. 1).

Die verschärfte Haftung des Bereicherungsschuldners hat die nachstehenden **Rechtsfolgen**.

275 Medicus BR Rn. 226.
276 MünchKomm/Schwab § 818 Rn. 261.

## 1. Keine Berufung auf Entreicherung

170 Der Bereicherungsschuldner kann sich grundsätzlich nicht mehr auf den Wegfall der Bereicherung (§ 818 Abs. 3) berufen.[277] Ihn trifft eine **verschuldens- und entreicherungsunabhängige Wertersatzpflicht**.[278] Der Wortlaut des § 818 Abs. 4 ist insofern zwar nicht eindeutig, da dort lediglich auf die allgemeinen Vorschriften verwiesen wird.[279] Aus dem Zweck der Haftungsverschärfung wird jedoch richtigerweise abgeleitet, dass der Bereicherungsschuldner sich (nur) nicht mehr auf § 818 Abs. 3 berufen können soll, die Wertersatzpflicht gemäß § 818 Abs. 2 als solche aber weiterhin besteht.[280]

## 2. Haftung nach den allgemeinen Vorschriften

171 Der § 818 Abs. 4 enthält einen **Rechtsgrundverweis** auf die „allgemeinen Vorschriften". Zu diesen Vorschriften zählen unstreitig diejenigen, die **Rechtshängigkeit** voraussetzen. Zugunsten des Bereicherungsgläubigers gilt daher:

- Er hat einen Anspruch auf **Schadensersatz** nach §§ 292, 989, 990 (verschuldensabhängig);
- ferner hat er einen Anspruch auf Herausgabe der **Nutzungen**, §§ 292 Abs. 2, 987;
- eine Geldschuld muss **verzinst** werden, § 291;
- die Ersatzpflicht des Bereicherungsgläubigers ist auf **notwendige Verwendungen** beschränkt, §§ 292 Abs. 2, 994 Abs. 2.

Nach h.M.[281] sind jedoch über den Verweis in § 818 Abs. 4 nicht nur die Vorschriften, die Rechtshängigkeit voraussetzen anwendbar, sondern auch das **allgemeine Leistungsstörungsrecht (§§ 275 ff.)**. Der verschärft haftende Bereicherungsschuldner soll nämlich nicht besser stehen als jeder andere Schuldner. Somit gilt Folgendes:

- Der Bereicherungsschuldner haftet nach **§ 285** auf Herausgabe des **Surrogats**. Damit muss er auch den bei einer Weiterveräußerung erzielten Gewinn herausgeben.
- Gerät er mit der Herausgabe des Bereicherungsgegenstandes in Verzug, so haftet er nach **§§ 280 Abs. 1 u. 2, 286**.[282]
- Nach § 276 trägt er bei Gattungsschulden das **Beschaffungsrisiko**.
- Ob dieser Grundsatz auch auf **Geldschulden** anzuwenden ist, ist zweifelhaft.[283]

  Unstreitig mit unterschiedlichen Begründungen ist jedoch, dass der verschärft haftende Bereicherungsschuldner für seine finanzielle Leistungsfähigkeit einstehen und die empfangene Geldsumme zurückzahlen muss.[284]

277 Palandt/Sprau § 818 Rn. 53; Looschelders § 56 Rn. 23; für eine „Restfunktion" Staudinger/Lorenz § 818 Rn. 52.
278 Looschelders § 56 Rn. 23.
279 Looschelders § 56 Rn. 23.
280 BeckOK/Wendehorst § 818 Rn. 83; Looschelders § 56 Rn. 23.
281 BeckOK/Wendehorst § 818 Rn. 84 f.; Looschelders § 56 Rn. 24; kritisch MünchKomm/Schwab § 818 Rn. 324 f.
282 BeckOK/Wendehorst § 818 Rn. 83.
283 BGH BGHZ 83, 293, 299 zu § 279 a.F.
284 BeckOK/Wendehorst § 818 Rn. 87 f.; Staudinger/Lorenz § 818 Rn. 50; MünchKomm/Schwab § 818 Rn. 333.

### 3. Bösgläubiger Bereicherungsschuldner

Nicht nur in der Praxis, sondern auch im Examen von großer Bedeutung ist die Haftung des bösgläubigen Bereicherungsschuldners gemäß **§ 819 Abs. 1**, also desjenigen, der den Mangel des rechtlichen Grundes bei dem Empfang kennt oder später davon erfährt. **172**

**Fall 15: Bösgläubiger Bruder**

Die L hat ihrem Bruder E eine gebrauchte Werkzeugmaschine zur Einrichtung einer Fabrik geschenkt. Es stellt sich später heraus, dass der Schenkungsvertrag nichtig ist. Dennoch benutzt E die Maschine weiter. Dabei wird die Maschine aus nicht zu klärenden Gründen erheblich beschädigt. Ansprüche des L gegen E?

A. **Herausgabeansprüche**

I. Ein Anspruch aus **§ 985** scheidet aus, da die L dem E die Maschine wirksam übereignet hat. E ist Eigentümer geworden.

II. L könnte jedoch gegen E einen Anspruch aus **§ 812 Abs. 1 S. 1 Alt. 1** haben.

1. E hat durch Leistung der L Eigentum und Besitz an der Maschine erlangt. Dieser Erwerb war rechtsgrundlos, weil der Zweck, den Schenkungsvertrag zu erfüllen, mangels Wirksamkeit des Vertrags fehlgeschlagen ist.

2. Nach § 812 Abs. 1 S. 1 Alt. 1 ist das Erlangte herauszugeben. Da die Übereignung einer unbeschädigten Maschine nicht möglich ist, muss nach § 818 Abs. 2 in Höhe der Beschädigung Wertersatz geleistet werden.

3. Eine Berufung auf den **Wegfall der Bereicherung** (§ 818 Abs. 3) **scheidet aus**, da E im Zeitpunkt der Beschädigung der Maschine wusste, dass der Schenkungsvertrag nichtig war.

B. **Schadensersatzansprüche**

I. Ansprüche der L gegen E gemäß **§ 823** oder aus den **§§ 987 ff.** scheiden aus, da E zum Zeitpunkt der Beschädigung der Maschine Eigentümer war.

II. Jedoch kommt ein Anspruch aus **§§ 819, 818 Abs. 4, 292 Abs. 1, 989, 990** in Betracht.

Der bösgläubige Besitzer haftet gemäß §§ 989, 990 auf Schadensersatz, wenn er die Verschlechterung der Sache verschuldet hat. Nach h.M. ist allein die Weiterbenutzung der Sache schuldhaft, soweit sie nicht der Erhaltung der Sache dient.[285]

Im vorliegenden Fall steht allerdings nicht fest, dass der Schaden auf der Weiterbenutzung der Maschine beruht. Dies ist unerheblich, wenn der E gemäß §§ 818 Abs. 4, **287 S. 2** auch für eine **zufällige Beschädigung** haftet. Nach h.M. sind gemäß § 818 Abs. 4 mit dem Verweis auf die allgemeinen Vorschriften auch die **§§ 286 ff.** gemeint.[286] **173**

---

285 OLG Saarbrücken NJW-RR 1998, 1068, 1069; MünchKomm/Raff § 989 Rn. 15.

286 Vgl. Palandt/Sprau § 818 Rn. 54 m.w.N.

Da § 818 Abs. 4 einen Rechtsgrundverweis vorsieht, sind sämtliche Voraussetzungen der Vorschriften, auf die verwiesen wird, zu prüfen.

1. Der L steht nach § 812 Abs. 1 ein fälliger durchsetzbarer Anspruch auf Rückgabe der Maschine zu.
2. Eine Mahnung ist gemäß § 286 Abs. 1 S. 2, Abs. 2 entbehrlich.[287] Danach steht der Mahnung die Erhebung der Klage gleich, d.h. im Fall der Rechtshängigkeit braucht keine Mahnung zu erfolgen. Da im Bereicherungsrecht der Bösgläubige wie der Verklagte haftet, muss er nicht gemahnt werden.
3. Das Nichtleisten war auch zu vertreten, dies wird nach § 286 Abs. 4 vermutet.
4. Da sich E also mit der Leistung in Verzug befand, haftet er gemäß **§ 287 S. 2** auch für die zufällige Beschädigung der Werkzeugmaschine.

   L hat gegen E wegen der Beschädigung der Maschine einen Schadensersatzanspruch aus §§ 819, 818 Abs. 4, 292 Abs. 1, 989, 990.

C. **Nutzungsersatzansprüche**

I. Ansprüche der L gegen E aus den **§§ 987 ff.** scheiden aus, da E Eigentümer geworden ist.

174 II. Jedoch sind die Voraussetzungen für einen Anspruch aus **§§ 819, 818 Abs. 4, 292 Abs. 2, 987, 990** gegeben. Als bösgläubiger Besitzer haftet E nicht nur auf Ersatz der gezogenen Nutzungen, sondern auch auf Ersatz der schuldhaft nicht gezogenen Nutzungen.

**Abwandlung zu Fall 15:**

E, der die Unwirksamkeit des Schenkungsvertrags kannte, veräußert die Maschine an X zu einem Preis von 17.000 €, der objektive Wert der Maschine beträgt 14.000 €. E verspielt das Geld in einer Spielbank.

A. E haftet gemäß **§§ 812, 819 Abs. 1, 818 Abs. 4, 292, 989** auf Schadensersatz, weil er die verschuldete Unmöglichkeit der Rückgabe zu vertreten hat. Danach kann L von E insgesamt 14.000 € als **Schadensersatz** verlangen.

B. L kann von E den durch die Weiterveräußerung erzielten Kaufpreis in Höhe von 17.000 € herausverlangen, wenn E gemäß **§§ 812, 819 Abs. 1, 818 Abs. 4, 285** auf Herausgabe des durch Rechtsgeschäft erzielten **Surrogats** haftet.

175 Ob und in welchem Umfang in § 818 Abs. 4 auf die allgemeinen Vorschriften des Schuldrechts verwiesen wird, wird nicht einheitlich beurteilt. Nach der Rspr. und einem Teil der Lit. können bestimmte Regeln des Schuldrechts entsprechend dem Sinn und Zweck des § 818 Abs. 4 angewandt werden. Die Verweisung auf die allgemeinen Vorschriften verfolgt den Zweck, dem Bereicherungsschuldner die durch die

287 Staudinger/Lorenz § 819 Rn. 16; Erman/Buck-Heeb § 819 Rn. 9.

eingeschränkte Haftung nach § 818 Abs. 1–3 zugute kommenden Vergünstigungen zu nehmen und ihn wie jeden Schuldner zu behandeln. Daher wird die Anwendung des § 285 – zu Recht – bejaht.

L kann also vom E Herausgabe des erzielten Kauferlöses i.H.v. 17.000 € verlangen.

---

## a) Bösgläubigkeit bei Minderjährigen

Soweit auf der Seite des Leistungsempfängers eine unbeschränkt geschäftsfähige Person tätig wird, bereitet die Feststellung der Bösgläubigkeit keine besonderen Schwierigkeiten. Problematisch ist jedoch, auf welche Person abzustellen ist, wenn der Leistungsempfänger minderjährig ist. **176**

- Teilweise wird die eigene Kenntnis des Minderjährigen von der Rechtsgrundlosigkeit seines Erwerbs für unbedeutend erachtet und allein auf die **Kenntnis des gesetzlichen Vertreters** abgestellt.[288] Dies folge aus dem Schutzzweck der §§ 104 ff. Zudem werde im Gesetz häufig die Bösgläubigkeit mit der Rechtshängigkeit gleichgesetzt. Rechtshängigkeit gegenüber einem Minderjährigen erfolgt aber erst mit Zustellung an dessen gesetzlichen Vertreter (§ 170 Abs. 1 S. 1 ZPO). Daher müsse auch für die Kenntnis von der Rechtsgrundlosigkeit im Rahmen des § 819 Abs. 1 auf den gesetzlichen Vertreter abgestellt werden.
- Die wohl **h.M. differenziert nach der Art der Kondiktion**. Bei der Leistungskondiktion handelt es sich um die Rückabwicklung nichtiger Verträge und somit wird eine Haftungsverschärfung nur bei Kenntnis des gesetzlichen Vertreters angenommen (§§ 104 ff.); bei der Eingriffskondiktion genügt die Kenntnis des Minderjährigen selbst, soweit er deliktsfähig ist (§ 828 Abs. 2). Danach wird die Eingriffskondiktion dem Deliktsrecht gleichgestellt, während bei der Leistungskondiktion als Rückabwicklung schuldrechtlicher Verpflichtungen an §§ 104 ff. anzuknüpfen ist.[289]

**Beispiel:** M hat zu seinem 16. Geburtstag ein Handy geschenkt bekommen. Obwohl ihm die Eltern dies ausdrücklich untersagt haben, lädt er sich ohne deren Wissen mit großem Vergnügen Klingeltöne des Anbieters K herunter. Der K verlangt Bezahlung.

**I.** Vertragliche Ansprüche kommen wegen der Minderjährigkeit des K nicht in Betracht, da die erforderliche Einwilligung seines gesetzlichen Vertreters fehlt, § 107.
**II.** Ein Anspruch auf Wertersatz könnte sich aus § 812 Abs. 1 S. 1 Alt. 1 ergeben.[290]
**1.** M hat die tatsächlich bezogenen Klingeltöne erlangt.
**2.** Dies geschah auch durch Leistung des Anbieters K.
**3.** Die Leistung erfolgte ohne Rechtsgrund, da der Klingeltonvertrag aufgrund der Minderjährigkeit des M unwirksam war.
**4.** Rechtsfolge:
**a)** M muss das Erlangte herausgeben.
Genutzte Klingeltöne lassen sich technisch zurücksenden und auf dem Mobilfunktelefon des Nutzers löschen. Der Klingeltonanbieter wird daran im Zweifel aber kein Interesse haben, da er durch den Emp-

288 Staudinger/Lorenz § 819 Rn. 19; BeckOK/Wendehorst § 819 Rn. 8.

289 Vgl. Palandt/Sprau § 819 Rn. 4 m.w.N.

290 Dazu Mankowski/Schreier VuR 2007, 281 ff.; Derleder/Thielbar NJW 2006, 3233.

fang des Klingeltons keinen wirtschaftlichen Wert hat.[291] Anders als eine reine Dienstleistung kann der Klingelton in der Gestalt seiner technischen Signale – wie beim Internet-Download – rückstandslos zurückgegeben werden. Nur wer eine „rückstandslose" Rückgabe ausgeschlossen hat, kommt zu einem Wertersatz nach § 818 Abs. 2 für den Klingelton selbst.
**b)** Gemäß § 818 Abs. 1 muss M auch die tatsächlich gezogenen Nutzungen herausgeben. Die tatsächlich genutzten Klingeltöne können jedoch nicht mehr herausgegeben werden, sodass er gemäß § 818 Abs. 2 Wertersatz zu leisten hat.[292]
**c)** Fraglich ist jedoch, ob der Minderjährige sich auf den Wegfall der Bereicherung berufen kann, § 818 Abs. 3. Dies ist nicht der Fall, wenn er Aufwendungen erspart hat. Da die Eltern ihm ausdrücklich untersagt haben, Klingeltöne herunterzuladen, wäre es auch anderweitig nicht zu einem wirksamen Klingeltonerwerb gekommen, sodass M nicht mehr bereichert ist.
**d)** Eine verschärfte Haftung des Minderjährigen nach den allgemeinen Vorschriften, §§ 819 Abs. 1, 818 Abs. 4, scheidet aus, da bei der Leistungskondiktion auf die Bösgläubigkeit des gesetzlichen Vertreters abzustellen ist und dieser keine Kenntnis vom Herunterladen der Klingeltöne hatte.
Somit hat K gegen M keinen Anspruch auf Wertersatz für das Herunterladen der Klingeltöne.

### b) Bösgläubigkeit bei Hilfspersonen

177 Die Kenntnis muss grundsätzlich in der Person des Leistungsempfängers vorliegen. Wird die Leistung durch einen **Vertreter** oder Personen in Empfang genommen, durch die sich der Schuldner in ähnlicher Weise wie durch einen Vertreter repräsentieren lässt, so schadet analog **§ 166 Abs. 2** auch deren Kenntnis.[293]

### c) Bösgläubigkeit bei Anfechtbarkeit des Rechtsgeschäfts

178 Aufgrund der Regelung in **§ 142 Abs. 2** genügt auch die Kenntnis der Anfechtbarkeit des Rechtsgeschäfts.[294] Wird angefochten, so gilt rückwirkend (§ 142 Abs. 1) die verschärfte Haftung ab dem Zeitpunkt, in dem der Empfänger die Anfechtbarkeit und deren Rechtsfolge kannte.[295]

## V. Verjährung des Bereicherungsanspruchs

179 Der Bereicherungsanspruch verjährt nach der **regelmäßigen Verjährungsfrist** des **§ 195 in drei Jahren**. Die Verjährung beginnt gemäß § 199 Abs. 1 mit dem Schluss des Jahres, in dem der Anspruch entstanden ist und der Gläubiger von den den Anspruch begründenden Umständen und der Person des Schuldners Kenntnis erlangt hat oder ohne grobe Fahrlässigkeit erlangen musste.

Der Gläubiger eines Bereicherungsanspruchs hat die **erforderliche Kenntnis**, wenn er die Leistung und die Tatsache kennt, aus denen sich das **Fehlen des Rechtsgrundes** ergibt.[296]

**Beispiel:** Autohändler V verkauft Privatmann K im Jahre 2005 einen neuen Pkw, der erhebliche Mängel aufweist. Nachdem verschiedene Nachbesserungsversuche fehlgeschlagen sind, erhält K ein neues Fahrzeug und leistet 1.500 € Nutzungsersatz an V für den Gebrauch des mangelhaften Wagens. Nach-

---

291 Mankowski/Schreier VuR 2007, 281 ff.
292 Dazu im Einzelnen Mankowski/Schreier VuR 2007, 281 ff.
293 BeckOK/Wendehorst § 819 Rn. 7.
294 Palandt/Sprau § 819 Rn. 2.
295 Staudinger/Lorenz § 819 Rn. 7.
296 BGH NJW 2008, 1729; Palandt/Ellenberger § 199 Rn. 27.

dem der BGH am 26.11.2008 entschieden hat, dass beim Verbrauchsgüterkauf im Falle der Ersatzlieferung kein Nutzungsersatz zu leisten ist, verlangt K Anfang 2009 die gezahlten 1.500 € zurück. V beruft sich auf Verjährung.

**I.** Die Voraussetzungen des **§ 812 Abs. 1 S. 1 Alt. 1** liegen vor, denn V hat durch Leistung des K ohne Rechtsgrund ein Vermögensvorteil i.H.v. 1.500 € erlangt.

**II.** Der Anspruch könnte jedoch mit Ablauf des Jahres 2008 verjährt sein, **§§ 195, 199 Abs. 1**. Fraglich ist, ob K im Jahre 2005 von den den Anspruch begründenden Umständen ohne grobe Fahrlässigkeit Kenntnis erlangen musste. Eine fehlerhafte Einschätzung der Rechtslage steht dem Beginn der Verjährungsfrist grundsätzlich nicht entgegen. Der Gläubiger eines Bereicherungsanspruchs hat die erforderliche Kenntnis, wenn er die Leistung und die Tatsache kennt, aus denen sich das Fehlen des Rechtsgrundes ergibt. Etwas anderes gilt jedoch, wenn die **Rechtslage besonders unübersichtlich** ist. Ob der Verbraucher bei einer Ersatzlieferung Nutzungsersatz zu leisten hat, war im Jahre 2005 hoch streitig und ist für die Praxis erst mit der Entscheidung des BGH vom 26.11.2008 geklärt worden[297] (Inzwischen ist für den Verbrauchsgüterkauf in § 475 Abs. 3 S. 1 geregelt, dass § 439 Abs. 5 mit der Maßgabe anzuwenden ist, dass Nutzungen nicht herauszugeben oder durch ihren Wert zu ersetzen sind).

Aus diesem Grunde wird in der Lit.[298] davon ausgegangen, dass die Verjährung erst nach Klärung der Rechtslage am 01.01.2009 beginnt und somit der Anspruch erst ab 01.01.2012 verjährt ist.

An das Vorliegen einer unübersichtlichen Rechtslage sind jedoch mit Hinblick auf Sinn und Zweck der Verjährungsvorschriften (Rechtssicherheit) hohe Anforderungen zu stellen. Der Umstand, dass eine Rechtsfrage kontrovers diskutiert wird, hindert somit den Eintritt der Verjährung nicht, sodass sich V demnach – zu Recht – auf Verjährung beruft.

---

297 Dazu Faust JuS 2009, 274.

298 Heermeler NJW 2009, 1845, 1847.

180

## Bereicherungsausgleich beim gegenseitigen unwirksamen Vertrag

### Verrechnung von Leistung und Gegenleistung nach der Saldotheorie

- Bei der Rückabwicklung eines gegenseitigen Austauschvertrags sind nach der Saldotheorie die beiderseitig empfangenen Leistungen miteinander zu verrechnen (ohne eine Aufrechnungserklärung).
- Soweit die zurückzugewährenden Leistungen **ungleichartig** sind und damit eine Verrechnung ausscheidet, besteht von vornherein nur ein Anspruch auf **Zug-um-Zug-Leistung** (ohne dass ein Zurückbehaltungsrecht geltend gemacht werden muss).

### Nach der Saldotheorie zu verrechnende Vorteile, § 818 Abs. 1

- Nutzungen der zurückzugewährenden Sache müssen ersetzt werden: der Differenzbetrag zwischen dem Wert der Sache im Zeitpunkt der Übergabe und dem Zeitpunkt der Geltendmachung – **Wertverzehr**.
- Sind durch Anlage des Geldbetrags **Zinsen** erzielt worden, so müssen diese zurückgewährt werden. Das gilt auch für ersparte Sollzinsen.

### Nach der Saldotheorie zu verrechnende Nachteile, § 818 Abs. 3

- Kann eine Partei die von ihr empfangene Leistung nicht zurückgewähren, wird der Wertverlust nach § 818 Abs. 3 als **Abzugsposten** bei der zurückgeforderten Gegenleistung berücksichtigt. Jede Partei kann nur so viel zurückverlangen, wie sie ihrerseits zurückgewähren kann.
- Vertragskosten sind grundsätzlich ausgleichspflichtig.
- Ob Kosten für Verwendungen auf die Sache ausgleichspflichtig sind, ist durch Wertung zu ermitteln.
- Bei „**aufgedrängter Bereicherung**" ist der subjektive Ertragswert der auf den Bereicherungsgegenstand gemachten Verwendung für den Bereicherungsschuldner maßgebend.

### Zwei-Kondiktionen-Theorie statt Saldotheorie

- Zugunsten des nicht voll Geschäftsfähigen
- Zulasten des verschärft Haftenden (arglistige Täuschung, § 138 Abs. 1, 2); Lit.: Wertung des § 346 Abs. 3 S. 1 Nr. 3 berücksichtigen
- Untergang oder Beschädigung einer Sache infolge eines Mangels
- Vorleistungsfälle

181

## Leistungskondiktion aus § 812 Abs. 1 S. 1 Alt. 1

### Anwendbarkeit

- Bei **nichtigen Dienst-, Werk- oder Geschäftsbesorgungsverträgen** greifen nach h.M. die Regeln der **GoA** ein. Ausnahmen bei Sittenwidrigkeit oder Verstoß gegen ein gesetzliches Verbot.
- Die **§§ 987 ff. schließen** eine **Eingriffskondiktion aus.** Nach der Rspr. ist auch eine Leistungskondiktion ausgeschlossen. In der Lit. wird teilweise die Leistungskondiktion als vorrangig angesehen, teilweise wird sie auch neben den §§ 987 ff. für anwendbar gehalten.

### Voraussetzungen

- Der Anspruchsgegner muss etwas erlangt haben:
  **Etwas** i.S.d. § 812 ist jeder Vermögenswert, der Gegenstand einer rechtsgeschäftlichen oder gesetzlichen Verpflichtung sein kann.
  - Eigentum; beschränkt dingliche Rechte an Sachen; Forderungen, die nach den dafür geltenden Regeln über Verfügungsgeschäfte übertragen worden sind
  - Tatsächliches Verhalten: Besitzübertragung, Tätigkeiten, Dienste usw.
- **Durch Leistung** des Anspruchstellers: Leistung ist jede bewusste und zweckgerichtete Mehrung fremden Vermögens. Bei dem Anspruch aus § 812 Abs. 1 S. 1 Alt. 1 ist der **Leistungszweck die Erfüllung einer Verbindlichkeit**.
- **Ohne Rechtsgrund:** Wenn der Zweck, die Verbindlichkeit zu erfüllen, nicht erreicht wird. Hauptfall: Nichtbestehen der Verbindlichkeit

### Ausschluss

**§ 814:** Wenn der Leistende gewusst hat, dass er nicht verpflichtet war oder wenn er mit der Leistung eine Anstands- oder sittliche Pflicht erfüllen wollte.

**§ 817 S. 2 analog:** Verstoß des Leistenden gegen die guten Sitten oder gesetzliches Verbot

### Umfang der Haftung des Gutgläubigen bei einseitiger unwirksamer Leistungspflicht

- **§ 812 Abs. 1 S. 1:** Das geleistete Etwas muss **zurückgewährt** werden. Ist ein Recht übertragen worden, muss die Rückübertragung durch Verfügungsgeschäft erfolgen.
- **§ 818 Abs. 1: Gezogene Nutzungen** und **Surrogate** müssen herausgegeben werden.
  - Nutzungen, § 100: Früchte und Gebrauchsvorteile, **auch ersparte Zinsen**
  - **Nicht** der Veräußerungserlös, § 285 gilt nicht
- **§ 818 Abs. 2:** Kann das nach § 812 Abs. 1 S. 1 und § 818 Abs. 1 geschuldete nicht zurückgewährt werden, so muss Wertersatz geleistet werden.
- **§ 818 Abs. 3:** Wertersatzanspruch besteht nicht, wenn der Empfänger nicht mehr bereichert ist.
  - Entreicherung liegt vor, wenn das zurückzugewährende Etwas nicht mehr vorhanden ist und **keine Aufwendungsersparnis** gegeben ist.
  - Nach Sinn und Zweck des § 818 Abs. 3 sind die im **Vertrauen** auf den **Bestand** des Erwerbs entstandenen Nachteile auszugleichen, nicht jedoch die Schäden, die durch den Bereicherungsgegenstand verursacht worden sind.

### Verschärfte Haftung, §§ 818 Abs. 4, 819, 820

- Der verschärft Haftende ist über **§§ 818 Abs. 4, 291, 292, 987 ff.** verantwortlich. Im Falle der Beschädigung oder des Untergangs haftet er für Zufall, weil er sich im Verzug befindet.
- Der verschärft Haftende ist auch nach den **allgemeinen Regeln des Schuldrechts** verantwortlich, insbesondere nach § 285.
- Auf welche Person abzustellen ist, wenn ein **Minderjähriger Leistungsempfänger** ist, ist umstritten.

## B. Bereicherungsanspruch wegen Wegfalls des rechtlichen Grundes

182 Nach **§ 812 Abs. 1 S. 2 Alt. 1** besteht die Verpflichtung zur Herausgabe auch dann, „wenn der rechtliche Grund später wegfällt". Der Begriff des rechtlichen Grundes ist hier derselbe wie in § 812 Abs. 1 S. 1 Alt. 1 („ohne rechtlichen Grund").

Der **Leistungszweck** muss daher auch bei der Leistungskondiktion nach § 812 Abs. 1 S. 2 Alt. 1 (condictio ob causam finitam) die **Erfüllung einer Verbindlichkeit** sein. Danach ist das Merkmal „wenn der rechtliche Grund später wegfällt" gegeben, wenn die zu erfüllende Verbindlichkeit bestand, aber **nach der Leistung weggefallen** ist.

### I. Typische Fallkonstellationen

Der Anspruch aus § 812 Abs. 1 S. 2 Alt.1 erfasst insbesondere die folgenden Fälle:

183
- Der schuldrechtliche Vertrag ist unter einer **auflösenden Bedingung** oder **Befristung** geschlossen worden und diese Bedingung oder der Endtermin treten nunmehr ein.[299]
- Das zwischen den Parteien bestehende **Dauerschuldverhältnis** ist **wirksam gekündigt** und der Schuldner hat Vorleistungen erbracht oder vor Ablauf der Kündigungsfrist einen Vermögenswert übertragen.[300]
- Die Versicherungsgesellschaft hat in Erfüllung ihrer Vertragspflicht wegen eines Diebstahls die **Versicherungssumme** ausgezahlt. Wird die **gestohlene Sache wiedergefunden**, so kann die Versicherung die Versicherungssumme nach § 812 Abs. 1 S. 2 Alt. 1 zurückverlangen.[301]
- Die **Aufhebung** eines Vertrags.[302]

**Nicht** zu § 812 Abs. 1 S. 2 Alt. 1 gehören dagegen folgende Fälle:

184
- Wird das Schuldverhältnis infolge eines Rücktritts in ein Rückgewährschuldverhältnis umgewandelt, so sind unstreitig **ausschließlich die §§ 346 ff.** als Sonderregeln anzuwenden.
- **Anfechtung:** Hier ist nach h.M.[303] **§ 812 Abs. 1 S. 1 Alt. 1 einschlägig**, da gemäß § 142 Abs. 1 das Rechtsgeschäft rückwirkend (ex tunc) erlischt und deshalb nicht nachträglich, sondern von Anfang an als nichtig anzusehen ist. Ebenfalls § 812 Abs. 1 S. 1 Alt. 1 werden die Fälle der zunächst schwebend und sodann endgültig unwirksamen Geschäfte zugeordnet.
- Bei **Scheitern der Ehe** richten sich die Ansprüche der Ehegatten untereinander nach h.M. allein nach familienrechtlichen Vorschriften, da das Scheitern der Ehe nicht zur Rechtsgrundlosigkeit während der Ehe gemachter Aufwendungen führt.[304] Vorrangig anzuwenden sind daher die **§§ 1371 ff.**

---

299 Staudinger/Lorenz § 812 Rn. 94.
300 Vgl. Palandt/Sprau § 812 Rn. 26.
301 Staudinger/Lorenz § 812 Rn. 96.
302 Palandt/Sprau § 812 Rn. 25.
303 Looschelders § 54 Rn. 25; Staudinger/Lorenz § 812 Rn. 88; a.A. Palandt/Sprau § 812 Rn. 26.
304 Vgl. MünchKomm/Schwab § 812 Rn. 508.

- Bei Scheitern einer **nichtehelichen Lebensgemeinschaft** ist § 812 Abs. 1 S. 2 Alt. 1 ebenfalls nicht anwendbar.[305] Es kommen aber Ansprüche aus § 812 Abs. 1 S. 2 Alt. 2 in Betracht.[306]

## II. Ausschlusstatbestände

Besondere Ausschlussgründe sind für die Kondiktion aus § 812 Abs. 1 S. 2 Alt. 1 nicht vorgesehen, vor allem ist **§ 814 nicht anwendbar**. Es gilt jedoch auch hier § 817 S. 2 analog.[307] **185**

# C. Bereicherungsausgleich bei Nichteintritt des bezweckten Erfolges

Der Leistende kann mit der Leistung eines Vermögenswertes einen **anderen Zweck als die Erfüllung einer Verbindlichkeit** verfolgen. Liegt der mit der Leistung bezweckte Erfolg nur in der Erfüllung einer Verbindlichkeit, so sind andere Fälle der Leistungskondiktion (insbesondere § 812 Abs. 1 S. 1 Alt. 1) vorrangig. **186**

Bei der Kondiktion aus **§ 812 Abs. 1 S. 2 Alt. 2** (condictio ob rem) darf der Zweck der Leistung gerade nicht in der Erfüllung einer Verbindlichkeit bestehen. Erfasst werden vielmehr die Fälle, in denen der Empfänger zu einem **nicht geschuldeten Verhalten** veranlasst werden soll.[308] Erzielt werden muss lediglich eine tatsächliche Einigung über den Zweck der Leistung.

**Beispiele:**

- Jemand erbringt Leistungen in einer von ihm und seiner, mit ihm nicht verheirateten Partnerin bewohnten, im Eigentum ihrer Eltern stehenden Immobilie, um sich und seiner Familie dort langfristig ein Unterkommen zu sichern.[309]
- Der Zuwendende will dem Empfänger zum Abschluss eines Vertrags veranlassen.
- Als bezweckter Erfolg kann auch eine spätere Erbeinsetzung vereinbart werden.[310]
- Der Leistende erbringt die Leistung, um bei einem formnichtigen Grundstückskaufvertrag die Heilung herbeizuführen.[311]
- Sind sich beide Parteien der Formnichtigkeit eines Vertrags bewusst (z.B. beim Schwarzkauf), so erfolgt eine Leistung nicht zur Erfüllung einer Verbindlichkeit, sondern zu dem anderen Zweck der Herbeiführung der Heilung.
- Bereicherungsgläubiger bebaut Grundstück in der Erwartung, das Eigentum hieran zu erhalten.[312]

Eine **konkludente Einigung** ist nach der Rspr. des BGH schon dann anzunehmen, wenn der eine Teil mit seiner Leistung einen bestimmten Erfolg bezweckt und der andere Teil das erkennt und die Leistung entgegennimmt, ohne zu widersprechen.[313]

---

305 Vgl. MünchKomm/Schwab § 812 Rn. 508 f.
306 Dazu AS-Skript Familienrecht (2020), Rn. 221.
307 Looschelders § 54 Rn. 25.
308 Brox/Walker § 40 Rn. 32.
309 BGH RÜ2015, 351.
310 BGH RÜ 2013, 417.
311 Keim JuS 2001, 636.
312 BGH NJW 2013, 691.
313 BGH RÜ 2013, 417, 418.

Ferner ist zu beachten, dass die Einigung nicht der **Form** eines entsprechenden Verpflichtungsvertrags bedarf.[314]

## I. Zuwendender verfolgt mit der Zuwendung ausschließlich einen anderen Zweck als die Erfüllung einer Verbindlichkeit

**187** Wurde eine Verbindlichkeit eingegangen, um einen anderen zu einem nicht erzwingbaren Verhalten zu veranlassen, und wird dieser Zweck verfehlt, so kann der Durchsetzung der Verbindlichkeit die **Einrede der ungerechtfertigten Bereicherung (§ 821)** entgegenstehen (Rn. 188).

**Fall 16: Versprochen, gebrochen**

Arbeitnehmer A hat im Betrieb der F Geld unterschlagen. Der Prokurist P der F verhandelt deshalb mit A und dessen Schwiegervater (S). A verpflichtet sich zum Ersatz. P erklärt, er sei gewiss, dass die Angelegenheit auf sich beruhen werde, wenn S für die Schuld des A eine Bürgschaft übernehme. In der daraufhin abgegebenen schriftlichen Bürgschaftserklärung des S heißt es, dass die Bürgschaft mit Rücksicht auf die wohlwollende Behandlung der Angelegenheit (keine Strafanzeige, keine Kündigung) durch die F erteilt werde. Später erstattet die Geschäftsleitung der F doch noch Strafanzeige und A wird entlassen.

Kann F den S aus der Bürgschaft in Anspruch nehmen?

Als Anspruchsgrundlage kommt **§ 765** in Betracht.

I. Zwischen S und der F, vertreten durch den P, ist ein wirksamer Bürgschaftsvertrag geschlossen worden. Da das Bürgschaftsversprechen formgerecht (§ 766) abgegeben worden ist und die zu sichernde Forderung besteht, sind die Voraussetzungen für einen wirksamen Bürgschaftsanspruch gegeben.

Ein Anfechtungsrecht nach **§ 123 Abs. 1** besteht nicht. Es fehlt an einer Täuschungshandlung des P. Dieser wusste nämlich im Zeitpunkt des Vertragsschlusses nicht, dass noch Strafanzeige erstattet werden würde.

**188** II. S kann indes nicht aus der Bürgschaft in Anspruch genommen werden, wenn ihm die **Einrede der ungerechtfertigten Bereicherung** gemäß **§ 821** zusteht. Diese Einrede besteht, wenn S seinerseits von der F gemäß § 812 die Befreiung von der Verbindlichkeit aus dem Bürgschaftsvertrag verlangen kann.

Die Vorschrift des § 821 behandelt die Bereicherungseinrede dem Wortlaut nach nur für den speziellen Fall der Verjährung. Aus dem Sinn und Zweck des § 821 wird aber richtigerweise gefolgert, dass die Bereicherungseinrede **vor Eintritt** der Verjährung **erst recht** besteht.[315] Andere lehnen das ab, bejahen dann aber vor Verjährung die

314 BGH RÜ 2013, 417, 418.

315 BGH NJW 1991, 2140; BeckOK/Wendehorst § 821 Rn. 2.

allgemeine dolo-agit-Einrede aus § 242, die von § 821 speziell ausgeprägt wird.[316] Das ist unnötig kompliziert.[317]

Die Bereicherungseinrede setzt voraus, dass der Schuldner einer Verpflichtung gegen den Gläubiger einen Bereicherungsanspruch hat, der auf Aufhebung der Verpflichtung gerichtet ist.

1. Es kommt zunächst ein Bereicherungsanspruch des S gegen die F aus **§ 812 Abs. 1 S. 1 Alt. 1** in Betracht.

   a) F hat einen Vermögenswert, nämlich die Bürgschaftsforderung erlangt.

   b) Dieses „Etwas" müsste F in Erfüllung einer Verbindlichkeit geleistet worden sein. Die Bürgschaftserklärung hat S aber nicht zum Zweck der Erfüllung einer Verbindlichkeit abgegeben. Es liegt somit kein Fall des § 812 Abs. 1 S. 1 Alt. 1 vor.

2. S könnte ein Bereicherungsanspruch aus **§ 812 Abs. 1 S. 2 Alt. 2** zustehen.

   a) F hat die Bürgschaftsforderung erlangt.

   b) Sie müsste die Forderung ferner zu einem **anderen Zweck als der Erfüllung einer Verbindlichkeit** erlangt haben, wobei dieser Zweck „nach dem Inhalt des Rechtsgeschäfts" verfolgt worden sein muss. 189

   S hat die Bürgschaftserklärung abgegeben, **um F davon abzuhalten, Strafanzeige gegen den A zu erstatten**. Nach dem übereinstimmenden Willen der Parteien sollte F die Bürgschaftsforderung endgültig behalten und aus ihr vorgehen dürfen, falls die Strafanzeige nicht erstattet und A nicht entlassen wird. S und die F haben also eine rechtsgeschäftliche Zweckvereinbarung getroffen, nämlich verbindlich einen Grund für das Behaltendürfen der Bürgschaftsforderung vereinbart.

3. Da der nach dem Inhalt des Rechtsgeschäfts bezweckte Erfolg (keine Strafanzeige; keine Entlassung) nicht eingetreten ist, muss die F das durch die Leistung Erlangte herausgeben.

   S kann nach § 812 Abs. 1 S. 2 Alt. 2 Befreiung von der Bürgschaftsverbindlichkeit verlangen und daher dem Anspruch aus der Bürgschaftsforderung die Einrede der ungerechtfertigten Bereicherung gemäß § 821 entgegenhalten.

---

316 MünchKomm/Schwab § 821 Rn. 3.

317 So auch BeckOK/Wendehorst § 821 Rn. 3.

## II. Zuwendender verfolgt mit der Leistung neben der Erfüllung einer Verbindlichkeit weitere Zwecke

**190** Haben die Parteien einen wirksamen Vertrag abgeschlossen und sind beide gemeinsam davon ausgegangen, dass ein bestimmter Erfolg eintritt, so können tatbestandsmäßig die Voraussetzungen der **Störung der Geschäftsgrundlage** (§ 313) und die der Zweckverfehlung gemäß **§ 812 Abs. 1 S. 2 Alt. 2** eingreifen.

Nach der älteren Rspr.[318] ist auch bei Vorliegen eines wirksamen Vertrags § 812 Abs. 1 S. 2 Alt. 2 anwendbar, wenn der Bereicherungsgläubiger mit der Leistung einen über die Erfüllung des Vertrags hinausgehenden Erfolg herbeiführen wollte.

- Die Lit. ist dagegen zu Recht der Ansicht, dass bei Vorliegen einer Verbindlichkeit die Regeln der Störung der Geschäftsgrundlage vorrangig sind.[319] Dem hat sich auch die jüngere Rspr. angeschlossen.[320]

**Beispiel:** V verkauft der Stadt K notariell ein unbebautes Grundstück. Da beide Parteien davon ausgehen, dass auf dem Grundstück ein Kindergarten errichtet werden soll, vereinbaren sie die Hälfte des üblichen Kaufpreises. Die Stadt nimmt später von diesen Plänen Abstand und baut in einem anderen Stadtteil einen Kindergarten. V, der davon ausgegangen war, dass seine Kinder in den auf dem unbebauten Grundstück errichteten Kindergarten gehen können, verlangt das Grundstück zurück. Hat V einen bereicherungsrechtlichen Anspruch?

**I.** Ein Anspruch des V gegen K aus **§ 812 Abs. 1 S. 2 Alt. 1** besteht nicht, da V und K keine auflösende Bedingung i.S.v. § 158 Abs. 2 für den Fall vereinbart haben, dass der Kindergarten nicht auf dem Grundstück errichtet wird. Deshalb liegt kein nachträglicher Wegfall des rechtlichen Grundes vor.
**II.** V könnte aber einen Anspruch aus **§ 812 Abs. 1 S. 2 Alt. 2** haben.
Dabei ist jedoch fraglich, ob § 812 Abs. 1 S. 2 Alt. 2 überhaupt anwendbar ist, wenn – wie hier – die zurückgeforderte Zuwendung zur Erfüllung einer Verbindlichkeit erfolgte und ein weiterer Zweck mit der Leistung verfolgt wird.
**1.** Gegen die Anwendung dieser Vorschrift könnte sprechen, dass dadurch mit dem sich aus dem Vertragsrecht ergebenden Rechtsinstitut der Störung der Geschäftsgrundlage (§ 313) nicht erreichbare Rechtsfolgen erzielt werden und damit das Vertragsrecht unterlaufen werden könnte.
Ein Teil der Lit. und die neuere Rspr. gehen **deshalb** davon aus, dass § 812 Abs. 1 S. 2 Alt. 2 nicht anwendbar ist, wenn Leistungszweck die Erfüllung einer Verbindlichkeit ist. Wird der mit dem Verpflichtungsvertrag verfolgte **weitere** Zweck verfehlt, so sollen nur die Regeln der Leistungsstörung bzw. der Störung der Geschäftsgrundlage anwendbar sein. Danach haben **vertragliche Ansprüche** stets **Vorrang** vor solchen aus ungerechtfertigter Bereicherung. Leistungszweck war hier schon die Erfüllung der Verbindlichkeit aus § 433 Abs. 1. Folgt man dieser Ansicht, so scheidet eine bereicherungsrechtliche Rückforderung aus.
**2.** Nach der anderer Ansicht ist § 812 Abs. 1 S. 2 Alt. 2 auch dann anwendbar, wenn mit der Zuwendung außer der Erfüllung einer Verbindlichkeit weitere „angestaffelte Zwecke" verfolgt werden.[321] Erforderlich ist jedoch, dass der Zweck der Zuwendung **Inhalt des Rechtsgeschäfts** geworden ist und somit eine Einigung über den verfolgten Zweck erfolgte. Eine solch relevante Zweckvereinbarung liegt danach vor, wenn der Leistungszweck zwar vereinbart, aber nicht als einklagbare Verbindlichkeit ausgestaltet ist (dann Vorrang des Vertragsrechts). Ebenfalls soll eine solche Zweckvereinbarung dann nicht vorliegen, wenn der Zweck dem Vertrag unausgesprochen zugrunde gelegt wurde (dann § 313) oder bloß ein für den Vertragsschluss unbeachtliches Motiv ist. Die Zweckvereinbarung steht daher zwischen Motiv und rechtsgeschäftlicher Verpflichtung.[322]

---

318 Vgl. etwa BGH NJW 1973, 612, 613.
319 Looschelders § 54 Rn. 30.
320 BGH NJW 1992, 2690.
321 Vgl. Erman/Buck-Heeb § 812 Rn. 51 f.; Joost JZ 1985, 10, 13 m.w.N.
322 jurisPK/Martinek § 812 Rn. 60.

Da hier im notariellen Vertrag zwischen V und K keine Vereinbarung über den Zweck des Rechtsgeschäfts getroffen worden ist, scheidet auch nach dieser Ansicht ein Anspruch gemäß § 812 Abs. 1 S. 2 Alt. 2 aus.

## III. Ausschluss gemäß § 815

Der Bereicherungsanspruch aus § 812 Abs. 1 S. 2 Alt. 2 ist gemäß § 815 ausgeschlossen: 191

- wenn der Eintritt des bezweckten Erfolges **von vornherein unmöglich** war und der Leistende dies gewusst hat;

**Beispiel:** A bedrängt den 67-jährigen B, ihm einen übergroßen wertvollen Orientteppich zu verkaufen. B erklärt sich schließlich einverstanden, falls A ihn auf eine Reise in die Türkei mitnehme und versorge. Als A nach der Reise Übertragung des Teppichs verlangt, weigert sich B, weil sich inzwischen der wahre Eigentümer E gemeldet hat. Nunmehr verlangt A von B die Kosten der Reise. B weist zutreffend darauf hin, dass A gewusst hat, dass dem E der Teppich abhanden gekommen war.

**I.** Die Anspruchsvoraussetzungen des § 812 Abs. 1 S. 2 Alt. 2 liegen vor. A hat dem B eine Reise finanziert und ihn versorgt, um ihn zum Abschluss eines Veräußerungsgeschäfts über den Teppich zu veranlassen.
**II.** Der Anspruch ist gemäß § 815 ausgeschlossen, weil A wusste, dass der Teppich dem E abhanden gekommen war und damit der bezweckte Erfolg nicht eintreten konnte.

- wenn der Leistende den Eintritt des Erfolges **wider Treu und Glauben verhindert** hat. 192

**Beispiel:** Der V hat K notariell ein Grundstück verkauft. Dabei ist der Kaufpreis erheblich niedriger beurkundet worden. Beide wussten von der Formnichtigkeit, doch wollten sie durch Übereignung die Heilung gemäß § 311 b Abs. 1 S. 2 herbeiführen. Später verlangt V von K die erklärte Auflassung zurück. K weigert sich.

**I.** Die Anspruchsvoraussetzungen des § 812 Abs. 1 S. 2 Alt. 2 sind gegeben, da V dem K die Auflassung zugewandt hat, um die Heilung des Kaufvertrags herbeizuführen. Da V nunmehr seine Mitwirkung verweigert, kann die Heilungswirkung nicht mehr eintreten. Der Zweck, der mit der Leistung der Auflassung verfolgt wurde, kann nicht mehr erreicht werden.
**II.** Der Bereicherungsanspruch könnte jedoch gemäß § 815 ausgeschlossen sein.
**1.** V will durch seine Weigerung, das Eigentum auf K zu übertragen, den Eintritt des bezweckten Erfolges – die Heilung des Kaufvertrags – verhindern.
**2.** Da V zunächst erklärt hat, das Eigentum übertragen zu wollen, könnte seine nachträgliche Weigerung gegen Treu und Glauben verstoßen. Nach der überwiegenden Auffassung ist es aber keiner Partei verwehrt, sich auf die Formnichtigkeit eines Rechtsgeschäfts zu berufen. Wenn also keine weiteren besonderen Umstände gegeben sind, ist allein die Weigerung, daran mitzuwirken, dass der bezweckte Erfolg eintritt, nicht treuwidrig.[323]

# D. Bereicherungsanspruch gemäß § 813

Dem leistenden Schuldner steht gemäß §§ 812 Abs. 1 S. 1 Alt. 1, 813 ein Bereicherungsanspruch auch dann zu, wenn dem Anspruch auf Erfüllung der bestehenden Verbindlichkeit eine **dauernde Einrede** entgegenstand, sodass er nicht hätte durchgesetzt werden können. 193

Die Vorschrift des § 813 Abs. 1 stellt eine **eigenständige, den § 812 Abs. 1 S. 1 Alt. 1 erweiternde, Anspruchsgrundlage** dar.[324]

323 BGH RÜ 1999, 451 f.; Dubischar JuS 2002, 131, 133.
324 Palandt/Sprau § 813 Rn. 1.

Im Gegensatz zur Grundkonstellation des § 812 Abs. 1 S. 1 Alt. 1 wird der **Zweck der Leistung**, nämlich die Verbindlichkeit zu erfüllen, **erreicht**. Daher besteht zwar ein Rechtsgrund, dieser ist jedoch einredebehaftet. Nach § 813 steht der einredebehaftete Rechtsgrund einem Fehlen des Rechtsgrunds gleich.

## I. Voraussetzungen

194 Der Anspruch aus § 813 setzt zunächst eine **Leistung zur Erfüllung einer Verbindlichkeit** i.S.d. § 812 Abs. 1 S. 1 Alt. 1 voraus. Diesbezüglich gelten die Ausführungen zum Bereicherungsanspruch aus § 812 Abs. 1 S. 1 Alt. 1 entsprechend.

Ferner ist eine **dauerhafte Einrede** erforderlich.

- **Nur Einreden** fallen in den Anwendungsbereich des § 813. Dagegen haben Einwendungen zur Folge, dass der Rechtsgrund von vornherein nicht bestanden hat oder später weggefallen ist.

- **Nur dauernde** Einreden vermögen die Durchsetzung des Anspruchs letztlich zu verhindern („Geltendmachung des Anspruchs dauernd ausgeschlossen").

  Hierunter fallen z.B. diejenigen aus ungerechtfertigter Bereicherung (§ 821), aus unerlaubter Handlung (§ 853) oder aus anfechtbarer letztwilliger Verfügung nach Ablauf der Anfechtungsfrist (§§ 2083, 2345).[325]

  Von diesen dauernden Einreden ist die Einrede der Verjährung, § 214 Abs. 2, ausgenommen, § 813 Abs. 1 S. 2 („bleibt unberührt").[326] Auch die **Mängeleinreden, § 438 Abs. 4 S. 2** und **§ 634 a Abs. 4 S. 2** fallen unter die Ausnahme des § 813 Abs. 1 S. 2. Dies ergibt sich aus der in diesen Vorschriften erfolgten Bezugnahme auf § 218 Abs. 2 und damit auch auf § 214 Abs. 2.

  **Beispiel:** V verkauft an K im Juni 2018 einen Feuerlöscher. Als K diesen Weihnachten 2020 beim Brand des Weihnachtsbaumes einsetzen will, stellt sich heraus, dass er defekt ist. V verweigert sowohl die Nachlieferung eines neuen Feuerlöschers als auch die Rückzahlung des Kaufpreises. Er beruft sich auf Verjährung. Rechte des K?

  **I.** Ein Anspruch des K auf Nachlieferung aus §§ 439, 437 Nr. 1 oder auf Rückzahlung des Kaufpreises aus §§ 346, 437 Nr. 2 besteht nicht, da seine Mängelgewährleistungsansprüche verjährt sind (§ 438 Abs. 1 Nr. 3, Abs. 2) und V sich auf die Verjährung berufen hat.
  **II.** Auch ein Anspruch auf Rückzahlung des Kaufpreises aus §§ 812 Abs. 1 S. 1 Alt. 1, 813 Abs. 1 ist nicht gegeben. Zwar hätte der Käufer gemäß § 438 Abs. 4 S. 1 die Zahlung des Kaufpreises verweigern können. § 438 Abs. 4 S. 1 fällt jedoch in den Anwendungsbereich des § 813 Abs. 1 S. 2, sodass eine Rückforderung ausgeschlossen ist.

- Die **Einrede** muss grundsätzlich gerade gegenüber demjenigen bestehen, **dem gegenüber die Leistung erbracht wurde**.[327]

  **Beispiel:** Ein Bürge, dem wegen der Unwirksamkeit der Sicherungsvereinbarung nach § 768 Abs. 1 S. 1 eine dauerhafte Einrede gegen den Gläubiger zustand, kann das von ihm dennoch Geleistete nach § 813 Abs. 1 S. 1 vom Gläubiger zurückverlangen. Denn dieser Anspruch steht auch dem Bürgen zu, der zur Erfüllung seiner Bürgenschuld an den Gläubiger geleistet hat, obwohl er diesem eine

325 Vgl. weitere Beispiele bei Erman/Buck-Heeb § 813 Rn. 2.

326 Staudinger/Lorenz § 813 Rn. 13; Palandt/Sprau § 813 Rn. 5.

327 BGH NJW 2005, 2398, 2399.

peremptorische Einrede des Hauptschuldners über § 768 hätte entgegenhalten können. Weder der Wortlaut der Norm noch die Gesetzessystematik in § 813 oder § 768 bieten nämlich Anhaltspunkte für eine Differenzierung danach, ob eine peremptorische Einrede des Bürgen aus eigenem oder aus dem Recht des Hauptschuldners über § 768 resultiert.[328]

Die ganz h.M.[329] geht ferner davon aus, dass bei **verbundenen Geschäften** (§ 358 Abs. 3) die (anfängliche) Nichtigkeit des Kaufvertrags dem Käufer nicht nur das Recht gibt, die Kaufpreiszahlung zu verweigern, sondern auch die Möglichkeit, gemäß §§ 812 Abs. 1 S. 1 Alt. 1, 813 Abs. 1 S. 1 die gezahlten **Darlehensraten zurückzufordern**, wenn der Käufer gegenüber dem Verkäufer berechtigt ist, die Leistung zu verweigern, § 359. Die Vorschrift des § 359 stellt keine abschließende Regelung dar, die den Rückforderungsdurchgriff generell ausschließt, sondern der Gesetzgeber hat die Frage der Rückforderung bei dem verbundgeschäftlichen Dreiecksverhältnis bewusst der Rspr. und Lit. überlassen.[330] Es kann daher auf die allgemeine zivilrechtliche Regelung des § 813 zurückgegriffen werden, die unmittelbar anwendbar ist. 195

## II. Ausschlusstatbestände

Für den Anspruch gemäß § 813 Abs. 1 gelten die gleichen Ausschlussgründe wie für die Kondiktion aus § 812 Abs. 1 S. 1 Alt. 1, also **§ 814** und **§ 817 S. 2** analog. 196

# E. Bereicherungsanspruch gemäß § 817 S. 1

## I. Voraussetzungen

Der Anspruch aus § 817 S. 1 setzt voraus, dass der Zweck der Leistung in der Art bestimmt ist, dass der Empfänger **durch die Annahme gegen ein gesetzliches Verbot oder gegen die guten Sitten verstößt**. 197

Der **alleinige** Anwendungsbereich des Bereicherungsanspruchs aus § 817 S. 1 ist gering. Denn im Regelfall verstößt nicht nur die Annahme, sondern auch der schuldrechtliche Vertrag gegen § 138 oder § 134, sodass dann bereits die Kondiktion aus § 812 Abs. 1 S. 1 Alt. 1 einschlägig ist. Deshalb verbleiben für den alleinigen Anwendungsbereich des § 817 S. 1 in erster Linie Fälle, in denen **keine Verbindlichkeit** vorliegt und **keine Zweckverfehlung** gegeben ist.

**Beispiel:** D stiehlt bei E ein wertvolles Gemälde, um es gegen Lösegeld zurückzugeben. D erhält von E 20.000 € und gibt das Bild zurück.

**I.** Anspruch des E gegen D auf Rückzahlung der 20.000 €
**1.** Aus **§ 812 Abs. 1** besteht kein Rückgewähranspruch. E hat nämlich weder zur Erfüllung einer Verbindlichkeit gezahlt noch ist der mit der Zahlung verfolgte Zweck fehlgeschlagen, denn E hat das Bild zurückerhalten.
**2.** Anspruch aus **§ 817 S. 1**
**a)** Der Empfänger des Geldes, D, hat mit der Entgegennahme gesetzes- und sittenwidrig gehandelt. Er hat mit der Annahme des Geldes nämlich gegen § 253 StGB verstoßen.

---

328 BGH RÜ 2018, 85, 87.

329 Vgl. BGH RÜ 2008, 152; Erman/Saenger § 359 Rn. 5; BeckOK/Müller-Christmann § 359 Rn. 39.

330 Vgl. dazu AS-Skript Schuldrecht AT 2 (2020), Rn. 296.

Auf den Meinungsstreit, ob der Annehmende Kenntnis oder zumindest fahrlässige Unkenntnis vom Sitten- bzw. Gesetzesverstoß haben muss, kommt es hier nicht an, da D hier Kenntnis hatte.[331]
**b)** Da dem E mit der Leistung des Geldes kein Gesetzes- oder Sittenverstoß vorgeworfen werden kann, ist der Anspruch nicht nach § 817 S. 2 ausgeschlossen. E kann Rückzahlung der 20.000 € verlangen.
**II.** Anspruch des E gegen D aus **§ 823 Abs. 2** i.V.m. **§ 253 StGB** auf Schadensersatz
**1.** § 253 StGB (Erpressung) ist ein Schutzgesetz i.S.d. § 823 Abs. 2.
**2.** D hat mit der Nichtrückgabe gedroht und die Zahlung ist nach allen Ansichten eine taugliche Opferreaktion. Auch hat der D dem E einen Schaden zugefügt, weil D ohnehin zur Rückgabe des Bildes verpflichtet war und mit der Rückgabe keine Gegenleistung erbracht worden ist, durch die die Vermögensminderung des E ausgeglichen wurde. D hat somit eine Erpressung gemäß § 253 StGB begangen. Wegen dieser Schutzgesetzverletzung ist D zum Schadensersatz verpflichtet.

## II. Ausschluss gemäß § 817 S. 2

198 Nach § 817 S. 2 ist die Rückforderung ausgeschlossen, „wenn dem Leistenden gleichfalls ein solcher Verstoß zur Last fällt". Da der alleinige Regelungsbereich des § 817 S. 1 gering ist, kommt dem Ausschlusstatbestand des § 817 S. 2 nur eine große Bedeutung dadurch zu, dass die Vorschrift auf alle Fälle der Leistungskondiktion analog anwendbar ist (Rn. 131).

331 Vgl. Palandt/Sprau § 817 Rn. 8.

# 3. Abschnitt: Nichtleistungskondiktionen

Sonderfälle der Nichtleistungskondiktion enthalten § 816 und § 822. Sie sind vorrangig vor der allgemeinen Nichtleistungskondiktion aus § 812 Abs. 1 S. 1 Alt. 2 zu prüfen. 199

- Hat ein **Nichtberechtigter entgeltlich** über ein fremdes Recht wirksam verfügt, so besteht eine Herausgabepflicht gemäß **§ 816 Abs. 1 S. 1** (Rn. 200 ff.).
- Erfolgt die **Verfügung des Nichtberechtigten unentgeltlich**, ist der Empfänger gemäß **§ 816 Abs. 1 S. 2** zur Herausgabe verpflichtet (Rn. 206).
- Hat ein **Nichtberechtigter** eine Leistung in Empfang genommen, so ist er gemäß **§ 816 Abs. 2** zur Herausgabe des Geleisteten verpflichtet (Rn. 207 ff.).
- Ein **Dritter** ist zur Herausgabe verpflichtet, wenn er **unentgeltlich erworben** hat und infolgedessen die Verpflichtung zur Herausgabe der Bereicherung ausgeschlossen ist, **§ 822** (Rn. 211 f.).
- **§ 812 Abs. 1 S. 1 Alt. 2** erfasst die weiteren Fällen, in denen ein Vermögenswert **„in sonstiger Weise"**, d.h. nicht durch eine Leistung erlangt wird (Rn. 213 ff.).

Es lassen sich mithin fünf Fälle der Nichtleistungskondiktion unterscheiden, wobei man die allgemeine Nichtleistungskondiktion wiederum in drei Unterfälle untergliedern kann.

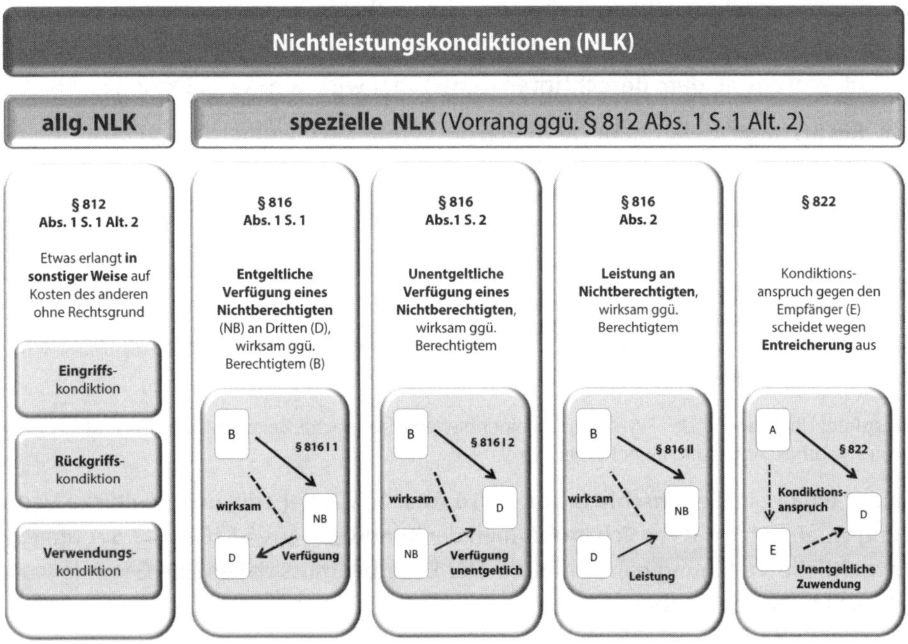


## A. Bereicherungsanspruch gemäß § 816 Abs. 1 S. 1

Die Bestimmung des § 816 Abs. 1 S. 1 soll dem Berechtigten einen bereicherungsrechtlichen Ausgleich dafür gewähren, dass sein Recht auf einen Dritten übertragen oder zugunsten eines Dritten belastet worden ist. Zweck der Vorschrift ist, dem bisherigen Ei- 200 gentümer beim gutgläubigen Erwerb eines Dritten einen schuldrechtlichen Anspruch für den Verlust des Eigentums zu verschaffen.

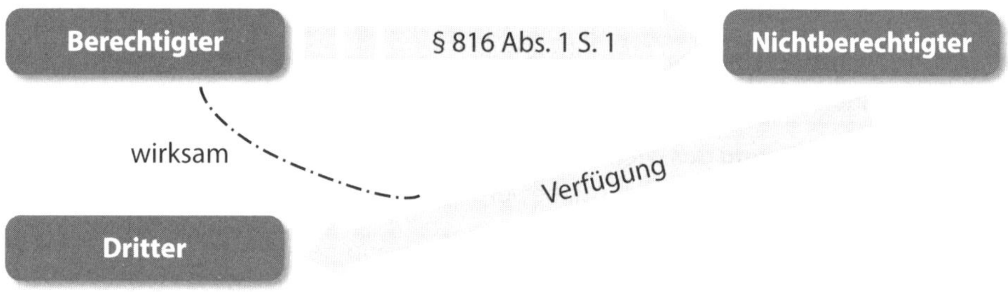


Daraus ergibt sich für den Anspruch aus § 816 Abs. 1 S. 1 folgendes Aufbauschema:

| Aufbauschema: Anspruch aus § 816 Abs. 1 S. 1 |
|---|
| **A. Voraussetzungen** |
| **I. Entgeltliche Verfügung**<br>Recht wird übertragen, belastet, inhaltlich verändert oder aufgehoben |
| **II. durch Nichtberechtigten**<br>Berechtigt ist verfügungsbefugter Eigentümer und wer kraft Gesetzes zur Verfügung befugt oder nach § 185 Abs. 1 zur Verfügung ermächtigt ist. |
| **III. Verfügung dem Berechtigten gegenüber wirksam** (§§ 932, 892, 185 Abs. 2) |
| **B. Rechtsfolge:** Herausgabe des durch die Verfügung Erlangten (h.M.: Erlös) |

## I. Voraussetzungen

### 1. Entgeltliche Verfügung

201 Eine Verfügung i.S.d. § 816 Abs. 1 S. 1 ist gegeben, wenn ein Recht übertragen, belastet, inhaltlich verändert oder aufgehoben wird.

**Beispiele:** Übertragung des Eigentums an einer beweglichen Sache; Belastung eines Grundstücks mit einer Hypothek; Abtretung einer Forderung

Ferner ergibt ein **Gegenschluss aus § 816 Abs. 1 S. 2**, der eine unentgeltliche Verfügung voraussetzt, dass es sich im Rahmen der Kondiktion aus § 816 Abs. 1 S. 1 um eine **entgeltliche** Verfügung handeln muss. Der Erwerber muss daher eine Gegenleistung erbracht haben oder erbringen sollen.[332]

### 2. Verfügung durch einen Nichtberechtigten

Berechtigt ist der verfügungsbefugte Eigentümer und derjenige, der kraft Gesetzes zur Verfügung befugt ist, sowie derjenige, der nach § 185 Abs. 1 zur Verfügung ermächtigt ist. Nicht berechtigt ist danach

332 Looschelders § 55 Rn. 19.

- derjenige, der überhaupt nicht oder nur mit einem anderen am Gegenstand berechtigt ist (Bruchteils- oder Gesamthandsberechtigung);
- derjenige, dessen Verfügungsrecht kraft Gesetzes auf einen anderen (Insolvenz-, Nachlassverwalter oder Testamentsvollstrecker) übertragen worden ist;
- derjenige, der sein belastetes Recht unbelastet überträgt.

### 3. Verfügung dem Berechtigten gegenüber wirksam

Schließlich muss die Verfügung dem Berechtigten gegenüber wirksam sein. Das ist der Fall beim

- gutgläubigen Erwerb von beweglichen Sachen, **§§ 932 ff.**,
- gutgläubigen Erwerb von Grundstücken und Grundstücksrechten (z.B. Hypothek, Grundstück), **§ 892**,
- gutgläubigen Erwerb vom Erbscheinserben, § 2366,
- Wirksamwerden nach **§ 185 Abs. 2**.

## II. Rechtsfolge

Als Rechtsfolge verpflichtet § 816 Abs. 1 S. 1 den Verfügenden zur „Herausgabe des durch die Verfügung Erlangten". Was darunter im Einzelnen zu verstehen ist, wird nicht einheitlich beurteilt. 202

- Zum Teil wird angenommen, dass der Verfügende (nur) zum Wertersatz gemäß § 818 Abs. 2 verpflichtet ist.[333]
- Demgegenüber ist nach **h.M.** der Anspruchsinhalt auf die Gegenleistung, also auf den **Erlös** gerichtet.[334] Dies gilt auch dann, wenn der erzielte Erlös den objektiven Wert des veräußerten Gegenstandes übersteigt.[335]

  Für die h.M. streitet die systematische Auslegung der Vorschrift im Zusammenhang mit § 816 Abs. 1 S. 2: Obgleich der Schenker auch die Befreiung von der Verbindlichkeit erlangt, richtet das Gesetz den Kondiktionsanspruch nämlich gegen den Beschenkten. Dies spricht dafür, dass der Gesetzgeber davon ausgeht, dass der Schenker nichts erlangt. Hinzu kommt, dass § 816 Abs. 1 S. 1 ein Ersatz für den verlorengegangenen Anspruch aus § 985 ist und der Besitzer gemäß § 993 Abs. 1 auch Übermaßfrüchte in vollem Umfang herauszugeben hat.[336]

  Ferner überzeugt die Erwägung, dass der Mehrerlös auf der besonderen Geschäftstüchtigkeit des Nichtberechtigten beruht, letztlich nicht. Denn es ist allein Sache des Eigentümers, den Gegenstand zu veräußern.[337]

---

333 MünchKomm/Schwab § 816 Rn. 41 f.

334 Vgl. Palandt/Sprau § 816 Rn. 10 m.w.N.

335 Looschelders § 55 Rn. 24.

336 BeckOK/Wendehorst § 816 Rn. 17.

337 Looschelders § 55 Rn. 26.

### III. Klausurtypische Fallgestaltungen

#### 1. Ansprüche des Berechtigten, wenn der Nichtberechtigte wirksam entgeltlich verfügt hat

203 Erwirbt ein Dritter entgeltlich gutgläubig eine Sache, so hat der ursprüngliche Eigentümer gegen denjenigen, der als Nichtberechtigter verfügt hat, einen Anspruch auf Herausgabe des Erlöses.

**Fall 17: Verwahrtes veräußert**

B hat bei N ein Gemälde (Wert: 7.500 €) in Verwahrung gegeben, weil N das Bild restaurieren lassen soll. Der erheblich verschuldete N verkauft das Bild jedoch umgehend an die gutgläubige E für 11.000 €. Welche Ansprüche stehen B zu, wenn der Verwahrungsvertrag N–B unwirksam war und N Kenntnis davon hatte?

Hinweis: Schadensersatzansprüche sind nicht zu prüfen.

A. B könnte gegen N einen Anspruch aus **§ 285** haben.

Dies setzt voraus, dass zwischen B und N ein **Schuldverhältnis** bestand und dem N die Erfüllung der Leistungspflicht aus diesem Schuldverhältnis unmöglich geworden ist.
Da der **Verwahrungsvertrag unwirksam** war und die durch § 985 begründete Beziehung zwischen dem Eigentümer und dem Besitzer kein Schuldverhältnis i.S.d. § 285 darstellt, scheidet ein Anspruch aus § 285 aus. Auf den dinglichen Anspruch aus § 985 findet § 285 keine Anwendung.[338]

B. B könnte gegen N einen Anspruch gemäß **§§ 687 Abs. 2, 681 S. 2, 667** haben.

I. N hat mit der Veräußerung ein objektiv fremdes Geschäft getätigt, denn die Eigentumsübertragung ist ein Geschäft des Eigentümers. Da N wusste, dass er nicht Eigentümer war, hat er in Kenntnis der Fremdheit die Eigentumsübertragung vorgenommen, sich also ein **fremdes Geschäft angemaßt**.

II. Gemäß §§ 687 Abs. 2, 681 S. 2, 667 ist er verpflichtet, das durch die Geschäftsanmaßung Erlangte an B herauszugeben.

Daher hat B gegen N einen Anspruch auf Erstattung von 11.000 €.

C. B könnte gegen N einen Anspruch aus **§ 816 Abs. 1 S. 1** haben.

I. N, der nicht Eigentümer des Gemäldes war, hat mit der Übertragung an E als **Nichtberechtigter verfügt**.

II. Diese **Verfügung des N** war dem **B gegenüber** gemäß §§ 929, 932 **wirksam**.

III. Rechtsfolge ist gemäß § 816 Abs. 1 S. 1, dass der Nichtberechtigte das durch die Verfügung **Erlangte herausgeben** muss. Was von dieser Herausgabeverpflichtung im Einzelnen erfasst wird, ist umstritten.

338 Palandt/Grüneberg § 285 Rn. 4; AS-Skript Sachenrecht 1 (2020), Rn. 503.

Bei wortgetreuer Gesetzesanwendung hätte N durch die Verfügung die Befreiung von seiner Verbindlichkeit gegenüber dem Dritten aus § 433 Abs. 1 S. 1 gemäß § 362 Abs. 1 erlangt.[339] Da diese nicht herausgegeben werden kann, ist dafür gemäß § 818 Abs. 2 Wertersatz zu leisten. Wertersatz bedeutet grundsätzlich, dass der **objektive Wert** zu ersetzen ist, also hier 7.500 €.

Überwiegend wird jedoch als „das Erlangte" der erzielte Erlös, in der Regel also der vom Nichtberechtigten erhaltene Kaufpreis, angesehen.[340] Dies sind hier 11.000 €.

B hat gegen N einen Anspruch i.H.v. 11.000 € gemäß § 816 Abs. 1 S. 1.

**Abwandlung zu Fall 17:**

Ändert sich in Bezug auf den Anspruch aus § 816 etwas, wenn N das Gemälde für 6.000 € an E veräußert?

Aus § 816 Abs. 1 S. 1 ergibt sich nur ein Anspruch auf Herausgabe der erzielten 6.000 €. Nach dieser Vorschrift ist nämlich **immer nur der erzielte Erlös** herauszugeben, weil sonst der Bereicherte über den Umfang seiner Bereicherung hinaus in Anspruch genommen würde.[341]

---

## 2. Anwendung des § 816 Abs. 1 S. 1 auf zunächst unwirksame Verfügungen

Hat der Nichtberechtigte eine Verfügung getroffen, die dem Berechtigten gegenüber **unwirksam** ist, so kann die Verfügung gemäß § 185 Abs. 2 durch **Genehmigung** des Berechtigten Wirksamkeit erlangen. 204

- Ist die Sache des Berechtigten zerstört worden oder nicht mehr auffindbar, so wird der Berechtigte die Verfügung des Nichtberechtigten genehmigen und aus § 816 Abs. 1 S. 1 vorgehen (Rn. 205).
- Ist hingegen die Sache noch vorhanden, so kann der Berechtigte wählen: Er kann gemäß § 985 die vorhandene Sache herausverlangen und den durch die Vorenthaltung des Besitzes entstandenen Schaden und für eine etwaige Beschädigung der Sache Ersatz verlangen **oder** die Verfügung des Nichtberechtigten genehmigen und den Anspruch aus § 816 Abs. 1 S. 1 geltend machen.

## 3. Ansprüche des Berechtigten, wenn die Sache zerstört worden ist

Ist die Verfügung zunächst unwirksam, so kann der Berechtigte diese noch genehmigen, selbst wenn die Sache zerstört ist. Dabei ist jedoch streitig, ob bereits die Klage- 205

339 Vgl. Staudinger/Lorenz § 816 Rn. 23 ff.
340 BGH NJW 1997, 190, 191; BeckOK/Wendehorst § 816 Rn. 16.
341 Staudinger/Lorenz § 816 Rn. 23.

erhebung auf Herausgabe des Erlöses die konkludente Genehmigung enthält, da dann der Berechtigte das Risiko trägt, den erzielten Erlös herauszubekommen, oder ob die Genehmigung nur Zug um Zug gegen Herausgabe des Erlöses erteilt wird.

**Fall 18: Urlaubsüberraschung**

Während H im Sommerurlaub auf Sylt weilt, wird in seine heimische Villa in Siegburg eingebrochen. H werden dabei zwei wertvolle Teppiche gestohlen. Die Diebin D wird später gefasst. Sie berichtet, dass sie die Teppiche an den N verkauft hat, dem sie erfolgreich vorspiegeln konnte, die Teppiche aus dem Iran mitgebracht zu haben. N hat die Teppiche wiederum mit 1.000 € Aufschlag für 6.300 € an seinen Kunden E verkauft. Dort werden die beiden Teppiche bei einem Zimmerbrand zerstört. Der objektive Wert der Teppiche betrug 5.000 €.

Hat H gegen N bzw. gegen D Herausgabeansprüche?

Hinweis: Schadensersatzansprüche sind nicht zu prüfen.

A. **Ansprüche H gegen N auf Herausgabe des Erlöses i.H.v. 6.300 €**

I. Ein Erlösanspruch gemäß **§ 285** besteht nicht, da die Vorschrift auf den dinglichen Anspruch aus § 985 nicht anwendbar ist.

II. Auch ein Anspruch auf Herausgabe des Erlöses gemäß **§§ 687 Abs. 2, 681 S. 2, 667** ist nicht gegeben, weil N nicht bewusst ein fremdes Geschäft als eigenes geführt hat.

III. H könnte gegen N einen Anspruch auf Herausgabe des Erlöses gemäß **§ 816 Abs. 1 S. 1** haben.

1. N, der wegen § 935 an den gestohlenen Teppichen kein Eigentum erwerben konnte, hat als Nichtberechtigter über die Teppiche verfügt.

   *Für die Anwendbarkeit des § 816 ist nicht erforderlich, dass die Verfügung von Beginn an wirksam ist. Es genügt, wenn die zunächst unwirksame Verfügung später wirksam wird. Damit die Rechtsfolge des § 816 eingreifen kann, ist aber erforderlich, dass die Verfügung wirksam geworden ist.*[342]

2. Auch die Verfügung des N an E war zunächst unwirksam, da auch E wegen **§ 935** die Teppiche nicht gutgläubig erwerben konnte. Die Verfügung wird jedoch wirksam, wenn H sie gemäß § 185 Abs. 2 **genehmigt**.

   a) Zwar sind dann die Teppiche im Zeitpunkt der Abgabe der Genehmigungserklärung nicht mehr vorhanden. Dennoch kann die Genehmigung wirksam erteilt werden, weil sie auf den Zeitpunkt der Vornahme der Verfügung zurückwirkt, **§ 184**. Die Rechtslage ist also so zu beurteilen, als hätte E im Zeitpunkt der Übertragung der Teppiche von N auf E das Eigentum erworben.[343]

342 Brauer/Rossmann JA 2001, 114, 115.

343 BeckOK/Wendehorst § 816 Rn. 14.

b) Die Genehmigung hat gemäß § 185 Abs. 2 zur Folge, dass der Erwerber E das Eigentum an den Teppichen erwirbt. Nach § 184 wirkt dieser Eigentumserwerb auf den Zeitpunkt der Verfügung zurück. Doch führt diese rückwirkende Genehmigung nicht dazu, dass der Nichtberechtigte N zum Berechtigten i.S.d. § 816 Abs. 1 wird. **Auch nach der Genehmigung bleibt der Verfügende Nichtberechtigter.**[344]

c) Da mit der Genehmigung der Erwerb des Rechts und damit auch der Rechtsverlust beim Berechtigten eintritt, besteht für den Rechtsinhaber die Gefahr, dass er nichts erhält: Den Gegenstand erhält er nicht mehr zurück, weil die Verfügung wirksam geworden ist. Den Erlös erhält er nicht, falls der Verfügende vermögenslos geworden ist. Die Rspr. hat teilweise bereits in der Klageerhebung auf Herausgabe des Erlöses konkludent die Genehmigung der Verfügung erkannt.[345] Demnach trägt der Genehmigende das Risiko, dass er vom nichtberechtigt Verfügenden tatsächlich den erzielten Erlös herausbekommt.

   Mit Rücksicht auf die Risikoverteilung geht die Lit. hingegen davon aus, dass die **Genehmigung nur Zug um Zug gegen die Herausgabe des Erlöses** erteilt wird, der Genehmigende also sein Eigentum erst Zug um Zug gegen den tatsächlichen Erhalt des Erlöses verliert.[346]

   Wenn H also die Verfügung des N zugunsten des E – die Eigentumsübertragung – genehmigt, wird diese wirksam. Die Voraussetzungen des § 816 Abs. 1 S. 1 liegen dann vor.

3. Als Rechtsfolge muss N das durch die Verfügung Erlangte, also den erzielten Erlös, herausgeben.

   Die Erwerbskosten, die N an die D gezahlt hat, sind nicht gemäß § 818 Abs. 3 abzugsfähig. Sie können nicht als Wegfall der Bereicherung berücksichtigt werden.[347]

   Solange N die Teppiche noch im Besitz hatte, hätte er den Besitz gemäß § 985 an H herausgeben müssen, ohne sich darauf berufen zu können, er habe an D den Kaufpreis gezahlt. Nach der Veräußerung tritt § 816 Abs. 1 an die Stelle des § 985. Wird nun E nach der Veräußerung gemäß § 816 Abs. 1 in Anspruch genommen, so muss das Gleiche gelten.

H wird die Genehmigung Zug um Zug gegen Zahlung des von E gezahlten Kaufpreises in Höhe von 6.300 € erteilen.

---

344 Staudinger/Lorenz § 816 Rn. 9.

345 Vgl. etwa BGH BGHZ 106, 381, 390.

346 BeckOK/Wendehorst § 816 Rn. 13; Staudinger/Lorenz § 816 Rn. 9.

347 Palandt/Sprau § 816 Rn. 22.

B. **Ansprüche des H gegen D**

I. Erlösanspruch gemäß **§§ 687 Abs. 2, 681, 667**

Die Weiterveräußerung der Teppiche enthielt eine Geschäftsanmaßung. D muss das dadurch Erlangte herausgeben, also 5.300 €.

II. Erlösanspruch aus **§ 816 Abs. 1 S. 1**

D hat als Nichtberechtigter eine Verfügung getroffen, die jedoch mit Rücksicht auf § 935 unwirksam war, sodass ein Erlösanspruch gemäß § 816 Abs. 1 S. 1 nur besteht, wenn H die Verfügung der D genehmigt.

---

## B. Bereicherungsanspruch gemäß § 816 Abs. 1 S. 2

206 Hat der Nichtberechtigte wirksam aufgrund eines unentgeltlichen Vertrags verfügt, dann erlangt er durch die Verfügung keinen Vermögenswert. Zum Schutze des Berechtigten ist in § 816 Abs. 1 S. 2 aber geregelt, dass der **Berechtigte von dem unentgeltlichen Erwerber** den Gegenstand herausverlangen kann, obwohl dieser nach den Regeln des Erwerbs vom Nichtberechtigten diesen Gegenstand – dinglich – wirksam erworben hat. Die Vorschrift beruht auf dem Gedanken, dass der unentgeltliche Erwerber **nicht schutzbedürftig** ist.

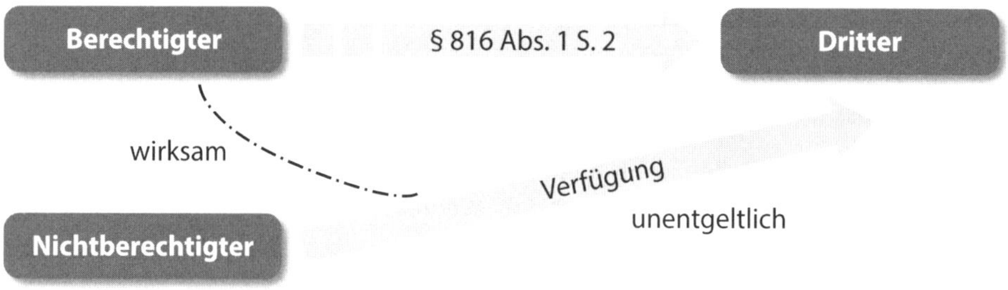


**Beispiel:** B hat N eine wertvolle Vase verkauft und übereignet. N schenkt die Vase seiner Tochter E. Nunmehr stellt sich heraus, dass der Kaufvertrag und die Übereignung B–N unwirksam sind.

B ist berechtigt, von der E, die gemäß §§ 929, 932 gutgläubig das Eigentum erworben hat, die Vase gemäß § 816 Abs. 1 S. 2 herauszuverlangen.

***Klausurhinweis:*** *Gegen den Nichtberechtigten (im obigen Beispiel N) kommen Ansprüche aus § 280 Abs. 1, aus den §§ 677 ff. und aus § 823 in Betracht.*[348]

Der § 816 Abs. 1 S. 2 hat folgende **Voraussetzungen:**

- Wirksame **Verfügung eines Nichtberechtigten** (vgl. Rn. 201)
- **Unentgeltlichkeit** der Verfügung
  - Der Begriff der Unentgeltlichkeit i.S.d. § 816 Abs. 1 S. 2 entspricht dem in **§ 516** verwendeten und liegt dann vor, wenn die Zuwendung **unabhängig von einer Ge-**

---

348 Looschelders § 55 Rn. 28.

**genleistung** erfolgt.[349] Hierzu genügt ein grobes Missverhältnis nicht. Liegt hingegen eine gemischte Schenkung vor, ist § 816 Abs. 1 S. 2 auf die gesamte Verfügung anwendbar.

- Streitig ist, ob die **Rechtsgrundlosigkeit** der Unentgeltlichkeit gleichgestellt werden kann.

  Wenn der Nichtberechtigte aufgrund eines unwirksamen Vertrags verfügt hat, so erlangt er – wie im Falle der unentgeltlichen Verfügung – keinen Anspruch auf die Gegenleistung. Der Erwerber ist nicht verpflichtet, ein Entgelt zu entrichten. Mit Rücksicht auf diese Sachlage könnte es geboten sein, den rechtsgrundlosen Erwerb dem unentgeltlichen Erwerb gleichzustellen und deshalb § 816 Abs. 1 S. 2 analog anzuwenden.

  Dies wurde früher zum Teil in der Lit. vertreten,[350] wird aber von der inzwischen ganz h.M. abgelehnt, da der rechtsgrundlose entgeltliche Erwerber deutlich schutzwürdiger als der unentgeltliche Erwerber ist. [351] Vor allem darf dem Erwerber (E) nicht die Möglichkeit abgeschnitten werden, die Rückgabe der Sache an den Nichtberechtigten (N) bis zur Rückzahlung des Kaufpreises zu verweigern. Daher kann der Berechtigte (B) von N nach § 816 Abs. 1 S. 1 Abtretung des Bereicherungsanspruchs gegen E fordern und E kann dem B gemäß § 404 die gegen N bestehenden Einreden entgegen halten, sog. Lehre von der **„Doppelkondiktion"**.[352]

  **Beispiel:** B verkauft N ein Fahrrad, dieser verkauft es wiederum an E. Nun stellt sich heraus, dass sowohl der erste als auch der zweite Kaufvertrag unwirksam sind. Zudem ist auch die erste Übereignung unwirksam. Rechtslage?

  B hat gegen N und N gegen E einen Anspruch aus § 812 Abs. 1 S. 1 Alt. 1. Jedoch besteht für B gegen N kein Verschaffungsanspruch.

  Fraglich ist, ob auch ein Anspruch des B gegen E aus § 816 Abs. 1 S. 2 besteht. N hat als Nichtberechtigter verfügt, da die Eigentumsübertragung an ihn fehlgeschlagen ist. Die Verfügung ist dem B aber gegenüber wirksam (§§ 929, 932). B hat allerdings **nicht unentgeltlich** verfügt. Da kein Rechtsgrund bestand, der E daher nicht zur Zahlung verpflichtet war, könnte man den rechtsgrundlosen dem unentgeltlichen Erwerb gleichstellen. Die ganz h.M. lehnt jedoch die Anwendung des § 816 Abs. 1 S. 2 auf die Fälle der rechtsgrundlosen Verfügung ab. Der E hat nämlich ein schutzwürdiges Interesse daran, sich nur mit seinem Vertragspartner N auseinandersetzen zu müssen.[353]

***Klausurhinweis:*** *Beachten Sie den Unterschied zwischen § 816 Abs. 1 S. 2 und § 822. Ein Anspruch aus § 816 Abs. 1 S. 2 kommt in Betracht, wenn ein dinglich Nichtberechtigter tätig wird, während § 822 bei einer Verfügung des dinglich Berechtigten Anwendung findet.*

349 Palandt/Weidenkaff § 516 Rn. 8.

350 Grunsky JZ 1962, 207.

351 Vgl. Looschelders § 55 Rn. 29 m.w.N.

352 BeckOK/Wendehorst § 812 Rn. 265.

353 Palandt/Sprau § 816 Rn. 16 ff.

## C. Bereicherungsanspruch gemäß § 816 Abs. 2

**207** Während § 816 Abs. 1 den gutgläubigen Rechtserwerb gegen schuldrechtliche Rückgewähransprüche abschirmt, sichert § 816 Abs. 2 die gutgläubig erlangte (oder aus anderen Gründen gesetzlich gestattete) Schuldbefreiung gegen die Notwendigkeit ab, die Leistung beim falschen Gläubiger mühsam beitreiben und an den wahren Gläubiger nach wie vor leisten zu müssen.[354]

Deshalb hat bei einer Leistung an einen Nichtberechtigten, die dem Berechtigten gegenüber wirksam ist, der Nichtberechtigte dem Berechtigten gemäß § 816 Abs. 2 das Geleistete herauszugeben. **Hauptanwendungsfall** ist die in **§ 407** geregelte Konstellation, dass der Schuldner in Unkenntnis der Abtretung an den bisherigen Gläubiger leistet.[355]

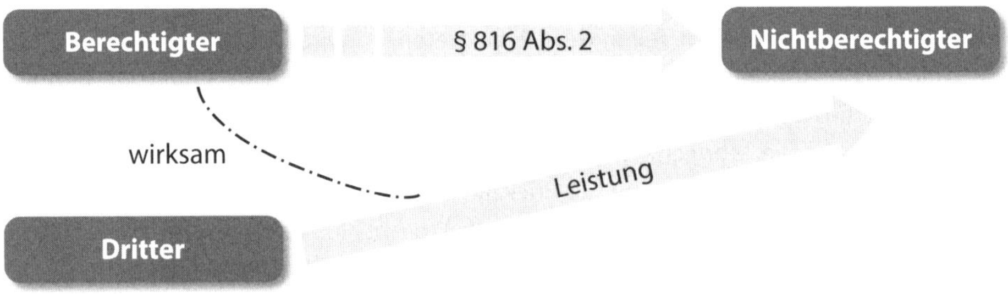


### I. Leistung an den bisherigen Gläubiger

**208** Der Neugläubiger kann von dem bisherigen Gläubiger die vom Schuldner nach der Abtretung erbrachte Leistung gemäß § 816 Abs. 2 herausverlangen, es sei denn, dem Schuldner war die **Abtretung** bekannt.

Der Schuldner wird durch die Leistung an den bisherigen Gläubiger gemäß **§ 407** befreit. Das gilt auch in den Fällen der Mehrfachabtretung, **§ 408**. Nach h.M. steht dem Schuldner ein Wahlrecht zu. Er kann es bei der gesetzlichen Regelung belassen und sich auf die Befreiung berufen oder gemäß § 812 Abs. 1 S. 1 Alt. 1 vom Nichtberechtigten die erbrachte Leistung zurückfordern.

**Beispiel:** L schuldet dem N aus einem Darlehensvertrag 6.000 €. N tritt die Forderung an B ab. Später zahlt L an N. Kann B von L noch Zahlung verlangen? Kann L gemäß § 812 Abs. 1 S. 1 Alt. 1 von N Rückzahlung verlangen, um die Verpflichtung gegenüber B zu erfüllen?

**I.** L kann sich gegenüber B auf § 407 berufen und es dem B überlassen, von N den gezahlten Darlehensbetrag gemäß § 816 Abs. 2 herauszuverlangen.
**II.** Anspruch des L gegen N gemäß § 812 Abs. 1 S. 1 Alt. 1
**1.** N hat etwas erlangt.
**2.** Durch Leistung des L, der nämlich die vermeintliche Darlehensverpflichtung erfüllen wollte.
**3.** Ohne Rechtsgrund: Der Zweck, die Darlehensverbindlichkeit zu erfüllen, ist zwar gemäß § 407 erreicht, jedoch ist der Schuldner entsprechend dem Schutzzweck des § 407 frei, ob er den Schutz des § 407 in Anspruch nehmen will oder nicht.[356]
L hat danach einen Rückzahlungsanspruch gegen N.

354 MünchKomm/Schwab § 816 Rn. 73.

355 Looschelders § 55 Rn. 30.

356 BGH BGHZ 102, 68, 71; a.A. OLG Dresden mit Anm. Karst MDR 1995, 559.

## II. Leistung an einen Nichtberechtigten i.S.d. § 851

Der § 851 gewährleistet den Schutz des Schadensersatzpflichtigen mit denselben Mitteln, die das Gesetz auch in den §§ 407 ff. im Zusammenhang mit der Abtretung einer Forderung zur Anwendung bringt. Reguliert der Schädiger den eingetretenen Schaden und zahlt hierzu gutgläubig an den bisherigen Besitzer der zerstörten oder beschädigten Sache, soll er vor einer erneuten Inanspruchnahme durch den tatsächlichen Anspruchsinhaber bewahrt werden.[357] 209

**Beispiel:** B vermietet an N einen Lkw. Autofahrer A verursacht schuldhaft einen Unfall mit dem Lkw, bei dem der Lkw beschädigt wird. A zahlt deshalb an N Schadensersatz i.H.v. 1.800 €. N lässt den Lkw nicht reparieren. B verlangt als Eigentümer von A Ersatz.

**I.** B kann von A gemäß § 7 StVG und § 823 wegen der Beschädigung seines Lkw Schadensersatz verlangen. Doch hat A an N, den Besitzer des Fahrzeugs, Ersatz geleistet. Gemäß § 851 wirkt die Zahlung des A an N auch gegenüber dem Berechtigten B. A ist nicht verpflichtet, an B Schadensersatz zu leisten.
**II.** B kann gemäß § 816 Abs. 2 von N den von A geleisteten Betrag herausverlangen.

## III. Unwirksame Leistung an den Nichtberechtigten ist genehmigungsfähig

Die Vorschrift des § 816 Abs. 2 greift auch dann ein, wenn die Leistung an den Nichtberechtigten **unwirksam** war, aber später vom Berechtigten **genehmigt** wird, § 185 Abs. 2. 210

**Beispiel:** B hat L ein Darlehen in Höhe von 14.000 € gewährt. N spiegelt L unter Vorlage einer gefälschten Abtretungsurkunde vor, B habe die Forderung an ihn abgetreten. L zahlt an N. B genehmigt die Zahlung und kann gemäß § 816 Abs. 2 von N den gezahlten Darlehensbetrag herausverlangen.

***Klausurhinweis:*** *Achten Sie insbesondere darauf, ob eine* ***konkludente Genehmigung*** *vorliegt. So kann etwa nach der Ansicht der Rspr. in der* ***Klageerhebung*** *regelmäßig die Genehmigung der Leistung an einen Nichtberechtigten gesehen werden.*[358]

# D. Durchgriffskondiktion nach § 822

Der Anspruch aus § 822 hat mit dem aus § 816 Abs. 1 S. 2 gemein, dass der Erwerber das dinglich wirksam erworbene Recht nicht behalten darf, weil er aufgrund der **Unentgeltlichkeit** des Erwerbs nicht schutzbedürftig ist. Während es jedoch bei § 816 Abs. 1 S. 2 um die Verfügung eines Nichtberechtigten geht, betrifft § 822 den Fall, dass ein **Berechtigter verfügt** hat. 211

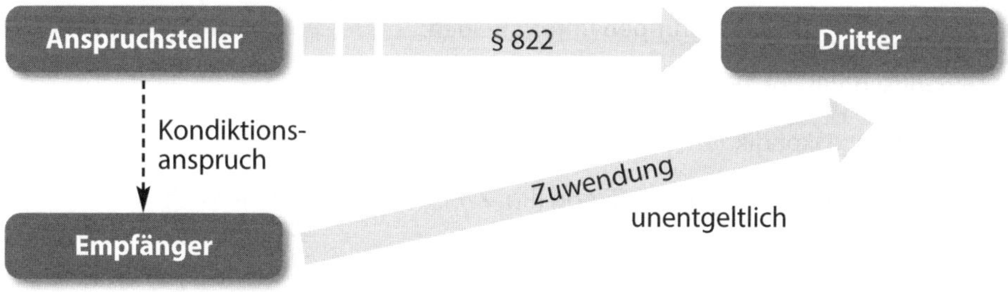


357 MünchKomm/Wagner § 851 Rn. 1.
358 BGH RÜ 2012, 554, 556.

**Beispiel:** Oma Inge (O) kauft im Autohaus des A einen Audi, der im Rahmen einer Sonderaktion sehr günstig angeboten wird. Sie schenkt ihn ihrer Enkelin Julia (E) zum bestandenen Examen. Nunmehr stellt sich heraus, dass der Kaufvertrag unwirksam ist. A fragt nach seinen Rechten.

**I.** Ein Anspruch des A gegen O aus **§ 812 Abs. 1 S. 1 Alt. 1** auf Herausgabe des Audis oder auf entsprechenden Wertersatz scheidet aus, denn O hat den Pkw verschenkt und ist somit nicht mehr bereichert, § 818 Abs. 3.
**II.** A könnte jedoch gegen E einen Anspruch auf Herausgabe des Audis aus **§ 822** haben.
**1.** A hatte **ursprünglich** einen Bereicherungsanspruch aus **§ 812 Abs. 1 S. 1 Alt. 1** gegen die O auf Herausgabe des Audis.
**2.** O hat das Erlangte **unentgeltlich** ihrer Enkelin zugewandt.
**3. Infolgedessen** ist der Bereicherungsanspruch des A gegen O ausgeschlossen.
**4.** Als Rechtsfolge ist E zur Herausgabe verpflichtet, wie wenn sie die Zuwendung von A ohne rechtlichen Grund erhalten hätte, mit der Folge, dass sie nicht nur den Audi herausgeben, sondern auch Wertersatz für die gezogenen Nutzungen leisten muss. Gemäß § 818 Abs. 3 ist der Wertersatzanspruch ausgeschlossen, soweit E nicht mehr bereichert ist, also einwenden kann, dass sie keine Aufwendungen erspart hat.

212 Umstritten und nicht selten klausurrelevant ist, ob im **Fall der Vermögenslosigkeit** des ursprünglichen Bereicherungsschuldners der Bereicherungsanspruch aus **§ 822 analog** anwendbar ist.

**Beispiel:** O, die inzwischen insolvent ist, wusste, dass der Kaufvertrag mit A unwirksam war und verschenkt trotzdem den Audi an E.

**I.** Einem Anspruch des A gegen O steht § 818 Abs. 3 nicht entgegen, denn O war bösgläubig und kann sich daher nicht auf Entreicherung berufen. Ferner hat A gegen sie einen Schadensersatzanspruch aus §§ 819, 818 Abs. 4, 292, 989, 990. Allerdings ist O insolvent.
**II.** Es stellt sich daher die Frage, ob A gegen E vorgehen kann. Mit der Erwägung, dass der Dritte (hier also E) beim Erwerb vom Bösgläubigen nicht besser dastehen dürfe, als wenn er vom Gutgläubigen erworben hätte, wird in der neueren Lit. teilweise eine analoge Anwendung des § 822 bei Insolvenz des ursprünglichen Bereicherungsschuldners bejaht.[359]

Die h.M.[360] lehnt eine solche Erweiterung jedoch ab. Dafür spricht der klare Wortlaut des § 822. Der Anspruch gegen den Dritten wird nur gewährt, wenn **„die Verpflichtung"** des Empfängers nicht mehr besteht, der Anspruch gegen ihn also aus Rechtsgründen erloschen ist. § 822 soll den Gläubiger vor dem Risiko der Weitergabe durch einen gutgläubigen Schuldner und nicht vor der Insolvenz des Schuldners schützen.

## E. Bereicherungsanspruch gemäß § 812 Abs. 1 S. 1 Alt. 2

213 Schon der Wortlaut des § 812 Abs. 1 S. 1 Alt. 2 („in sonstiger Weise") macht deutlich, dass diese Kondiktion grundsätzlich für alle Fälle der ungerechtfertigten Bereicherung gelten soll, bei denen ein Vermögensvorteil **nicht durch Leistung** erlangt wird. Dabei lassen sich die folgenden Fallgruppen unterscheiden:

- Eingriffskondiktion (Rn. 214 ff.),
- Verwendungskondiktion (Rn. 226 f.) und
- Rückgriffs- oder Auslagenkondiktion (Rn. 228).

359 Thomaso/Weinbrenner Jura 2004, 649, 655.
360 BGH NJW 1999, 1028, 1029; Staudinger/Lorenz § 822 Rn. 2; BeckOK/Wendehorst § 822 Rn. 10.

## I. Eingriffskondiktion

Die Eingriffskondiktion aus § 812 Abs. 1 S. 1 Alt. 2 **ist der wichtigste Fall** der allgemeinen Nichtleistungskondiktion. Sie ist subsidiär gegenüber § 816 und § 822. 214

**Aufbauschema: Eingriffskondiktion aus § 812 Abs. 1 S. 1 Alt. 2**

**A. Voraussetzungen**

**I.** Anspruchsgegner muss **etwas** erlangt haben.

**II. In sonstiger Weise auf Kosten des Anspruchstellers**

1. Ein Erwerb in sonstiger Weise liegt nur vor, wenn **keine vorrangige Leistung** gegeben ist.
2. Ein Erwerb auf Kosten des Anspruchstellers ist gegeben, wenn der Anspruchsgegner in den **Zuweisungsgehalt des fremden Rechts** oder der fremden Rechtsposition eingegriffen hat.

**III.** Eingriff muss **ohne Rechtsgrund** erfolgen.
Diese Voraussetzung liegt vor, wenn der jeweils erlangte Vorteil nach der **rechtlichen Güterzuordnung** nicht dem Bereicherungsschuldner, sondern dem Anspruchsteller gebührt.

**B. Rechtsfolge**

**I.** § 812 Abs. 1: Herausgabe des Erlangten

**II.** Die weiteren Rechtsfolgen ergeben sich aus § 818, also:

- § 818 Abs. 1: Herausgabe der gezogenen Nutzungen und der Surrogate
- § 818 Abs. 2: Wertersatz, wenn die Herausgabe wegen der Beschaffenheit des Erlangten nicht möglich ist
- § 818 Abs. 3: Ausschluss der Herausgabe oder der Wertersatzpflicht, soweit der Empfänger nicht mehr bereichert ist
- § 818 Abs. 4 (§§ 819, 820): Haftung nach den allgemeinen Vorschriften

Eine Bereicherung auf Kosten des Anspruchstellers setzt einen **Eingriff in den Zuweisungsgehalt eines fremden Rechts** voraus. Dabei ist maßgebend, ob der unter Ausnutzung des Eingriffsobjekts gewonnene Vermögensvorteil nach der gesetzlichen Güterzuordnung dem Rechtsinhaber gebührt, ob also der durch die Inanspruchnahme eines fremden Rechts oder geschützten Vermögenswertes gewonnene Vorteil dem Rechtsinhaber zugewiesen ist.[361]

Wichtige **Kriterien bei der Ermittlung des Zuweisungsgehalts** sind einerseits, in welchem Umfang der Rechtsinhaber über die Substanz und die Nutzung entgeltlich verfügen kann, sowie andererseits, inwieweit der Rechtsinhaber auf die erworbenen Vorteile

361 BGH BGHZ 107, 117, 120.

willentlich verzichtet hat. Auf die Rechtswidrigkeit des Eingriffs kommt es dagegen nicht an.[362]

Die wichtigsten **Fälle des Eingriffserwerbs:**

- Handelnder nimmt fremdes Eigentum in Anspruch (Rn. 215 ff.)
- Leistung wird ohne Willen des Berechtigten in Anspruch genommen (Rn. 219 ff.)
- Handelnder greift in immaterielle Rechte (insbesondere das allgemeine Persönlichkeitsrecht) ein (Rn. 222 ff.).

## 1. Eingriffe in das Eigentum

215 Wer ohne Willen des Eigentümers eine Sache wie ein Eigentümer für seine Zwecke einsetzt, sich also **als Eigentümer geriert**, greift in den Zuweisungsgehalt des Eigentums ein. Er verschafft sich ohne Rechtsgrund auf Kosten des Eigentümers einen Vermögenswert. Denn alle aus dem Einsatz einer Sache entstehenden Vorteile sind grundsätzlich dem Eigentümer zugeordnet. Bei der Beurteilung der Frage, ob der Eingreifende dem Eigentümer wegen des Eingriffs verantwortlich ist, muss unterschieden werden, ob der Eingreifende

- sich **ohne Besitzbegründung** Vorteile verschafft hat (Rn. 216) oder
- als **unrechtmäßiger** Besitzer die Sache genutzt oder verbraucht hat (Rn. 217) oder
- als **rechtmäßiger** Besitzer die vertraglich eingeräumte Nutzung überschritten hat (Rn. 218).

### a) Eingriff in das Eigentum ohne Besitzbegründung

216

**Fall 19: Werbung auf fremder Wand**

A betreibt in Köln, in einem zweistöckigen Gebäude mit Flachdach, ein Kino. Das neunstöckige Nachbargebäude des B, der in Berlin wohnt, schließt zu A hin mit einer hellen Wand ab. A stellt auf dem Dach seines Hauses einen Projektionsapparat auf und lässt täglich bei Einbruch der Dunkelheit Werbung an die Wand des B projizieren. B erfährt nach einem halben Jahr davon und verlangt ein Entgelt von A. Dieser macht geltend, die Wand habe B ohnehin nicht vermieten können, auch sei die Werbung für ihn erfolglos gewesen.

Steht B ein bereicherungsrechtlicher Anspruch zu?

A. **Schadensersatzansprüche** scheiden aus, da nicht ersichtlich ist, dass dem B infolge der Benutzung der Wand zu Reklamezwecken ein Schaden entstanden ist.

B. B könnte gegen A einen **Bereicherungsanspruch** haben. Da B dem A die Benutzung der Wand nicht gestattet hat, kann A nur in sonstiger Weise auf Kosten des B etwas ohne Rechtsgrund erlangt haben, **§ 812 Abs. 1 S. 1 Alt. 2**.

362 Medicus BR Rn. 711.

I. A muss zunächst **etwas erlangt** haben. Dafür genügt es, dass der Bereicherungsschuldner etwas erworben hat, das allgemein nach der Verkehrsanschauung einen Vermögenswert darstellt. A hat die Hauswand des Nachbarn zu Reklamezwecken benutzt; er hat sich damit durch die Inanspruchnahme des Eigentums des B einen Vermögensvorteil verschafft. Für die Benutzung einer fremden Hauswand muss nämlich regelmäßig ein Entgelt gezahlt werden, sodass A etwas erlangt hat.

II. Ferner müsste A den Vermögensvorteil in **sonstiger Weise auf Kosten** des B erlangt haben.

1. A hat den Vermögensvorteil **nicht durch Leistung** des B, sondern aufgrund eines eigenmächtigen Vorgehens erlangt.

2. Außerdem hat A den Vermögensvorteil auf Kosten des B erlangt, wenn die Benutzung der Wand zu Reklamezwecken einen **Eingriff in den Zuweisungsgehalt** des Eigentums des B darstellt.

B stand als Eigentümer des Hauses die Entscheidung darüber zu, ob die Hauswand zu Reklamezwecken benutzt werden durfte. Der Zuweisungsgehalt des Eigentums an einer Sache umfasst also die Vorteile, die der Gebrauch der Sache mit sich bringt. **Durch die Benutzung** der Wand zu Reklamezwecken hat A **in das Eigentum des B eingegriffen**. Er hat Vorteile für sich in Anspruch genommen, die nach der Rechtsordnung dem Eigentümer zugewiesen sind.

Da das Bereicherungsrecht dazu dient, den unberechtigt erlangten Vermögensvorteil dem zuzuwenden, dem der Vorteil nach der Rechtsordnung gebührt, kommt es nicht darauf an, ob B die Wand überhaupt vermieten wollte oder vermieten konnte. Es genügt, dass das Objekt der Bereicherung unter Ausnutzung des geschützten Vermögens des Berechtigten erlangt worden ist. Auf einen Schaden des Berechtigten kommt es nur an, wenn er wegen des Eingriffs in den Zuweisungsgehalt einen Schadensersatzanspruch geltend macht.

A hat somit etwas in sonstiger Weise auf Kosten des B erlangt.

III. Da für die Vermögensverschiebung schließlich **kein Rechtsgrund** vorhanden ist, liegen die Voraussetzungen des Bereicherungsanspruchs aus § 812 Abs. 1 S. 1 Alt. 2 vor.

IV. Da das Erlangte nicht herausgegeben werden kann, muss gemäß **§ 818 Abs. 2** der Wert ersetzt werden. Das ist derjenige Betrag, der für die Gestattung einer solchen Benutzung gewöhnlich verlangt und bezahlt wird.[363]

Der erlangte Vorteil ist nicht entfallen, sodass A nicht geltend machen kann, dass er gemäß § 818 Abs. 3 nicht mehr bereichert sei. Denn A muss – wie jeder Werbekunde – das Risiko dafür tragen, dass die Reklame erfolglos bleibt.

B hat gegen A einen Anspruch aus § 812 Abs. 1 S. 1 Alt. 2.

---

363 Staudinger/Lorenz § 818 Rn. 28; Palandt/Sprau § 818 Rn. 27.

### b) Eingriff durch den unrechtmäßigen Besitzer

217 Der Eigentümer kann von dem unrechtmäßigen Besitzer Schadensersatz und Nutzungsersatz nur nach den §§ 987 ff. verlangen. Diese Sonderregeln schließen insoweit Ansprüche gemäß § 823 und § 812 aus.

Unrechtmäßiger Besitzer ist derjenige, der auf Herausgabe nach § 985 in Anspruch genommen, die Sache herausgeben müsste, ohne sich auf ein Recht zum Besitz gemäß § 986 berufen zu können. Es muss mithin eine **Vindikationslage** gegeben sein.[364]

**Fall 20: Kiosk auf fremdem Grund**

Die A errichtete in der Ecke ihres Grundstücks einen Kiosk. Nach fünf Jahren stellt sich nach längerem Vermessen heraus, dass dieser Teil des Grundstücks dem E gehört. Der E verlangt nunmehr ein Nutzungsentgelt. A beruft sich darauf, dass sie das Grundstück des E nicht benutzt hätte, wenn sie über die Eigentumsverhältnisse unterrichtet gewesen wäre. Der Kiosk hätte auf seinem Grundstück ebenso günstig gestanden.

Hat E gegen A einen Anspruch auf Nutzungsentgelt?

E könnte gegen A einen Anspruch auf Ersatz von Nutzungen nach **§§ 987 ff.** haben.

I. Da Eigentümer E von A als Besitzer des Grundstücksteils gemäß § 985 hätte Herausgabe verlangen können, bestand zur Zeit der Benutzung des Grundstücks zwischen den Parteien ein **Eigentümer-Besitzer-Verhältnis**, sodass die §§ 987 ff. als Sonderregelungen eingreifen.

II. A war **gutgläubiger Besitzer**. Gemäß § 988 haftet sie nach den Bereicherungsregeln jedoch nur, wenn sie den Besitz unentgeltlich erworben hat. Dem unentgeltlichen Erwerb steht es gleich, wenn der Besitzer irrtümlich angenommen hat, dass die Sache ihm gehört und sie deswegen in Besitz genommen hat.[365]

   Da A das Grundstück des E ohne dessen Willen eigenmächtig für seine Zwecke genutzt und dafür kein Entgelt entrichtet hat, findet § 988 Anwendung.

III. A haftet gemäß **§ 988** nach den Regeln des Bereicherungsrechts. Dabei handelt es sich um einen **Rechtsfolgenverweis** auf die §§ 818, 819.[366]

   1. Da die erlangten Gebrauchsvorteile nicht in Natur herausgegeben werden können, muss A gemäß **§ 818 Abs. 2 Wertersatz** leisten, d.h. den Betrag entrichten, der üblicherweise für die Inanspruchnahme eines solchen Grundstücks gezahlt wird.

   2. Fraglich ist, ob A noch bereichert ist, da sie geltend macht, sie hätte im Falle der Kenntnis der Eigentumsverhältnisse ihr eigenes Grundstück genutzt und somit durch die Inanspruchnahme des fremden Grundstücks **keine Vorteile erlangt**.

---

364 Dazu im Einzelnen AS-Skript Sachenrecht 1 (2020), Rn. 519.

365 Palandt/Bassenge § 988 Rn. 3 a.E.

366 Staudinger/Thole § 988 Rn. 24.

Der Erwerber des erlangten Etwas soll nach Sinn und Zweck des Bereicherungsrechts nur die bei ihm noch vorhandene Bereicherung herausgeben müssen. A kann sich also darauf berufen, dass sie gar nicht darauf angewiesen war, fremde Sachen zu nutzen und dass ihr bei wirtschaftlicher Betrachtungsweise die erlangten Vorteile auch durch Inanspruchnahme ihrer eigenen Sachen zugeflossen wären. Sie kann also geltend machen, sie sei von vornherein nicht bereichert worden.

Damit scheidet ein Anspruch des E gegen A aus.

---

### c) Eingriff in das Eigentum durch den rechtmäßigen Besitzer

Der rechtmäßige Besitzer, der die Sache im Rahmen des ihm aufgrund des wirksamen Vertrags eingeräumten Rechts verwendet, haftet überhaupt nicht. **Überschreitet** er allerdings die eingeräumte **„Verwendungsbefugnis“** und erlangt er dadurch Vorteile und der Eigentümer Nachteile, so kommen Ansprüche auf Herausgabe des Erlangten, Schadensersatz und Wertersatz in Betracht. **218**

**Fall 21: Teile und kassiere**

V aus Augsburg hat dem M in seinem Haus in Regensburg eine 5-Zimmer-Wohnung für 1.000 € monatlich vermietet. M vermietet zwei Zimmer für je 300 € an Studenten, die ihre Möbel mitgebracht haben. Als V nach etwa einem Jahr davon erfährt, verlangt er von M Herausgabe der von den Studenten gezahlten Untermiete. Zu Recht?

A. V könnte gegen M einen Anspruch auf Schadensersatz gemäß **§ 280 Abs. 1** haben.

I. Zwischen V und M besteht ein wirksamer Mietvertrag gemäß § 535. Das ist ein Schuldverhältnis i.S.d. § 280 Abs. 1.

II. Gemäß **§ 540 Abs. 1 S. 1** hat der Mieter vor der Untervermietung die Erlaubnis des Vermieters einzuholen. M hat die erforderliche Erlaubnis nicht eingeholt, sodass er seine Pflicht aus dem Mietvertrag durch die Überlassung an die Untermieter verletzt hat.

III. Das Vertretenmüssen des M wird gemäß § 280 Abs. 1 S. 2 vermutet.

IV. M ist gemäß §§ 249 ff. zum Ersatz des Schadens verpflichtet, der durch die Untervermietung entstanden ist.

1. Wenn durch die Untervermietung eine erhöhte Abnutzung der Mietsache eingetreten ist, so ist er nach § 249 Abs. 2 zum Geldersatz verpflichtet. Dafür bestehen aber keine Anhaltspunkte.

2. Auch unter dem Gesichtspunkt des **entgangenen Gewinns** (§ 252) besteht kein Schadensersatzanspruch, da V im Zeitpunkt der Untervermietung die Mietsache bereits an M vermietet hatte und somit **selbst nicht** an die Studenten **vermieten konnte**.

Zusammenfassend kann also festgestellt werden, dass durch die Untervermietung dem V kein Schaden entstanden ist.

B. Ein Schadensersatzanspruch aus **§§ 687 Abs. 2, 678** oder ein Anspruch auf Herausgabe der Nutzungen aus **§§ 687 Abs. 2, 681 S. 2, 667** setzt ein **fremdes Geschäft** voraus. Fraglich ist, ob dies bei einer unberechtigten Untervermietung der Fall ist.

I. Man könnte dies bei der unberechtigten Untervermietung mit Rücksicht darauf, dass der Vermieter selbst nicht untervermieten kann, bejahen.

II. Dennoch liegt nach ganz h.M. kein objektiv fremdes Geschäft vor, wenn eine Sache untervermietet wird.[367] V hatte den Besitz aufgrund des Mietvertrags bereits an M übertragen und war somit gar nicht mehr in der Lage, den Besitz auf einen Dritten zu übertragen. Die Untervermietung als solche ist daher ausschließlich Geschäft des Mieters. Mithin hat M kein fremdes Geschäft für V geführt, sodass Ansprüche aus GoA ausscheiden.

C. Ein Anspruch aus dem Eigentümer-Besitzer-Verhältnis auf Schadensersatz aus **§§ 989, 990** oder auf Herausgabe der Nutzungen gemäß **§§ 987, 990** scheidet aus, weil M aufgrund des Mietvertrags rechtmäßiger Besitzer ist.

D. In Betracht kommt ferner ein Schadensersatzanspruch aus **§ 823 Abs. 1**.

I. § 823 Abs. 1 schützt das Eigentum umfassend vor Beeinträchtigungen. Vorliegend hat M das Recht des V verletzt, selbst über die Personen, welche die tatsächliche Sachnutzung ausüben, bestimmen zu können. Die Eigentumsverletzung erfolgte rechtswidrig und fahrlässig, sodass der haftungsbegründende Tatbestand vorliegt.

II. V hat daher einen Anspruch auf Ersatz des durch die unberechtigte Untervermietung adäquat kausal verursachten Schadens. Wie jedoch bereits oben im Rahmen des vertraglichen Schadensersatzanspruchs dargelegt, ist V kein Schaden entstanden.

E. V könnte gegen M einen Anspruch auf Herausgabe des durch Weitervermietung Erlangten gemäß **§ 816 Abs. 1 S. 1** haben.

Dann müsste M als **Nichtberechtigter** verfügt haben.

I. Die Weitervermietung ist **keine Verfügung**, da diese nicht darauf gerichtet ist, ein Recht zu übertragen, zu belasten, inhaltlich zu ändern oder aufzuheben. Der Abschluss der Mietverträge mit den Untermietern ist ein schuldrechtliches Geschäft und die Besitzüberlassung eine tatsächliche Handlung.[368]

II. Ferner ist **§ 816 nicht entsprechend auf die Besitzüberlassung anwendbar**, weil der Untermietzins nach h.M. keinen Gegenwert darstellt, den der Mieter anstelle des Eigentümers erzielt. Dieser hätte die bereits an den Mieter vermietete Sache nicht mehr selbst an den Dritten untervermieten können.[369]

---

367 Vgl. BGH NJW 1996, 838, 840 m.w.N.

368 Staudinger/Lorenz § 816 Rn. 6 f.

369 BeckOK/Wendehorst § 816 Rn. 7.

F. V könnte gegen M einen Anspruch auf Wertersatz gemäß **§ 812 Abs. 1 S. 1 Alt. 2** haben.

I. M hat zum einen **Vermögensvorteile** in Höhe der Mietzahlungen der Studenten **erlangt**, zum anderen aber auch den Besitz an der Mietsache zur eigenen Besitzausübung und die damit verbundene Möglichkeit der Untervermietung.

II. Fraglich ist, ob M den Mietgegenstand **in sonstiger Weise** erlangt hat. Dies ist nicht der Fall, wenn er ihn durch Leistung erlangt hat. Den Untermietzins hat er durch Leistung der Studenten und den Besitz der Mietsache durch Leistung des V erlangt, sodass diese beiden Bereicherungsgegenstände daher nicht für einen Erwerb in sonstiger Weise in Betracht kommen.

Demgegenüber ergibt sich aus der fehlenden Erlaubniserteilung des V, dass M diesem nicht die Möglichkeit der Untervermietung an M leisten wollte. Nur insoweit kommt ein Erwerb in sonstiger Weise in Betracht.

III. Dabei wird aber die Frage virulent, ob M den Vermögenswert **auf Kosten des V** erlangt hat. Dies ist nur der Fall, wenn M diesen Vermögenswert durch Eingriff in den Zuweisungsgehalt eines fremden Rechts erlangt hat.

In der Lit. wird teilweise ein Eingriff in das Eigentum des Vermieters durch die unberechtigte Untervermietung bejaht.[370]

Die Rspr. und ein Teil der Literatur nehmen hingegen – zu Recht – an, dass die Untervermietung auch dann, wenn sie unberechtigt erfolge, ein dem Mieter zugewiesenes Geschäft sei. Dem Vermieter entgingen dadurch **keine Verwertungs- und Gebrauchsmöglichkeiten**, derer er sich nicht schon durch den Abschluss des Hauptmietvertrags entäußert habe. Er selbst könne die Mietsache einem Dritten gar nicht mehr überlassen.[371]

Aber auch nach der Lit. besteht kein Anspruch auf den Mehrerlös, sondern nur ein Anspruch darauf, den Betrag zu zahlen, den der Vermieter üblicherweise für die Erteilung der Erlaubnis fordern würde.

V hat gegen M keinen Anspruch auf Wertersatz gemäß **§ 812 Abs. 1 S. 1 Alt. 2**.

---

***Klausurhinweis:*** *Auch im* ***umgekehrten Fall*** *scheitert ein Anspruch aus § 812 Abs. 1 S. 1 Alt. 2. Besteht nämlich keine vertragliche Bindung zwischen dem Eigentümer und dem Wohnungsberechtigten, der einer außerhäuslichen Pflege bedarf, so wird der Eigentümer, der die Wohnung eigenmächtig vermietet, durch die Einnahme der Mietzinsen nicht auf Kosten des Wohnungsberechtigten bereichert.*[372]

370 Gebauer Jura 1998, 128, 131 f.

371 BGH NJW 2002, 60, 61; Staudinger/Lorenz § 816 Rn. 7.

372 BGH RÜ 2012, 697.

## 2. Inanspruchnahme einer Leistung ohne Willen des Berechtigten

219 Auch soweit Leistungen gegen Zahlung eines bestimmten Entgelts angeboten und diese Leistungen unentgeltlich ohne Willen des Anbietenden in Anspruch genommen werden, greifen die Regeln der Eingriffskondiktion.

**Fall 22: Noch niemals in New York**

Der fast 18-jährige B flog als blinder Passagier der Lufthansa (L) von Hamburg nach New York. Dort wurde ihm die Einreise in die USA verweigert, weil er kein Visum hatte. Daraufhin beförderte die L ihn mit Einverständnis der Eltern wieder zurück.

Die Eltern des B weigern sich, den Hinflug zu bezahlen. Die L verlangt von B Bezahlung. Zu Recht?

A. Schadensersatzansprüche scheiden aus, weil der Lufthansa **kein nachweisbarer Schaden** entstanden ist.

B. L könnte gegen B einen Anspruch gemäß **§ 812 Abs. 1 S. 1 Alt. 2** haben.

I. B hat den Hinflug nach New York erlangt. Zweifelhaft ist, ob er damit **Etwas** i.S.d. § 812 Abs. 1 **erlangt** hat, weil mangels Ersparung von Aufwendungen kein Vermögensvorteil (= keine Bereicherung) vorliegen könnte.

1. Zum Teil wird das „erlangte Etwas" mit der „Bereicherung" gleichgesetzt, sodass der Tatbestand des § 812 nur gegeben ist, wenn eine **echte Vermögensmehrung** vorliegt.[373] Da B als blinder Passagier durch den Flug keine eigenen Aufwendungen erspart hat, hätte er nach dieser Auffassung nichts erlangt.

2. Die ganz h.Lit. steht aber auf dem Standpunkt, dass der Anspruchsgegner immer dann etwas erlangt hat, wenn mit der Inanspruchnahme einer Leistung bei wirtschaftlicher Betrachtungsweise eine **vermögensrechtliche Besserstellung** erfolgt, und dass es nicht darauf ankommt, ob bei ihm eine Bereicherung eingetreten ist.[374] Nach Auffassung der Lit. hat B somit durch die Inanspruchnahme der Flugreise etwas erlangt.

3. Der **Vermögensvorteil** liegt in dem **Gebrauch selbst**, nicht aber in der Ersparung von Aufwendungen. Es ist deshalb zwischen dem Erlangten und der (noch vorhandenen) Bereicherung (vgl. § 818 Abs. 3) zu differenzieren. Da die h.Lit. diese systematische korrekte Unterscheidung berücksichtigt, ist ihr zu folgen.

II. B müsste den Hinflug in **sonstiger Weise** auf Kosten der L erworben haben.

1. Dazu darf **keine vorrangige Leistung** vorliegen. Leistung ist die bewusste und zweckgerichtete Mehrung fremden Vermögens. Die L hat den blinden Passagier B nicht bewusst befördert. Sie wollte gegenüber B weder eine Ver-

373 BGH BGHZ 55, 128, 131.

374 Staudinger/Lorenz § 812 Rn. 65; Looschelders § 54 Rn. 5; Haertlein JA 1996, 930, 935; Loewenheim JuS 1986, 972, 973.

bindlichkeit erfüllen noch einen anderen rechtsgeschäftlichen Zweck erreichen.

2. B hat eine Leistung der L in Anspruch genommen, die regelmäßig nur gegen Zahlung eines Entgelts erbracht wird. Die L entscheidet darüber, zu welchen Bedingungen sie jemanden befördern will. Wer sich ohne oder gegen ihren Willen diese Leistung verschafft, greift in den **Zuweisungsgehalt** ihrer rechtlich geschützten Position ein.

   B hat die Beförderung damit nicht durch Leistung, sondern in sonstiger Weise auf Kosten der L erlangt.

III. Für diese Vermögensverschiebung bestand **kein Rechtsgrund**.

IV. Nach § 812 Abs. 1 S. 1 ist als Rechtsfolge das Erlangte herauszugeben. Dies ist hier wegen der Beschaffenheit des Erlangten nicht möglich. Deshalb ist gemäß § 818 Abs. 2 der **objektive Wert der erschlichenen Leistung** zu ersetzen, es sei denn, B ist nicht mehr bereichert (§ 818 Abs. 3).

1. Da B befördert worden ist und nachträglich keine Umstände eingetreten sind, die zu einer Vermögensminderung geführt haben, kommt nach dem Wortlaut des § 818 Abs. 3 ein Wegfall der Bereicherung nicht in Betracht.

2. Allerdings soll der Empfänger des Etwas die bei ihm im Zeitpunkt des Herausgabeverlangens noch vorhandene Bereicherung herausgeben, sodass § 818 Abs. 3 auch dann eingreift, wenn **von vornherein keine echte Vermögensmehrung** eingetreten ist. **220**

   Da durch die Beförderung keine bleibende Vermögensmehrung bei B eingetreten ist, er keine Aufwendungen erspart hat und die Reise für B einen Luxus darstellte, ist der Tatbestand des **§ 818 Abs. 3** verwirklicht.

3. Es stellt sich jedoch die Frage, ob sich B auf seine Entreicherung in diesem Fall berufen kann. Denn dem Bösgläubigen ist die Berufung auf eine Entreicherung versagt, **§§ 818 Abs. 4, 819**. **221**

   Fraglich ist dabei, ob auf die Kenntnis des B oder die der Eltern abzustellen ist, da B noch nicht volljährig war. Da es sich hier um eine Eingriffs- und nicht um eine Leistungskondiktion (hierzu ausführlich Rn. 176 ff.) handelt, ist insoweit auf die Kenntnis des B abzustellen, der auch die nach **§ 828 Abs. 2 analog** erforderliche Einsichtsfähigkeit besaß. B war deshalb bösgläubig und kann sich somit nicht auf Entreicherung berufen.

   L hat gegen B einen Anspruch auf Wertersatz gemäß § 812 Abs. 1 S. 1 Alt. 2.

## 3. Eingriff in immaterielle Rechte

### a) Lizenzlose Nutzung

222 Bei unberechtigter, insbesondere lizenzloser Nutzung fremder Urheber-, Patent- und Gebrauchsmusterrechte wird in den Zuweisungsgehalt dieses Rechts eingegriffen und der Eingreifende ist dem Rechtsinhaber unabhängig vom Verschulden gemäß § 812 Abs. 1 S. 1 Alt. 2 verpflichtet, den objektiven Marktwert einer solchen Nutzung zu ersetzen.[375]

***Klausurhinweis:*** *Immaterielle Rechte können auch als sonstige Rechte i.S.d. § 823 Abs. 1 geschützt sein, sodass im Fall des schuldhaften, rechtswidrigen Eingriffs – neben dem Anspruch aus § 812 Abs. 1 S. 1 Alt. 2 – Schadensersatzansprüche zugunsten des Rechtsinhabers gegeben sind.*

### b) Eingriff in das allgemeine Persönlichkeitsrecht

223 Der Eingriff in das allgemeine Persönlichkeitsrecht hat insbesondere Bedeutung bei der unbefugten **Nutzung** des Namens oder des Bildes eines Prominenten **zu Werbezwecken**. Bei der Beantwortung der Frage, ob ein solcher Eingriff vorliegt, muss eine umfassende **Güterabwägung** vorgenommen werden.

**Beispiele:**

**1.** Die Eingriffskondiktion steht auch Personen zu, deren Persönlichkeitsmerkmale dadurch ausgebeutet werden, dass sie durch Doppelgänger und Stimmimitationen erkennbar nachgeahmt werden.

**2.** Dagegen löst die Verbreitung eines wahren Berichts über eine Person, auch unter Einschluss von Tatsachen aus deren Privatsphäre, keinen Bereicherungsanspruch aus, wenn ein gewichtiges öffentliches Informationsinteresse besteht; wird ein gewöhnlicher Theaterbesucher dabei fotografiert, wie er sich in der Garderobe den Mantel anzieht, steht ihm kein Anspruch aus Eingriffskondiktion zu, da mangels eines öffentlichen Interesses an dieser Person faktisch keine Möglichkeit besteht, das Foto kommerziell zu verwerten.[376]

**3.** Die Nutzung des Bildnisses einer prominenten Person im Internet als „Clickbait" („Klickköder") ohne redaktionellen Bezug zu dieser greift in den vermögensrechtlichen Zuweisungsgehalt ihres Rechts am eigenen Bild ein.[377]

## 4. Sonstige Eingriffe

224 Obwohl das **Recht am eingerichteten und ausgeübten Gewerbebetrieb** ein sonstiges Recht i.S.d. § 823 Abs. 1 darstellt, kommt diesem Recht im Bereicherungsrecht nach h.M.[378] kein Zuweisungsgehalt zu.

In den Fällen, in denen bei **Wettbewerbsverstößen** für den dadurch Beeinträchtigten die Möglichkeit bestanden hätte, das als Eingriff zu wertende Vorgehen des Verletzers zu gestatten, wird dagegen überwiegend ein Bereicherungsanspruch bejaht, weil insoweit eine gefestigte Rechtsposition des Berechtigten vorliegt, z.B. bei durch § 17 UWG

375 Staudinger/Lorenz Vorb v § 812 Rn. 60 f.

376 Vgl. MünchKomm/Schwab § 812 Rn. 327.

377 BGH RÜ 2021, 352.

378 Jauernig/Stadler § 812 Rn. 56; BeckOK/Wendehorst § 812 Rn. 129.

geschützten Betriebs- und Geschäftsgeheimnissen oder bei den in § 18 UWG aufgezählten patentrechtlich nicht geschützten Modellen, Verfahren usw.[379]

Außerdem kommen **Eingriffe** in das Vermögen **im Wege der Zwangsvollstreckung** in Betracht. Wird eine schuldnerfremde Sache versteigert, so hat der Eigentümer gegen den Zwangsvollstreckungsgläubiger einen Anspruch aus § 812 Abs. 1 S. 1 Alt. 2 auf Herausgabe des Versteigerungserlöses.

## II. Weitere Fälle der Kondiktion aus § 812 Abs. 1 S. 1 Alt. 2

Nach § 812 Abs. 1 S. 1 Alt. 2 soll jede ungerechtfertigte Vermögensverschiebung, gleichgültig worauf sie zurückzuführen ist, ausgeglichen werden. Neben dem Hauptanwendungsfall der Eingriffskondiktion gibt es noch weitere, in der Praxis weniger relevante Fälle der Nichtleistungskondiktion (vgl. Rn. 199). Examensrelevant sind dabei vor allem die folgenden Fälle: 225

- Verwendungskondiktion (Rn. 226 f.)
- Rückgriffskondiktion (Rn. 228)

### 1. Verwendungskondiktion

Wenn jemand eine fremde Sache instand setzt, sie verbessert, umgestaltet oder ein sonstiges Vermögensopfer erbringt, das der Sache irgendwie zugute kommt, dann muss der Eigentümer der Sache den dadurch erlangten Vermögensvorteil nach § 812 Abs. 1 S. 1 Alt. 2 ausgleichen, sofern keine vorrangigen Sonderregeln eingreifen. 226

#### a) Vorrangige Sonderregeln

Im **Vertragsrecht** greifen, sofern die Parteien keine abweichenden Vereinbarungen getroffen haben, die jeweiligen dispositiven Vorschriften ein; im Miet- und Pachtrecht gilt z.B. § 539.

Wer als rechtmäßiger Besitzer für den Eigentümer Aufwendungen auf die Sache macht, kann diese aus berechtigter **GoA** gemäß **§§ 677, 683 S. 1, 670** ersetzt verlangen, sofern die Geschäftsführung dem Interesse und mutmaßlichen Willen des Geschäftsherrn entsprach. Anderenfalls greifen über **§ 684 S. 1** die Vorschriften über die Herausgabe einer ungerechtfertigten Bereicherung ein.[380]

Wer als unrechtmäßiger Besitzer Verwendungen auf die Sache macht, kann diese nur nach den Regeln der **§§ 994 ff.** ersetzt verlangen, da diese Vorschriften insoweit eine abschließende Sonderregelung darstellen.[381] Dies gilt aber nur für Verwendungen, die unter den Begriff der §§ 994 ff. fallen.[382]

Wird der Vermögensvorteil zweckgerichtet zugewandt, und wurde dieser Zweck verfehlt, so folgt der Ausgleich nach den Regeln der **Leistungskondiktion** gemäß § 812

---

379 Vgl. Staudinger/Lorenz Vorb v §§ 812 ff. Rn. 70; a.A. BeckOK/Wendehorst § 812 Rn. 129.

380 Staudinger/Lorenz Vorb v §§ 812 ff. Rn. 45.

381 Palandt/Herrler Vorb v. § 994 Rn. 14.

382 Vgl. dazu AS-Skript Sachenrecht 1 (2020), Rn. 591 ff.

Abs. 1 S. 1 Alt. 1, denn die Leistungskondiktion ist gegenüber der Nichtleistungskondiktion vorrangig.

### b) Verwendungsersatzanspruch gemäß § 812 Abs. 1 S. 1 Alt. 2

227 Ein Verwendungsersatzanspruch gemäß § 812 Abs. 1 S. 1 Alt. 2 greift in der Regel dann ein, wenn im Rahmen eines zeitgebundenen Vertrags Verwendungen gemacht werden, der Vertrag aber vorzeitig rückabzuwickeln ist.

**Fall 23: Unrentable Renovierung**

E verpachtet P schriftlich für zehn Jahre eine Gaststätte. Nach § 10 des Pachtvertrags soll P die Gaststätte auf seine Kosten renovieren und nach Ablauf des Pachtvertrags soll kein Ausgleich für diese Kosten erfolgen.

Die von P beauftragte Tischlerin T zieht neue Wände und Decken aus Holz ein und verlegt einen Parkettfußboden. P erkrankt bald darauf an Tuberkulose. E und P lösen den Vertrag im gegenseitigen Einvernehmen auf.

P verlangt nunmehr die Renovierungskosten in Höhe von 18.000 € abzüglich der Wertminderung, die durch seine Benutzung eingetreten ist. E wendet ein, dass er an der Renovierung kein Interesse habe, da diese nicht dazu geführt habe, dass er einen höheren Pachtzins erreichen könne. Zu Recht?

A. P könnte gegen E einen Anspruch auf Ersatz der Renovierungskosten gemäß **§§ 581, 539** haben.

I. E und P haben sich darüber geeinigt, dass die Räume dem P auf zehn Jahre gegen Zahlung eines Entgelts zur Nutzung überlassen werden sollten. Dieser mit der Einigung zustande gekommene Pachtvertrag bestand noch, als P die Renovierungsarbeiten ausführen ließ.

II. Nach §§ 581 Abs. 2, 539 kann der Pächter vom Verpächter nach den Vorschriften der GoA Ersatz der Aufwendungen verlangen, die ihm nicht nach § 536 a Abs. 2 zu ersetzen sind. Doch können die Parteien eine davon **abweichende Vereinbarung** treffen.[383] Da P nach § 10 des Pachtvertrags die Renovierungskosten selbst tragen sollte, scheidet ein Verwendungsersatzanspruch gemäß §§ 581, 539 aus.

Da sich infolge der Erkrankung des P nach Vertragsschluss die Umstände, die für die Vertragsabwicklung von wesentlicher Bedeutung sind, geändert haben und die Parteien bei Berücksichtigung dieses Umstands den Vertrag bezüglich der Verwendungen nicht so abgeschlossen hätten, liegt es nahe, im Wege der ergänzenden Vertragsauslegung den Verwendungsersatzanspruch festzulegen. Doch scheitert dies insbesondere an der Ermittlung des hypothetischen Parteiwillens. Es kann nicht im Wege des „zu Ende Denkens des Vertrags" eindeutig festgestellt werden, welche Regelung die Parteien getroffen hätten.

B. Ein Anspruch auf Verwendungsersatz aus **§§ 313 Abs. 3 S. 1, 346, 347 Abs. 2 S. 1** besteht nicht, da die auf das Rücktrittsrecht verweisende Vorschrift des § 313 Abs. 3 S. 1 in diesem Fall nicht anwendbar ist. Bei einem Pachtvertrag handelt es sich näm-

---

383 MünchKomm/Bieber § 539 Rn. 10.

lich um ein Dauerschuldverhältnis und dieses kann gemäß § 313 Abs. 3 S. 2 nur gekündigt werden.

C. Ein Verwendungsersatzanspruch des P gegen E gemäß **§ 994** besteht nicht, weil P in dem Zeitpunkt, als er die Verwendungen machte, rechtmäßiger Besitzer war. Ihm stand aufgrund des Pachtvertrags ein Recht zum Besitz zu.

D. Ein Vergütungsanspruch gemäß **§§ 951, 812** scheitert daran, dass P nicht an seinen – beweglichen – Sachen nach §§ 946, 93, 94 einen Rechtsverlust erlitten hat. Vielmehr ist dieser Rechtsverlust bei T eingetreten, weil T die Gaststättenrenovierung ausgeführt hat, ohne die eingebauten Sachen zuvor an P zu übereignen.[384]

E. P könnte gegen E einen Anspruch auf Ersatz der Renovierungskosten gemäß **§ 812 Abs. 1 S. 1 Alt. 2** haben.

I. E müsste **in sonstiger Weise auf Kosten des P** etwas erlangt haben.

1. Da P die Renovierung im eigenen Interesse hat ausführen lassen und er die Kosten dafür nach dem Inhalt des Pachtvertrags selbst tragen sollte, hat P dem E diesen Vermögenswert nicht willentlich und zweckgerichtet zugewandt. Die Renovierungskosten sind **nicht von P an E geleistet** worden.[385]

2. E hat jedoch insoweit eine vermögensrechtliche Besserstellung erlangt, als er **vor Ablauf** des Pachtvertrags die renovierte Gaststätte **zurückerhalten** hat.

Vor dem Abschluss des Pachtvertrags befand sich die Gaststätte in einem renovierungsbedürftigen Zustand; nach dem Inhalt des Vertrags sollte E die Gaststätte erst nach zehn Jahren zurückerhalten. Durch die vorzeitige Rückgabe erhält er eine renovierte und weniger abgenutzte Gaststätte zurück.

E hat somit in sonstiger Weise auf Kosten des P eine vermögensrechtliche Besserstellung erlangt, weil P auf die Sache des E im eigenen Interesse Verwendungen gemacht hat, die E jedoch vorzeitig zugute gekommen sind.

II. Die Vermögensverschiebung hat sich **ohne Rechtsgrund** vollzogen.

III. Als **Rechtsfolge** ergibt sich, dass E, der das Erlangte nicht zurückgewähren kann, Wertersatz gemäß § 818 Abs. 2 leisten muss. Der Anspruch entfällt jedoch, falls E nicht bereichert ist, § 818 Abs. 3.[386]

E wendet ein, dass er an der Renovierung kein Interesse habe, da diese nicht dazu geführt habe, dass er einen höheren Pachtzins erzielen könne. Die Bereicherung ist für ihn aber nicht weggefallen, da sich das rechtsgrundlos Erworbene – die Renovierung der Gaststätte – noch im Vermögen des E befindet.

Dieser Vermögensvorteil ist für ihn jedoch wertlos, da er keinen höheren Mietpreis erzielen kann (aufgedrängte Bereicherung). Nach überwiegender Auffassung ist in solchen Fällen die herauszugebende Bereicherung nach dem **subjektiven Ertragswert** des Bereicherungsgegenstands für den Empfänger zu bestim-

384 Vgl. dazu BFH DB 2002, 1969, 1971.
385 BGH JuS 2000, 296 mit Anm. Schmidt.
386 BGH NJW-RR 2001, 727.

men, d.h. also danach, inwieweit sich der Empfänger den Verwendungserfolg wirklich zu Nutze macht.[387] Da E durch die vorzeitige Rückgabe der Gaststätte keine höheren Erträge erzielen kann, fehlt es an einer Bereicherung. Somit muss E keinen Wertersatz leisten.

---

## 2. Rückgriffs- oder Auslagenkondiktion

228 Nach der Eingriffs- und Verwendungskondiktion bildet die **Rückgriffs- oder Auslagenkondiktion** den wichtigsten Anwendungsfall des § 812 Abs. 1 S. 1 Alt. 2. Diese gewährt dann einen Anspruch, wenn einem anderen eine Zuwendung gemacht wird, welche diesem zumindest auch zugute kommt, andere Vorschriften aber keinen Rückgriff ermöglichen. Die Rückgriffskondiktion ist daher, ebenso wie die Verwendungskondiktion, erst dann zu prüfen, wenn vorrangige Sonderregeln nicht eingreifen. Hierzu zählen die folgenden Regeln:

- Der Zuwendende erhält kraft Gesetzes einen neuen **eigenen Anspruch** (§ 426 Abs. 1; §§ 677, 683 S. 1, 670).
- Auf den Zuwendenden geht der Anspruch **kraft Gesetzes** über.

  **Beispiele:** Ein ablösungsberechtigter Dritter zahlt, § 268 Abs. 3; bei der Gesamtschuld § 426 Abs. 2; bei der Bürgschaft § 774 Abs. 1; bei der Hypothek §§ 1143 Abs. 1, 1150; beim Pfandrecht §§ 1225, 1249. Weitere auch für das Examen wichtige Vorschriften sind § 86 VVG und § 6 EFZG.
- Der Zuwendende hat kraft Gesetzes einen **Anspruch gegen den Empfänger auf Abtretung** seiner Ansprüche gegen den Dritten (§§ 255, 285).

Erst wenn **keiner** dieser Fälle vorliegt, findet die Rückgriffskondiktion gemäß § 812 Abs. 1 S. 1 Alt. 2 Anwendung. Sie ist insbesondere dann von Bedeutung, wenn ein Dritter an den Gläubiger zur Tilgung einer fremden Schuld leistet, § 267 (vgl. Rn. 246 ff.).

## 4. Abschnitt: Bereicherungsausgleich im Mehrpersonenverhältnis

229 Besondere Probleme kann die bereicherungsrechtliche Abwicklung von Rechtsverhältnissen bereiten, an denen mehr als zwei Personen beteiligt sind. Diese Fallkonstellationen sind deshalb auch **sehr examensrelevant**.

Gesetzlich geregelte Fälle finden sich in § 816 und § 822. Für die übrigen Fälle der Mehrpersonenverhältnisse besteht nur insoweit Einigkeit, dass die Lösung nicht einfach ist. Daher leitet der BGH auch in nahezu allen Fällen der gesetzlich nicht geregelten Mehrpersonenverhältnisse die diesbezüglichen Urteilsgründe mit der berühmt-berüchtigten Bemerkung ein, „dass sich bei der bereicherungsrechtlichen Behandlung von Vorgängen, an denen mehr als zwei Personen beteiligt sind, **jede schematische Lösung verbietet**. Vielmehr sind in erster Linie die **Besonderheiten des einzelnen Falles** für die sachgerechte bereicherungsrechtliche Abwicklung zu beachten".[388]

---

387 Palandt/Herrler § 951 Rn. 21.

388 Vgl. etwa BGH RÜ 2014, 760, 762.

***Klausurhinweis:*** *Als Ausgangsüberlegung lässt sich diese Einleitung nahezu in jeder Lösung zu bereicherungsrechtlichen Problemen im Mehrpersonenverhältnis gut anbringen. Ebenso wie der BGH kann sich der Klausurbearbeiter mit diesem Satz alle Optionen offen halten und – jedenfalls im Ergebnis – fast jede Lösung begründen.*

## A. Vorüberlegungen und Grundregeln

Das vom BGH angenommene Verbot schematischer Lösungen schließt es nicht aus, dass bestimmte Grundsätze gelten, die bei einzelnen Fallgruppen anzuwenden und gegebenenfalls zu ergänzen oder mit Ausnahmen zu versehen sind. 230

***Klausurhinweis:*** *Tatsächlich lassen sich die meisten Fälle im Mehrpersonenverhältnis trotz der Ausgangsüberlegung, dass sich jede schematische Lösung verbietet, unter Berücksichtigung der folgenden Grundregeln gerade recht „schematisch" lösen.*

Nach der h.M. kann bei Mehrpersonenverhältnissen nämlich von folgenden Grundregeln ausgegangen werden.

- Es gilt der **Grundsatz des Vorrangs der Leistungskondiktion.** Hat also jemand etwas durch eine Leistung erlangt, ist die Kondiktion eines Dritten „in sonstiger Weise" ausgeschlossen.
- Der Bereicherungsausgleich hat grundsätzlich **innerhalb der jeweiligen Leistungsbeziehungen** zu erfolgen. Dabei sind die folgenden Wertungsgesichtspunkte anerkannt und bei der Lösung zu berücksichtigen:
  - Jeder Partei eines fehlerhaften Kausalverhältnisses sollen ihre **Einwendungen** gegen die andere Partei **erhalten bleiben**.
  - Umgekehrt soll jede Partei **vor Einwendungen geschützt** werden, die ihr Vertragspartner aus einem Rechtsverhältnis zu einem Dritten herleitet.
  - Das **Insolvenzrisiko** soll **angemessen verteilt** werden: Jede Partei soll nur das Risiko der Zahlungsunfähigkeit ihres eigenen Geschäftspartners tragen.

  *Demnach gilt der **Grundsatz**: Der Dritte ist keinem Direktanspruch, sondern nur den Ansprüchen seines eigenen Vertragspartners ausgesetzt. Es findet also eine **„Abwicklung übers Eck"** statt. Etwas anderes gilt nur ausnahmsweise dann, wenn überwiegende Wertungsgesichtspunkte eine Korrektur dieses (schematischen) Ergebnisses erfordern.*

  *Aus dem Nichtvorliegen einer Leistung folgt etwa nicht zwangsläufig, dass stets auf den Bereicherungen in sonstiger Weise erfassenden Tatbestand des § 812 Abs. 1 S. 1 Alt. 2 zurückgegriffen werden dürfte; auch Nichtleistungsfälle bedürfen im Mehrpersonenverhältnis einer Zuordnung nach **wertenden Kriterien**, zu denen insbesondere Gesichtspunkte des **Vertrauensschutzes** und der **Risikoverteilung** zählen.*[389]
- Ob eine Leistung vorliegt und wer Leistender ist, ergibt sich aus der Zweckbestimmung, durch den übereinstimmenden Willen beider Parteien oder bei dessen Fehlen

389 BGH RÜ 2014, 760, 762 f.

durch den Zuwendenden.[390] Maßgebend ist hierfür nach h.M. eine objektive Betrachtung des Verhaltens des Zuwendenden aus der Sicht des Zuwendungsempfängers (sog. **„objektivierter Empfängerhorizont"**).[391] Dafür spricht, dass die Tilgungsbestimmung eine empfangsbedürftige Willenserklärung ist und empfangsbedürftige Willenserklärungen gemäß den **§§ 133, 157** nach dem objektiven Empfängerhorizont ausgelegt werden.

Die Zuwendung muss außerdem von dem Leistungsempfänger **veranlasst** worden sein, oder **zumindest zurechenbar** den Rechtsschein einer entsprechenden Veranlassung oder Billigung gesetzt haben.

Bei der bereicherungsrechtlichen Abwicklung von Mehrpersonenverhältnissen sind vor allem die folgenden **Fallgruppen** examensrelevant:

- Leistungskette (Rn. 231)
- Anweisung (Rn. 232 ff.)
- echter Vertrag zugunsten Dritter (Rn. 241 f.)
- Abtretung (Rn. 243 f.)
- Forderungspfändung (Rn. 245)
- Tilgung fremder Schulden gemäß § 267 (Rn. 246 ff.)
- Ausgleich gemäß §§ 951, 812 (Rn. 250 ff.)

## B. Leistungskette

231 Eine Leistungskette besteht dann, wenn jemand einen Gegenstand an seinen Vertragspartner liefert und dieser später den Gegenstand weiterveräußert. In dieser Fallgestaltung, erfolgt die **Rückabwicklung innerhalb des jeweiligen Leistungsverhältnisses**.

**Beispiel:** A verkauft und übereignet einen Laptop an B. Später verkauft und übereignet B den Laptop an C. Beide Kaufverträge sind unwirksam.

**I.** B hat einen Anspruch aus § 812 Abs. 1 S. 1 Alt. 1 gegen C, weil C rechtsgrundlos Eigentum und Besitz an dem Laptop durch Leistung des B erlangt hat.
**II.** A hat einen Bereicherungsanspruch aus § 812 Abs. 1 S. 1 Alt. 1 gegen B. Der Anspruch richtet sich auf Rückübereignung, wenn C den Laptop auf B zurückübertragen hat. Vor der Rückübertragung von C auf B richtet sich der Anspruch des A nach h.Lit. auf Wertersatz und nicht auf Abtretung des Bereicherungsanspruchs, der dem B gegen C zusteht (keine Kondiktion der Kondiktion).
**III.** Ein Bereicherungsanspruch des A gegen C aus § 812 Abs. 1 S. 1 Alt. 2 besteht nicht. C hat den Laptop nicht in sonstiger Weise auf Kosten des A erlangt, sondern durch eine Leistung des B.
**IV.** Ein direkter Anspruch des A gegen C aus § 822 scheidet aus, weil C den Laptop entgeltlich von B erlangt hat.

***Hinweis:*** *Zu einer Durchbrechung der beiden Leistungsebenen kommt es nur ausnahmsweise in der gesetzlich geregelten Fallkonstellation des § 822.*[392] *Diese Konstellation wäre im obigen Beispiel gegeben, wenn B dem C den Laptop geschenkt hätte.*

390 Vgl. Palandt/Sprau § 812 Rn. 54.
391 Looschelders § 54 Rn. 8 m.w.N.
392 Looschelders § 57 Rn. 3.

## C. Anweisungsfälle

In den sog. Anweisungsfällen wird die Weisung erteilt, um den **Leistungsweg** – im Vergleich zur Leistungskette – zu verkürzen, indem der Zuwendende eine geschuldete Leistung nicht an seinen Gläubiger – den Anweisenden –, sondern an den Empfänger als Gläubiger des Anweisenden erbringt. Es bestehen zwei Schuldverhältnisse, das **Deckungsverhältnis** zwischen dem Zuwendenden (Angewiesenen) und dem Anweisenden, und das **Valutaverhältnis** zwischen dem Anweisenden und seinem Gläubiger, dem Zuwendungsempfänger. 232

Einen auch für die Praxis sehr bedeutsamen Anweisungsfall hält der **bargeldlose Zahlungsverkehr** bereit.

**Beispiel:** B kauft bei A ein Smartphone für 400 €. Er zahlt den Kaufpreis nicht in bar, sondern weist seine Bank C an, diesen Betrag von seinem Girokonto auf ein Konto des A zu überweisen.

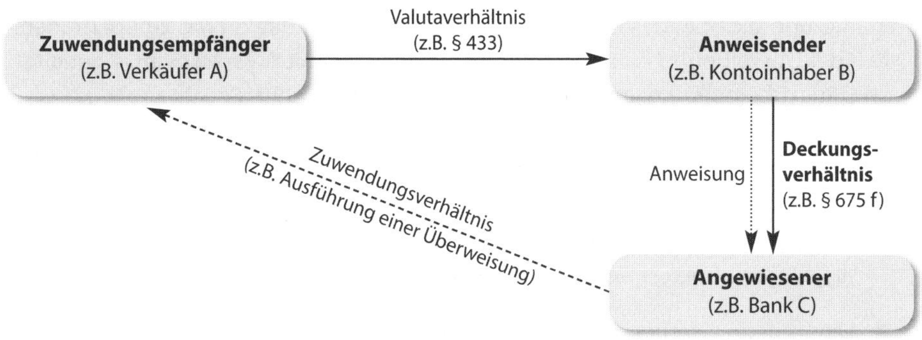


Der **bereicherungsrechtliche Anweisungsbegriff** ist weiter als der des § 783. Anweisung bedeutet im Rahmen des Bereicherungsrechts **jede Weisung, an einen Dritten zu liefern oder zu zahlen**.

**Beispiel:** B in München verkauft C in Hamburg eine Maschine. B kauft eine Maschine dieses Typs bei A in Düsseldorf und weist den A an, die Maschine direkt an C zu liefern.

**I.** Die Forderung des Empfängers C aus dem Kaufvertrag mit B auf Lieferung erlischt durch **Erfüllung** (§ 362), wenn A an C liefert. Aus der Zuwendung – Lieferung – ergibt sich nämlich für den Empfänger C, dass A keine eigene Verbindlichkeit ihm gegenüber erfüllen will, sondern dass A für B die Verbindlichkeit des B gegenüber C erfüllen will. Die Zuwendung an C in Form der Lieferung enthält somit konkludent eine **Tilgungsbestimmung** des B, die von A als Bote des B überbracht wird.
C nimmt die tatsächliche Zuwendung durch A als **Leistung** des B auf die Kaufverpflichtung entgegen.
**II.** A ist aufgrund der Weisung von B **ermächtigt**, die gegenüber dem B bestehende Verpflichtung in der Weise zu erfüllen, dass er die geschuldete Leistung an den C überträgt, sodass A mit der tatsächlichen Zuwendung an C zweckgerichtet an B geleistet hat. A verfolgte im Verhältnis zum C keinen eigenen Leistungszweck.

Im Dreiecksverhältnis werden also im Falle der Wirksamkeit der Rechtsgeschäfte durch die **eine tatsächliche** Zuwendung **zwei** Rechtsgeschäfte erfüllt, also **zwei** Leistungen erbracht.

Im Rahmen der bereicherungsrechtlichen Rückabwicklung wird unterschieden:

- Die **Weisung** ist **wirksam.** Die **Schuldverhältnisse** – Valuta – (B–C) bzw. Deckungsverhältnis (A–B) – sind **unwirksam.**
- Die **Weisung** ist **unwirksam.**

## I. Rückabwicklung bei wirksamer Weisung

233 Ist ein Schuldverhältnis unwirksam, aber die Weisung wirksam, so muss die bereicherungsrechtliche Rückabwicklung grundsätzlich zwischen den Parteien erfolgen, die am **fehlerhaften** Schuldverhältnis beteiligt sind.

***Hinweis:*** *Für die bereicherungsrechtliche Rückabwicklung ist es* ***unerheblich****, wie die – dingliche –* ***Übertragung*** *erfolgt ist. Entscheidend sind allein die* ***schuldrechtlichen*** *Beziehungen.*

### 1. Deckungsverhältnis unwirksam, Valutaverhältnis einschließlich der Weisung wirksam

**Fall 24: Deckungsmangel**

A verkauft notariell dem B sein Haus für 370.000 €. B verkauft das Haus notariell weiter an C und bittet A, das Eigentum aus Kostengründen direkt an C zu übertragen. Nach der Übereignung A an C ficht B den Kaufvertrag mit A wirksam an. A verlangt von C Rückübereignung, der dies jedoch kategorisch ablehnt. Rechtslage?

A. A könnte gegen C einen Anspruch auf Rückübereignung gemäß **§ 812 Abs. 1 S. 1 Alt. 1** haben.

I. A hat an C gemäß §§ 873, 925 das Eigentum durch Auflassung und Eintragung übertragen, sodass C **etwas erlangt** hat.

II. Dies müsste C ferner durch Leistung des A erlangt haben. A wollte im Verhältnis zu C weder eine Verbindlichkeit erfüllen noch einen anderweitigen Zweck erreichen, sodass A an C das Eigentum nicht zweckgerichtet übertragen hat, also **nicht an C geleistet** hat.

A wollte vielmehr mit der Eigentumsübertragung an C gemäß §§ 873, 925 seine Verpflichtung zur Eigentumsübertragung aus dem Kaufvertrag mit B erfüllen, und B hat die Weisung erteilt und damit den A ermächtigt, die Kaufvertragsverpflichtung ihm gegenüber in der Weise zu erfüllen, dass das Eigentum auf C übergeht.

A hat gegen C keinen Anspruch auf Rückübereignung gemäß § 812 Abs. 1 S. 1 Alt. 1.

*Es sollten also mit der einen Zuwendung an C zwei Verbindlichkeiten erfüllt werden, nämlich die Verbindlichkeit des A gegenüber B und die Verbindlichkeit des B gegenüber C, sodass es bereicherungsrechtlich so anzusehen ist, dass A an B* ***geleistet*** *hat und B an C. Wenn aber B an C das Eigentum geleistet hat, dann ist die Forderung des C gegen B aus dem Kaufvertrag durch Erfüllung erloschen. C hat das erhalten, was ihm zustand.*

B. A könnte gegen C ein Anspruch auf Rückübereignung aus **§ 812 Abs. 1 S. 1 Alt. 2** zustehen.

I. C hat das Eigentum am Grundstück gemäß §§ 873, 925 erlangt.

II. Außerdem müsste C das Eigentum **in sonstiger Weise auf Kosten des A** erlangt haben.

Es gilt der Grundsatz des **Vorrangs des Leistungsverhältnisses**. Die Eingriffskondiktion ist deshalb subsidiär gegenüber der Leistungskondiktion. Was durch Leistung erworben worden ist, kann nicht gleichzeitig in sonstiger Weise auf Kosten eines anderen erworben werden. C hat das Eigentum durch Leistung des B und somit **nicht in sonstiger Weise auf Kosten des A** erworben.

A hat gegen C keinen Anspruch auf Rückübereignung gemäß § 812 Abs. 1 S. 1 Alt. 2.

C. A könnte gegen B einen Anspruch auf Rückübereignung gemäß **§ 812 Abs. 1. S. 1 Alt. 1** haben.

I. B müsste **etwas erlangt** haben.

Tatsächlich ist B **kein Vermögenswert** zugeflossen. Doch in den Fällen des „Erwerbs über das Dreieck" muss berücksichtigt werden, dass der Zuwendende den Vermögenswert an den Empfänger mit Rücksicht auf seine Rechtsbeziehung zu seinem Vertragspartner übertragen hat.

1. Mit der Übereignung an C durch A wurde B von seiner Verbindlichkeit aus dem Kaufvertrag mit C befreit. Der Übereignungsanspruch des C gegen B ist infolge Erfüllung erloschen. B könnte daher nur die im (intakten) Valutaverhältnis eingetretene Befreiung von der Verbindlichkeit erlangt haben.

2. Doch wollte A mit der Übereignung an C seine Übereignungsverpflichtung gegenüber B erfüllen. Daher muss es rechtlich so angesehen werden, als hätte der A an B das Eigentum am Grundstück übertragen und B die Übereignung an C vorgenommen. Für die bereicherungsrechtliche Rückabwicklung ist es **so anzusehen, als ob B das Eigentum erworben** habe.[393]

3. Zum einen bestand der Zweck der Leistung des A an B nicht in der Befreiung des B von der Verbindlichkeit gegenüber C. A wollte vielmehr seine eigene Verbindlichkeit aus dem Deckungsverhältnis erfüllen. Zum anderen verbietet sich nach Auffassung des BGH im Mehrpersonenverhältnis eine schematische Lösung. Es ist vielmehr auf die Besonderheiten des Einzelfalls abzustellen, sodass eine normative Betrachtungsweise geboten ist und deshalb nicht „schematisch" auf das tatsächlich Erlangte abgestellt werden kann. Der wertenden Als-ob-Betrachtungsweise ist daher der Vorzug zu geben.

II. B hat das Eigentum durch **Leistung** des A erworben, weil A mit der Zuwendung an C eine – vermeintliche – Verbindlichkeit gegenüber B erfüllen wollte.

III. Die Leistung erfolgte außerdem **rechtsgrundlos**, weil der Verpflichtungsvertrag A–B infolge der Anfechtung nichtig war, konnte nämlich der Zweck, den Kaufvertrag zu erfüllen, nicht erreicht werden.

IV. Als **Rechtsfolge** ist das erlangte Eigentum gemäß § 812 Abs. 1 zurückzuübertragen. Da B dazu nicht in der Lage ist, muss er gemäß **§ 818 Abs. 2 Wertersatz** leisten.

---

393 MünchKomm/Schwab § 812 Rn. 72.

### 2. Valutaverhältnis unwirksam, Deckungsverhältnis einschließlich der Weisung wirksam

234 **Abwandlung zu Fall 24:**

Der Kaufvertrag C–B ist unwirksam, der Kaufvertrag B–A und die Weisung B an A sind wirksam.

Die bereicherungsrechtliche Rückabwicklung muss in dieser Fallkonstellation zwischen C und B erfolgen, weil diese Rechtsbeziehung fehlerhaft ist.

B kann das Grundstück von C gemäß § 812 Abs. 1 S. 1 Alt. 1 herausverlangen, weil B an C das Eigentum ohne Rechtsgrund geleistet hat.

---

### 3. Deckungs- und Valutaverhältnis sind unwirksam

235 **Fall 25: Doppelmangel**

C kauft von B Autoreifen. B kauft beim Großhändler A diese bestellten Reifen und weist A an, die Reifen an C auszuliefern. Nach der Lieferung wird festgestellt, dass beide Kaufverträge unwirksam sind. Hat A gegen B oder C einen bereicherungsrechtlichen Anspruch?

A. A könnte gegen B einen Anspruch aus **§ 812 Abs. 1 S. 1 Alt. 1** haben.

Problematisch ist, was B bei Nichtigkeit beider Kausalverhältnisse erlangt und deshalb an A herauszugeben hat.

I. Nach der früher h.M. hat B gegen C aufgrund der Nichtigkeit des Valutaverhältnisses einen Bereicherungsanspruch erlangt, den A wiederum von B im Wege der Abtretung herausverlangen kann (sog. **Kondiktion der Kondiktion** oder auch **Doppelkondiktion**).[394]

II. Die heute h.Lit.[395] folgt auch in dieser Fallkonstellation der **Als-ob-Betrachtungsweise:** B ist so zu behandeln, als hätte er von A die Sache erlangt. Der Bereicherungsanspruch des A gegen B richtet sich demnach auf Herausgabe des Leistungsgegenstandes selbst.

III. Der wertenden Als-ob-Betrachtungsweise ist auch hier wiederum der Vorzug zu geben. Andernfalls wäre A nicht nur den Einreden des B, sondern auch über § 404 denen des C gegenüber B ausgesetzt und müsste auch dessen Insolvenzrisiko tragen **(Kumulation der Risiken)**. In Mehrpersonenverhältnissen ist jedoch der anerkannte Wertungsgesichtspunkt zu berücksichtigen, dass jede Partei vor Einwendungen geschützt werden soll, die ihr Vertragspartner aus einem Rechtsver-

394 BGH BGHZ 36, 30, 32; Lorenz JZ 1968, 51, 53.

395 Vgl. Looschelders § 57 Rn. 5.

hältnis zu einem Dritten herleitet. Gleiches gilt auch für das aus einer solchen Beziehung zu einem Dritten resultierende Insolvenzrisiko.

B muss daher die Sache an A herausgeben. Da er dazu nicht in der Lage ist, muss er **Wertersatz nach § 818 Abs. 2** leisten.

B. A könnte gegen C einen Anspruch aus **§ 812 Abs. 1 S. 1 Alt. 2** haben.

A ist im Verhältnis zu C nicht Leistender, sondern A hat an B geleistet. Er wollte nämlich seine Verbindlichkeit gegenüber B erfüllen und C hat die Reifen in Erfüllung des Kaufvertrags mit B entgegengenommen. Eine Direktkondiktion des A gegen C scheidet aus.[396]

---

## II. Rückabwicklung bei fehlender Weisung

Ist die Weisung infolge eines Widerrufs oder einer Anfechtung unwirksam oder ist überhaupt gar keine zurechenbare Weisung erteilt worden, so besteht weder eine wirksame Ermächtigung des Anweisenden, an den Empfänger mit befreiender Wirkung zu leisten, noch ist eine wirksame Tilgungsbestimmung für den Eintritt der Erfüllungswirkung im Verhältnis des Empfängers zum Anweisenden vorhanden. **236**

### 1. Rückabwicklung bei zurechenbar erteilter Weisung

Eine Leistung des Anweisenden an den Zuwendungsempfänger liegt nach h.M.[397] nicht nur bei einer wirksamen Anweisung vor, sondern auch dann, wenn eine **„Rechtsscheinsanweisung"** gegeben ist. Dies setzt voraus, dass

- der Rechtsschein einer wirksamen Anweisung vom Anweisenden **zurechenbar veranlasst** wurde und
- der Anweisungsempfänger **gutgläubig** ist, er also ohne Verschulden davon ausgehen konnte, dass die Weisung wirksam erteilt worden ist.

- Unterfällt der Zahlungsvorgang dem **Zahlungsdiensterecht** (§§ 675 c ff.), so ist **umstritten, ob § 675 u** bei einer nicht autorisierten Zahlung den **Anspruch** aus ungerechtfertigter Bereicherung des Zahlungsdienstleisters gegen seinen Kunden **ausschließt.** **237**

  Dem **Wortlaut des § 675 u S. 1** nach hat der Zahlungsdienstleister bei einer nicht autorisierten Zahlung „keinen Anspruch auf Erstattung seiner Aufwendungen". Vor diesem Hintergrund wird zum Teil[398] angenommen, dass § 675 u S. 1 auch einem Bereicherungsanspruch der Bank gegen den Kunden bei nicht autorisierten Zahlungsvorgängen, etwa bei einer wirksam widerrufenen Anweisung, entgegenstehe.

---

396 Vgl. Staudinger/Lorenz § 812 Rn. 54.

397 BGH RÜ 2008, 476; BeckOK/Wendehorst § 812 Rn. 233.

398 LG Hannover ZIP 2011, 1406, 1407 f.; Palandt/Sprau § 675 u Rn. 3, § 812 Rn. 107; BeckOK/Schmalenbach § 675 u Rn. 4; Bölling/Bölling JZ 2010, 708; Winkelhaus BKR 2010, 441.

Der bereicherungsrechtliche Anspruch gewährt allerdings keinen Anspruch auf „Aufwendungsersatz“, sondern nur einen Anspruch auf Herausgabe oder ggf. auf Wertersatz, was gegen einen Ausschluss des Bereicherungsrechts spricht. Deshalb wird auch von Teilen der Judikatur und Lit.[399] unverändert am Bereicherungsausgleich zwischen Bank und Zahler festgehalten, da es nicht Ziel der Neuregelung gewesen sei, den Zahler zulasten der zahlenden Bank zu bereichern.

Nach der **Auffassung des BGH** scheitert ein Anspruch der Bank daran, dass der Kunde, also der „Zahler“, nichts erlangt hat. Denn ein Zahlungsvorgang im Anwendungsbereich der §§ 675 c ff. könne einem Zahler ohne dessen Autorisierung unabhängig davon, ob der Zahlungsempfänger Kenntnis von der fehlenden Autorisierung hat und wie sich der Zahlungsvorgang von seinem Empfängerhorizont aus darstellt, nicht als Leistung zugerechnet werden. Damit vollzieht der BGH im Bereich des Zahlungsdiensterechts ausdrücklich mit Hinweis auf die § 675 j und § 675 u in den sog. Veranlasserfällen eine **Abkehr vom Horizont des Zahlungsempfängers** als maßgebendem Wertungskriterium.[400]

***Klausurhinweis:*** *Folgt man dem BGH, so scheitert zwar ein Anspruch aus § 812 Abs. 1 S. 1 Alt. 1 der Bank gegen den Zahler, jedoch hat die Bank gegen den Zahlungsempfänger einen Anspruch aus § 812 Abs. 1 S. 1 Alt. 2.[401] Diese Nichtleistungskondiktion ist möglich, weil der Zahlungsvorgang mangels Tilgungsbestimmung im Valutaverhältnis zwischen Zahler und Zahlungsempfänger keine Erfüllungswirkung hat und deshalb im Deckungsverhältnis zwischen Zahler und Zahlungsdienstleister nicht als Leistung des Zahlungsdienstleisters an den Zahler angesehen werden kann.*

## 2. Direktkondiktion bei nicht zurechenbarer Weisung

238 Hat der Zuwendende an den Empfänger einen Vermögenswert übertragen, obwohl eine nicht zurechenbare Weisung vorlag, so erlangt der Empfänger nicht durch Leistung, sondern in sonstiger Weise auf Kosten des Zuwendenden den Vermögenswert (= das Etwas). Der Zuwendende kann den übertragenen Vermögenswert im Wege der **Nichtleistungskondiktion** vom Empfänger zurückfordern, der sich jedoch ggf. auf Entreicherung berufen kann.

Eine zurechenbare Weisung fehlt etwa in den nachstehenden Beispielen, wenn

- die Anweisung **gefälscht** worden ist;[402]

  Ebenso reicht eine Verfälschung der Anweisung.[403] Das soll nach der nicht unzweifelhaften „FlowTex“-Entscheidung des BGH selbst dann gelten, wenn eine Bank einen Überweisungsauftrag derart verfälscht, dass sie statt auf ein Konto eines anderen Kreditinstituts auf ein bei ihr selbst geführtes Konto des Empfängers überweist: Die Bank hat trotz vorsätzlicher Falschüberweisung einen Anspruch gegen den Empfänger aus Nichtleistungskondiktion, weil § 814 nur bei Leistungskondiktionen gilt.[404]

---

399 AG Hamburg-Harburg WM 2014, 352; Looschelders § 57 Rn. 12; Grundmann WM 2009, 1109, 115; Kiehnle Jura 2012, 895, 900 f.; Rademacher NJW 2011, 2169, 2170 f.

400 BGH RÜ 2015, 757.

401 So auch OLG Brandenburg RÜ 2020, 412, 416.

402 BGH RÜ 2001, 450 ff.; OLG Köln WM 1996, 2007 ff.; RÜ 1996, 497 ff.; BB 1993, 1032, 1033; Staudinger/Lorenz § 812 Rn. 51.

403 BGH NJW 2005, 3213, 3215.

404 BGH NJW 2005, 3213, 3215.

- die Anweisung von einem **Geschäftsunfähigen** oder **beschränkt Geschäftsfähigen** herrührt;[405]
- der „Angewiesene" **irrtümlich** aufgrund einer vermeintlichen Weisung eine Zuwendung getätigt hat, die vom „Anweisenden" **in keiner Weise veranlasst** wurde;[406]

  **Beispiel:** Hat das Jobcenter das dem Wohnungsmieter zustehende Arbeitslosengeld II als Bedarf für Unterkunft und Heizung versehentlich auch noch nach der Beendigung des Mietverhältnisses im Wege der Direktzahlung nach § 22 Abs. 7 S. 1 SGB II an den bisherigen Vermieter gezahlt, kann es von diesem – unter dem Gesichtspunkt einer fehlenden (widerrufenen) Anweisung – unmittelbar die Herausgabe der ohne rechtlichen Grund erfolgten Mietzahlung im Wege der Nichtleistungskondiktion gemäß § 812 Abs. 1 S. 1 Alt. 2 BGB) verlangen.[407]

- die Anweisung von einem Mitarbeiter einer juristischen Person ausgestellt worden ist, dessen **Kontovollmacht von einem geschäftsunfähigen Vertreter** erteilt worden ist;[408]
- aufgrund eines bereits ausgeführten Überweisungsauftrags nochmals überwiesen wird – **Doppelzahlung**.[409]
- Bei Fehlen einer wirksamen Anweisung richtet sich der Bereicherungsanspruch des Zuwendenden gegen den vermeintlich Anweisenden, wenn der Fehler der Anweisung darauf beruht, dass für den vermeintlich Anweisenden ein **Vertreter** handelt, der dem Zuwendungsempfänger unbekannte interne Beschränkungen seiner im Außenverhältnis unbeschränkten **Vertretungsmacht missachtet**.[410]
- Bei einer **Zuvielüberweisung** ist umstritten, ob der Anweisende den Rechtsschein zurechenbar veranlasst hat. **239**

**Fall 26: Zu viel gezahlt**

Der B schuldet seiner Cousine C aus einem Kaufvertrag noch insgesamt 6.900 €. B wies deshalb die A-Bank (A) per Telefax an „einen Teilbetrag der noch zu zahlenden 6.900 €, nämlich 4.400 €" an die C zu zahlen. Die A überwies jedoch irrtümlich 6.900 €. Nachdem der Betrag C gutgeschrieben worden ist, fordert die A nunmehr die zu viel gezahlten 2.500 € von C zurück. Zu Recht?

A könnte gegen C einen Anspruch aus **§ 812 Abs. 1 S. 1 Alt. 2** haben.

I. Die C hat einen Anspruch auf Gutschrift i.H.v. 6.900 € erlangt.

II. Außerdem müsste C diesen Vermögenswert in sonstiger Weise auf Kosten der A erlangt haben.

   1. Im Verhältnis zu C verfolgte die A keinen eigenen Leistungszweck. Eine Leistungskondiktion der A gegen C kommt daher nicht in Betracht.

---

405 BGH BGHZ 111, 382, 386; Staudinger/Lorenz § 812 Rn. 51.

406 BGH NJW 2003, 582, 583 f.; OLG Brandenburg WM 2002, 2010, 2012 f.; OLG Nürnberg NJW-RR 2002, 1478 f.

407 BGH RÜ 2018, 354, 357 f.

408 BGH NJW 2004, 1315.

409 BGH NJW 2011, 66; OLG Hamm ZIP 2003, 662 f.; Hauck JuS 2014, 1066, 1071.

410 BGH RÜ 2021, 83.

2. Die C könnte den Geldbetrag in **sonstiger Weise auf Kosten der A** erlangt haben. Ein Erwerb in sonstiger Weise scheidet aus, wenn C das Geld durch Leistung des B erlangt hat.

   a) In Höhe von 4.400 € liegt eine Leistung des B an C vor, da B die A wirksam angewiesen hat, an C zu zahlen.

   b) Den streitigen Betrag in Höhe von 2.500 € sollte die A jedoch nicht überweisen, sodass es insoweit an einer wirksamen Anweisung des B fehlt. Eine Leistung des Anweisenden an den Zuwendungsempfänger liegt jedoch nicht nur bei wirksamer Anweisung vor, sondern auch dann, wenn eine **„Rechtsscheinsanweisung"** gegeben ist.

      aa) Dann müsste B den **Rechtsschein** einer wirksamen Anweisung **zurechenbar gesetzt haben**. Ob bei einer Zuvielüberweisung eine zurechenbare Anweisung vorliegt, ist umstritten.

      In der Lit. wird bei einer Zuvielzahlung von einer nicht zurechenbaren Anweisung ausgegangen.[411] Der Fall der Zuvielzahlung sei genauso zu behandeln, **wie der Fall der Doppelüberweisung**, da sich beide Sachverhalte kaum unterschieden.

      Demgegenüber geht die Rspr.[412] richtigerweise von einer **zurechenbaren Anweisung** aus. Der Grad der Veranlassung des Fehlers der Überweisungsbank durch den Anweisenden ist bei einer Zuvielzahlung nämlich grundsätzlich nicht geringer, als in den Fällen der fahrlässigen Missachtung des Widerrufs der Anweisung. Da die Anweisung bei der Zuvielzahlung bestehen bleibt, während sie im Fall des Widerrufs in rechtlicher Hinsicht entfällt, ist der Verursachungsbeitrag des Anweisenden eher größer. Die irrtümliche Zuvielzahlung ist daher im Ergebnis als **bloßer Vorgang innerhalb des Deckungsverhältnisses zwischen dem Anweisenden und seiner Bank** zu werten und damit in diesem Verhältnis rückabzuwickeln.

      Wollte man dies anders sehen, könnte der Gläubiger nie absolut sicher sein, den gutgeschriebenen Betrag endgültig behalten zu dürfen. Das kann schon im Interesse der **Sicherheit des bargeldlosen Zahlungsverkehrs** nicht hingenommen werden. Allerdings muss der Gläubiger, also der Zahlungsempfänger, **gutgläubig** sein, da sich nur ein gewissenhafter Gläubiger darauf verlassen können muss, dass er den überwiesenen Betrag behalten darf und darüber frei disponieren kann.

      bb) Die C war gutgläubig, da der Betrag der noch insgesamt ausstehenden Forderung entsprach und sie von der insoweit beschränkten Zahlungsan-

---

411 Beck/Wendehorst § 812 Rn. 203; wohl auch Hauck JuS 2014, 1066, 1070.

412 BGH RÜ 2008, 208.

weisung des B keine Kenntnis hatte. Somit liegt eine Leistung des B an die C i.H.v. insgesamt 6.900 € vor.

Ein Anspruch der A gegen C aus § 812 Abs. 1 S. 1 Alt. 2 (Direktkondiktion) scheidet aus.

---

## III. Direktkondiktion kraft gesetzlicher Wertung

Auch wenn der Zuwendende aufgrund einer wirksamen Weisung des Anweisenden den Vermögenswert auf den Empfänger übertragen hat, kann der **Zuwendende kraft gesetzlicher Wertung berechtigt** sein, den zugewandten Gegenstand zu kondizieren. 240

**Beispiel 1:** C hat B einen Wagen für 19.000 € verkauft. Die A-Bank hat den Kaufpreis finanziert und an C bezahlt (sog. verbundenes Geschäft). Nunmehr stellt sich die Unwirksamkeit beider Verträge heraus.[413]

Aus **§ 358 Abs. 4 S. 4** ergibt sich, dass die A-Bank keinen Anspruch gegen den Käufer B aus § 812 auf Rückzahlung des Kaufpreises haben soll. Die Bank ist vielmehr auf Ausgleichsansprüche gegen den Verkäufer angewiesen. Die A-Bank kann nur direkt gemäß § 812 vom Verkäufer C den gezahlten Geldbetrag kondizieren.

**Beispiel 2:** B schenkt C ein Hausgrundstück, das noch A gehört. B kauft das Hausgrundstück von A und auf Bitten des B übereignet A an C das Grundstück. Später stellt sich heraus, dass sowohl der Schenkungsvertrag B–C als auch der Kaufvertrag B–A unwirksam sind.

A kann gemäß § 812 direkt vom Beschenkten C die Rückübertragung des Grundstücks verlangen. Das ergibt sich aus der in **§ 822** getroffenen Wertung.

# D. Bereicherungsausgleich beim Vertrag zugunsten Dritter

Bei einem echten Vertrag zugunsten Dritter i.S.d. **§ 328** hat der begünstigte Dritte einen eigenen Anspruch gegen den Versprechenden, sodass man annehmen könnte, der Versprechende erbringe eine Leistung an den Dritten. 241

Der Versprechende ist aber nach **§ 335** auch dem Versprechensempfänger gegenüber verpflichtet. Wenn er also eine Zuwendung an den Dritten erbringt, erfüllt diese in der Regel **zwei Zwecke**, die Erfüllung der Verbindlichkeit dem Dritten gegenüber und die Erfüllung der Verbindlichkeit aus § 335 dem Versprechensempfänger gegenüber.

**Fall 27: Provisionsfreier Makler**

V hat K durch Vermittlung des Maklers M ein Grundstück verkauft. In dem notariellen Vertrag wurde vereinbart, dass K „zugunsten des Maklers M" eine Courtage von 3 % zahlen soll. Nachdem K an M die Provision – in bar – gezahlt hatte, focht er erfolgreich den Kaufvertrag samt der Maklervereinbarung wegen arglistiger Täuschung durch V an. Kann K die Provision von M herausverlangen?

---

413 Vgl. BGH BGHZ 133, 254, 261.

K könnte gegen M einen Anspruch aus **§ 812 Abs. 1 S. 1 Alt. 1** haben.

A. M hat Eigentum und Besitz an dem gezahlten Geldbetrag erlangt.

B. Ferner müsste er dies durch Leistung des K erlangt haben. K wollte mit der Zahlung an M seine Verpflichtung dem M gegenüber erfüllen. M war als begünstigter Dritter aus dem zwischen V und K geschlossenen Vertrag gemäß **§§ 328, 652** berechtigt, die Provision von K zu fordern. Vereinbarungen in Grundstückskaufverträgen, in denen sich der Erwerber verpflichtet, die Maklerprovision zu zahlen, sind Verträge zugunsten des Maklers.[414]

Mit der Zahlung an M wollte K aber auch eine vermeintliche Verpflichtung gegenüber dem V aus § 335 erfüllen. K hat die Zuwendung an den M zur Erfüllung mehrerer Zwecke erbracht. Es stellt sich daher die Frage, ob K im Verhältnis zu V oder zu M als Leistender anzusehen ist.

242 I. Der **Bereicherungsausgleich** muss **grundsätzlich zwischen den Parteien** erfolgen, die an dem fehlerhaften Rechtsverhältnis (dem Deckungs- oder Valutaverhältnis) beteiligt sind.

II. **Zwei Ausnahmen** von diesem Grundsatz sind beim echten Vertrag zugunsten Dritter anerkannt:

1. Erfolgt die Zuwendung an den Dritten zu dessen Versorgung **(§ 330)**, soll regelmäßig nur der Dritte anspruchsberechtigt sein. Wird die Versorgungsleistung erbracht, ist der Versprechende (Zuwendende) auch Leistender im Verhältnis zum Dritten.

2. Eine zweite Ausnahme besteht dann, wenn Versprechender und Versprechensempfänger vereinbaren, dass entgegen der abdingbaren Vorschrift des **§ 335** ausschließlich dem Dritten das Forderungsrecht zustehen soll und das Valutaverhältnis gegenüber dem Deckungsverhältnis unselbstständig ist. Auch in diesem Fall leistet der Versprechende an den Dritten.

   Hier bestand das Leistungsrecht des Maklers allein aufgrund des Kaufvertrags und war damit **allein vom Bestand des Deckungsverhältnisses abhängig**. Daher ist hier ausnahmsweise von einer Leistung des K an M auszugehen.[415]

Da für die Leistung kein Rechtsgrund bestand, kann K von M die Courtage herausverlangen.

---

414 BGH RÜ 1998, 229.

415 Staudinger/Lorenz § 812 Rn. 38.

## E. Bereicherungsausgleich bei Abtretung

Wird eine Forderung aus einem Schuldverhältnis abgetreten, bleibt das Schuldverhältnis zwischen den Parteien bestehen. Lediglich die abgetretene Forderung geht auf den Neugläubiger (Zessionar) über. Zahlt der Schuldner an den neuen Gläubiger, wird die Frage virulent, ob der Schuldner damit an den Altgläubiger (Zedenten) eine Leistung zur Erfüllung des Schuldverhältnisses erbringt oder an den Neugläubiger (Zessionar) zur Erfüllung der Forderung leistet. 243

**Fall 28: Feuer frei**

Großhändler C liefert Waren an B. Als C Sicherheiten für noch offen stehende Rechnungen fordert, tritt B dem C eine Versicherungsforderung aus einer Feuerversicherung bei A ab und teilt dies auch sogleich der A mit. Diese zahlt daraufhin 10.000 € an C. Die Versicherungsforderung bezieht sich auf einen Brand im Betrieb des B. Wenig später stellt sich heraus, dass B den Brand gelegt hat.

Nunmehr verlangt A von C die Rückzahlung der 10.000 €. Zu Recht?

**Hinweis:** Aufgrund der Brandstiftung ist nie ein Anspruch des B gegen die A entstanden, vgl. § 81 VVG.

A könnte gegen C einen Anspruch aus **§ 812 Abs. 1 S. 1 Alt. 1** haben.

I. C hat einen **Vermögensvorteil** i.H.d. Versicherungssumme **erlangt**.

II. **Fraglich** ist, **ob dies durch Leistung des A an C** erfolgte. C hatte (vermeintlich) gegenüber A einen Anspruch auf Zahlung der Versicherungssumme aus der abgetretenen Forderung. Dies könnte dafür sprechen, dass die A dem C gegenüber eine bestehende Verbindlichkeit erfüllen wollte. Jedoch hat die A mit B den Versicherungsvertrag abgeschlossen, sodass eine Zuwendung der Versicherungssumme auch im Hinblick auf das Vertragsverhältnis mit B erfolgte.

   Wie die Leistung im Rahmen der Abtretung zu beurteilen ist, wird vor diesem Hintergrund unterschiedlich beantwortet.

   1. Die h.M. ist diesbezüglich der Auffassung, dass eine Leistung an den **alten Gläubiger** (Zedenten), hier also an B, vorliegt. Ein Bereicherungsausgleich habe grundsätzlich zwischen den Parteien der Vertragsbeziehung zu erfolgen.[416] Es sei mit dem Schuldnerschutz unvereinbar, den Schuldner auf eine Kondiktion gegen den Zessionar zu verweisen. Dem Schuldner dürfe entsprechend dem **Rechtsgedanken der §§ 404 ff.** durch die Abtretung kein Nachteil entstehen. Die Rückabwicklung müsse mit dem Vertragspartner erfolgen, damit alle Einwendungen und Einreden erhalten blieben.[417] 244

416 BGH RÜ 2012, 701, 702; OLG Dresden RÜ 2020, 569, 570; Canaris NJW 1992, 868 ff.; a.A. Jakobs ZIP 1994, 9 ff. und Dörner NJW 1990, 473 ff.

417 BGH BGHZ 122, 46, 50 m.w.N.

2. In der Lit. wird demgegenüber teilweise die Ansicht vertreten, dass an den **neuen Gläubiger** (Zessionar) geleistet wird.[418] Der Schuldner (A) gebe auch eine eigene Tilgungsbestimmung ab. Selbst wenn – wie im Regelfall – die Zahlung mit einer Forderung des Zessionars gegen den Zedenten verrechnet werde, ordne der Schuldner sich **nicht** der Tilgungsbestimmung des Zedenten unter.

   Die Tilgungswirkung im Verhältnis Zessionar/Zedent sei daher nicht entscheidend. Der Schuldner müsse auch eine **eigene** Tilgungsbestimmung abgeben, um die gegen ihn bestehende Forderung zu tilgen. Die Prämisse der Gegenansicht, der Schuldnerschutz gebiete es, ein Leistungsverhältnis zwischen dem Schuldner (A) und dem Zedenten (B) anzunehmen, sei verfehlt, da der Schuldner sich durch die Verabredung eines Abtretungsverbotes nach **§ 399 Alt. 2** hinreichend schützen könne.

3. Für die h.M. spricht entscheidend, dass A als Versicherer das **Risiko der Insolvenz** seines Versicherungsnehmers zu tragen hat, wenn die Herausgabe der Versicherungsleistung verlangt wird. Zudem ähnelt das bestehende Verhältnis der Parteien demjenigen, welches im Fall einer Zahlungsanweisung zwischen den Parteien besteht. Genauso wie dort trifft der Leistende (A) **keine freie Entscheidung**, an wen er die Leistung erbringt, sondern tut dies wiederum (zwangsweise!) auf Veranlassung des Schuldners des Valutaverhältnisses (B).[419]

   Im vorliegenden Fall weist nur nicht der Vertragspartner eine Zahlung an, sondern gibt dem Empfänger das Recht, die Zahlung selbst anzufordern. Im Übrigen besteht zwischen den Konstellationen aber kein Unterschied.

   Somit hat A an B und B an C geleistet. Eine Direktkondiktion des A gegenüber C scheidet demnach aus.

A hat gegen C keinen Anspruch aus § 812 Abs. 1 S. 1 Alt. 1.

---

## F. Bereicherungsausgleich bei Forderungspfändung

245 Zahlt ein **Drittschuldner** auf eine gepfändete Forderung und stellt sich heraus, dass die gepfändete Forderung gar nicht bestand, so hat er einen **Direktanspruch** gegen den Vollstreckungsgläubiger aus § 812 Abs. 1 S. 1 Alt. 1.[420] Das Interesse des Drittschuldners ist – für jeden erkennbar – darauf gerichtet, mit der Zahlung das Einziehungsrecht des Gläubigers zum Erlöschen zu bringen.

**Beispiel:** A hat eine Forderung gegen B. Da B nicht zahlt, erwirkt A ein vollstreckbares Urteil gegen B und pfändet eine Kaufpreisforderung seines Schuldners B gegen den Drittschuldner D. Der D überweist den Betrag an A. Nunmehr stellt sich heraus, dass die Forderung des B gegen D gar nicht bestand. D verlangt von A Rückzahlung.

418 Haertlein JuS 2007, 1073, 1079; Tiedtke WM 1999, 517, 518.

419 Lorenz JuS 2003, 839, 842-843.

420 BGH NJW 2002, 2871 f.; Schöpflin JA 2003, 99.

D hat gegen A einen Anspruch gemäß **§ 812 Abs. 1 S. 1 Alt. 1**.
**I.** A hat einen Vermögensvorteil i.H.d. Gutschrift, also etwas erlangt.
**II.** Problematisch ist, ob er dies durch Leistung des D erlangt hat.
**1.** Nach einer Ansicht in der Lit. kann der Drittschuldner, der trotz Nichtbestehens der gepfändeten Forderung an den Vollstreckungsgläubiger zahlt, seine Leistung allein vom Vollstreckungsschuldner zurückverlangen.[421] Dies wird damit begründet, dass die Zahlung aufgrund eines Pfändungs- und Überweisungsbeschlusses der Zahlung aus Anweisung gleichstehe.
**2.** Nach ganz h.M.[422] liegt dagegen eine Leistung des Drittschuldners an den Vollstreckungsgläubiger vor. Das Interesse des Drittschuldners ist – für jeden erkennbar – darauf gerichtet, mit der Zahlung das Einziehungsrecht des Gläubigers zum Erlöschen zu bringen. Mit den Fällen der Anweisung ist die Pfändung nicht vergleichbar, denn der Pfändungs- und Überweisungsbeschluss zugunsten eines Vollstreckungsgläubigers ergeht ohne Zutun des Vollstreckungsschuldners, ja sogar gegen seinen Willen.[423] Somit liegt hier eine Leistung des D an A vor.
**III.** Da die gepfändete Forderung nicht bestand, erfolgte die Zahlung auch ohne Rechtsgrund.

## G. Bereicherungsausgleich bei Zahlung auf fremde Schuld

Gemäß **§ 267 Abs. 1** kann ein Dritter ohne Einverständnis des Schuldners den geschuldeten Vermögenswert an den Gläubiger übertragen. Vor diesem Hintergrund gilt es zwischen **drei Fallkonstellationen** zu differenzieren. 246

- Besteht der Anspruch des Gläubigers gegen den Schuldner, wird er unter den Voraussetzungen des § 362 Abs. 1 i.V.m. § 267 Abs. 1 erfüllt. Ein Bereicherungsanspruch gegen den Gläubiger besteht nicht. Der Dritte hat lediglich Ansprüche gegen den Schuldner, der von seiner Verbindlichkeit befreit ist.

  **Beispiel:** B schuldet dem C aus einem Darlehensvertrag 15.000 €. A zahlt auf die Schuld des B.

  **I.** Da A auf die Darlehensschuld des B gezahlt hat, ist die Forderung des C gegen B durch Erfüllung gemäß **§ 362 Abs. 1 i.V.m. § 267 Abs. 1 erloschen.** A hat erkennbar auf eine fremde Schuld gezahlt und damit die für die Erfüllung erforderliche Tilgungsbestimmung getroffen.
  **II.** Ausgleichsansprüche des A gegen B
  **1.** Wenn die Zahlung dem Interesse und dem mutmaßlichen Willen des B entsprach, ergibt sich ein Anspruch des A gegen B aus §§ 677, 683 S. 1, 670.
  **2.** War die Zahlung nicht interessen- oder willensgemäß, ergibt sich ein Anspruch aus §§ 684, 818.
  **3.** Der BGH hat **neben** einem Anspruch aus **§§ 684, 818** einen Bereicherungsanspruch unmittelbar aus **§ 812 Abs. 1 S. 1 Alt. 2** bejaht. B hat durch die Zahlung des A an C ohne Rechtsgrund die Befreiung von der Verbindlichkeit, also etwas „in sonstiger Weise auf Kosten des A" erlangt. Da das Erlangte nicht herausgegeben werden kann, muss gemäß § 818 Abs. 2 Wertersatz geleistet werden. Ein Wegfall der Bereicherung gemäß § 818 Abs. 3 kommt nicht in Betracht, da die Schuld getilgt wurde. Der Schuldner kann diesem Ausgleichsanspruch des Dritten **entsprechend** §§ 404 ff. alle Einreden entgegen halten, die ihm gegenüber dem Anspruch des C aus Darlehen zustanden.

- Besteht die zu tilgende Verbindlichkeit **nicht**, hat der Zahlende einen Bereicherungsanspruch gegen den Gläubiger (Rn. 247 f.).

- Leistet der Dritte auf eine vermeintlich eigene Verbindlichkeit, liegt kein Fall des § 267 Abs. 1 vor, da es an einer Fremdbestimmung fehlt (Rn. 249).

---

421 Buciek ZIP 1986, 890 f. m.w.N.
422 MünchKomm/Schwab § 812 Rn. 258 m.w.N.
423 BGH RÜ 2002, 448, 449.

## I. Bereicherungsausgleich, wenn die Verbindlichkeit nicht bestand

247

**Fall 29: Hilfsbereiter Schwiegervater**

B kauft von C einen gebrauchten Porsche für 49.000 €, Kilometerstand 85.000 km. Da B in Zahlungsschwierigkeiten gerät, zahlt der Schwiegervater A den noch offen stehenden Betrag von 8.000 €. Nunmehr ficht B den Kaufvertrag wirksam an, da der Wagen nämlich tatsächlich bereits 180.000 km gelaufen hatte. Anspruch des A?

A könnte gegen C einen Anspruch auf Rückgabe der gezahlten 8.000 € gemäß **§ 812 Abs. 1 S. 1 Alt. 1** haben.

I. Dazu müsste C durch **Leistung des A** etwas erlangt haben.

C hat einen Vermögensvorteil i.H.v. 8.000 € erhalten. Fraglich ist, ob dies durch Leistung des A geschah. A hat dem C die 8.000 € ausgehändigt, um die Kaufpreisverpflichtung des B gegenüber C – teilweise – zu erfüllen.

1. **A** wollte **als Dritter gemäß § 267 Abs. 1** die Schuld des B tilgen, sodass sich folgern ließe, A habe den B von seiner Verbindlichkeit befreien wollen und somit im Verhältnis zu C keinen besonderen Zweck verfolgt. Aus der Sicht des Empfängers C sei B mithin als Leistender anzusehen.[424]

248 2. Demgegenüber liegt nach der h.M. eine Leistung des A an C vor, wenn für C erkennbar war, dass A aus eigenem Antrieb die Schuld beglichen hat und dass B die Zahlung des A **nicht veranlasst hat.**[425] Dies ist folglich dann der Fall, wenn es zum einen aus der Sicht des Leistungsempfängers (C) an einer Tilgungsbestimmung seines Vertragspartners aus dem Valutaverhältnis (B) bezogen auf seine Verbindlichkeit aus diesem Verhältnis fehlt und zum anderen der tatsächlich Zuwendende (A) die Verknüpfung seiner Zuwendung mit der Fremdverbindlichkeit in Form einer Fremdtilgungsbestimmung abgibt.

   Aus Sicht des Leistungsempfängers C hat B die Zahlung des A in keiner Weise veranlasst, sodass es an einer eigenen Tilgungsbestimmung des B aus dem Valutaverhältnis fehlt. A wollte auch für C erkennbar eine **fremde** Schuld, nämlich die Schuld des B, tilgen. Mit Rücksicht auf diese **Fremdbestimmung** brachte A damit gegenüber C zum Ausdruck, dass er im Verhältnis zum Empfänger einen **eigenen** Zweck verfolgte. Der Dritte, hier der A, ist daher im Verhältnis zum Empfänger als **Leistender** anzusehen.

3. Da B im vorliegenden Fall die Zahlung des A in keiner Weise veranlasst hat, ist er schutzwürdig und deshalb aus der bereicherungsrechtlichen Rückabwicklung herauszuhalten. Der Leistende zahlt aufgrund der gesetzlichen Bestimmung des § 267 direkt auf das Valutaverhältnis.

---

424 Wieling JuS 1978, 801 ff.; Schmidt JZ 1971, 601, 606 f.

425 BGH NJW 2000, 1718, 1719; MünchKomm/Schwab § 812 Rn. 190 m.w.N.

II. Schließlich müsste die Leistung **ohne Rechtsgrund** erfolgt sein. A hat geleistet, um die Schuld des B gegenüber C zu tilgen. Dieser mit der Leistung bezweckte Erfolg ist nicht eingetreten. Die Kaufpreisforderung bestand infolge der Anfechtung des Kaufvertrags nämlich nicht. A hat mithin rechtsgrundlos geleistet.

A kann gemäß § 812 Abs. 1 S. 1 Alt. 1 von C 8.000 € verlangen.

---

***Hinweis:*** *In dieser Konstellation lässt die h.M also ausnahmsweise eine* ***Direktkondiktion****, nämlich den Durchgriff gegen den Dritten zu, weil der Schuldner die Zahlung nicht veranlasst hat und deshalb aus der bereicherungsrechtlichen Rückabwicklung herausgehalten wird.*

## II. Bereicherungsausgleich, wenn der Zuwendende eine vermeintlich eigene Schuld tilgen wollte

Wollte der Zuwendende eine eigene Verbindlichkeit tilgen, weil er sich für den Schuldner hielt, in Wahrheit aber ein Dritter Schuldner ist, so kann der vermeintliche Schuldner vom Empfänger gemäß § 812 Abs. 1 S. 1 Alt. 1 seine erbrachte Leistung zurückverlangen. Er ist Leistender, weil er mit der Zuwendung einen bestimmten Zweck erreichen, nämlich seine – vermeintliche – Verbindlichkeit erfüllen wollte. Es liegt **kein Fall des § 267** vor, weil der Leistende nicht zum Ausdruck gebracht hat, dass er eine fremde Schuld tilgen will. 249

Der Anspruch des Gläubigers erlischt nur, wenn der Dritte mit dem Willen leistet, die Verpflichtung des Schuldners zu tilgen, wobei es nicht auf den inneren Willen des Dritten ankommt, sondern darauf, wie der Gläubiger sein Verhalten verstehen durfte.[426]

Fraglich ist jedoch, ob der Zahlende nachträglich bestimmen kann, dass die bereits erfolgten Leistungen auf die fremde Schuld erbracht sein sollen – sog. **nachträgliche Fremdbestimmung** der Leistung.

- Ein Teil der Lit. lehnt eine nachträgliche Fremdbestimmung ab.[427]
- Die h.M.[428] geht dagegen davon aus, dass der Dritte in den Grenzen des § 242 die Möglichkeit hat, die Fremdtilgungsbestimmung nachzuholen. Soweit schutzwürdige Interessen des Schuldners nicht beeinträchtigt werden, ist also eine nachträgliche Fremdbestimmung möglich.

## H. Bereicherungsausgleich gemäß §§ 951, 812

Der Anspruch aus §§ 951, 812 regelt die Entschädigungspflicht desjenigen, der durch den gesetzlichen **Eigentumserwerb gemäß den §§ 946 ff.** das Eigentum an einer Sache erhalten hat. Denn in den Fällen, in denen eine Sache mit einer anderen Sache ver- 250

---

426 BGH NJW 1995, 128, 129.

427 Erman/Buck-Heeb § 812 Rn. 3.

428 BGH NJW 1986, 2700; Palandt/Grüneberg § 267 Rn. 3; Jauernig/Stadler § 267 Rn. 5.

bunden, mit einer anderen Sache vermischt oder aus einer anderen Sache eine neue Sache hergestellt wird, werden die Eigentumsverhältnisse durch §§ 946 ff. kraft Gesetzes neu geregelt.

Verliert der Eigentümer (der „Verlierende“) sein Eigentum an einer beweglichen Sache gemäß den §§ 946 bis 950 und stehen ihm gegen den Erwerbenden keine besonderen – vertraglichen oder gesetzlichen – Ausgleichsansprüche zu, kann er gemäß § 951 Abs. 1 S. 1 nach den Regeln des Bereicherungsrechts eine „Vergütung in Geld“ verlangen.

**Aufbauschema: Anspruch aus §§ 951, 812**

**A. Voraussetzungen**

- **I.** Anspruchsteller hat **Rechtsverlust nach §§ 946 ff.** erlitten.
- **II.** Voraussetzungen des § 812 Abs. 1 (**Rechtsgrundverweisung)**
  - **1.** Anspruchsgegner hat **„etwas“** erlangt: Eigentum gemäß §§ 946 ff.
  - **2.** Durch **Leistung** des Anspruchstellers oder **in sonstiger Weise**
    - Nach der Rspr. verweist § 951 nicht nur auf die Eingriffs-, sondern auch auf die Leistungskondiktion
    - Oder in sonstiger Weise: Ist nicht gegeben, wenn Eigentum durch Leistung eines Dritten erlangt wird
  - **3. Ohne Rechtsgrund** gegenüber dem Anspruchsteller, §§ 946 ff. sind kein Rechtsgrund i.S.d. § 812

**B. Rechtsfolge**: Vergütung in Geld, § 951 Abs. 1 S. 1

## I. Vorrangige Ansprüche

251 Gegenüber dem Anspruch aus §§ 951, 812 sind bestimmte vertragliche oder gesetzliche Ausgleichsansprüche vorrangig:

- **Vertragliche Ausgleichsansprüche**

  Nach ganz h.M. statuiert § 951 einen **Rechtsgrundverweis** auf die §§ 812 ff.[429] Bestehen daher vertragliche Ausgleichsansprüche, so hat dies zur Folge, dass die Voraussetzungen des Anspruches aus §§ 951, 812 nicht vorliegen, da die Ausgleichsansprüche einen Rechtsgrund darstellen.

- **Gesetzliche Ausgleichsansprüche**

  - Schadensersatzansprüche

    Aus **§ 951 Abs. 2 S. 1** ergibt sich, dass Ansprüche aus **§§ 823 ff.** neben denen aus §§ 951, 812 bestehen können.

429 Vgl. BeckOk/Kindl § 951 Rn. 2 m.w.N.

- Verwendungsersatzansprüche

  Bei Verwendungen eines unrechtmäßigen Besitzers kann die Frage virulent werden, ob die §§ 951, 812 Anwendung finden, wenn die Regelungen nach den **§§ 994 ff.** eingreifen.

  **Beispiel:** A wohnt im Haus des B zur Miete. Er übernimmt erhebliche Aus- und Umbauarbeiten. Nach drei Jahren stellt sich die Unwirksamkeit des Mietvertrags heraus. Hat A gegen B Aufwendungsersatzansprüche?[430]

  **I.** B war Eigentümer des Hauses und A war dessen Besitzer. Da der Mietvertrag unwirksam ist, bestand auch kein Recht zum Besitz. Somit ergibt sich ein Verwendungsersatzanspruch nach den Regeln der §§ 994 ff.
  **II.** A war Eigentümer des eingebauten Materials. Dies hat B nach § 946 erworben. Demnach käme an sich auch ein Wertersatzanspruch aus §§ 951, 812 in Betracht.

  Der Ausschluss bereicherungsrechtlicher Ansprüche durch die §§ 987 ff. gilt nach der Rspr. auch gegenüber §§ 951, 812, soweit der Verlierende als nichtberechtigter Besitzer der Sache des Erwerbenden auf die Sache eine **Verwendung** machte, indem er diese mit seiner Sache unter Verlust seines Eigentums gemäß §§ 946 ff. verband.[431] Dagegen finden die §§ 951, 812 aber Anwendung, wenn der Erwerbende nichtberechtigter Besitzer einer Sache war, die er dann gem. den §§ 946 ff. erwarb.[432]

## II. Rechtsverlust

Gemäß § 951 Abs. 1 S. 1 ist zunächst ein Rechtsverlust des Anspruchstellers infolge der §§ 946 bis 950[433] erforderlich. Der Anspruchsgegner muss also **kraft Gesetzes** Eigentum, ein Anwartschaftsrecht oder ein beschränktes dingliches Recht an der Sache erworben haben.[434] **252**

- Wird eine bewegliche Sache mit einem Grundstück so **verbunden**, dass sie wesentlicher Bestandteil des Grundstücks wird, so erwirbt der Grundstückseigentümer gemäß §§ 946, 93, 94 das Eigentum an der Sache.
- Die **Verbindung mehrerer beweglicher Sachen zu einer einheitlichen Sache** führt zu Miteigentum des Eigentümers (§ 947 Abs. 1), es sei denn, dass eine Sache als Hauptsache anzusehen ist (§ 947 Abs. 2).
- Die **Verarbeitung** einer Sache zu einer neuen Sache hat unter den Voraussetzungen des § 950 zur Folge, dass der bisherige Eigentümer das Eigentum an der Sache verliert und der Hersteller der neuen Sache Eigentümer wird.

## III. Rechtsgrundverweis auf die §§ 812 ff.

Während weitgehend darüber Einigkeit besteht, dass § 951 einen Rechtsgrundverweis enthält, wird nach wie vor kontrovers beurteilt, ob § 951 dabei nur auf § 812 Abs. 1 S. 1 **253**

430 Nach BGH NJW 1996, 52 f.

431 Ausführlich zur Frage, ob ein Anspruch aus §§ 951, 812 durch die §§ 994 ff. verdrängt wird AS-Skript Sachenrecht 1 (2020), Rn. 270 ff.

432 BGH BGHZ 55, 176, 179; Palandt/Herrler § 951 Rn. 2.

433 Vgl. dazu ausführlich AS-Skript Sachenrecht 1 (2020), Rn. 267 ff.

434 BeckOK/Kindl § 951 Rn. 4.

Alt. 2 (Nichtleistungskondiktion) oder auch auf § 812 Abs. 1 S. 1 Alt. 1 (Leistungskondiktion) verweist.

- Nach einer Ansicht[435] bezieht sich der Verweis in § 951 Abs. 1 **nur** auf den Tatbestand der **Nichtleistungskondiktion**, sodass die Leistungsfälle unmittelbar über § 812 zu lösen wären. Dafür spricht der Wortlaut des § 951 Abs. 1 „erleidet".

  Außerdem nennt § 951 als Anspruchsgläubiger nur den bisherigen Rechtsinhaber, während Leistender und damit Gläubiger einer Leistungskondiktion in den Einbaufällen auch eine andere Person als der bisherige Eigentümer des Materials sein kann.

- Andere[436] gehen davon aus, dass § 951 **beide Alternativen des § 812 Abs. 1 S. 1** erfasst. Nach Sinn und Zweck der Vorschrift, kann es sich nur um einen Verweis auf alle Kondiktionen des § 812 handeln. Der Anspruchsgegner wird ausreichend dadurch geschützt, dass es sich bei dem Verweis des § 951 um einen echten Rechtsgrundverweis handelt, d.h. Ersatz nur unter den Tatbestandsvoraussetzungen des § 812 gewährt wird.

## IV. Rechtsfolge

254 Der Anspruch aus § 951 Abs. 1 S. 1 gewährt dem Anspruchsinhaber eine „Vergütung in Geld". Dabei handelt es sich um einen **Wertersatzanspruch**, dessen Umfang gemäß § 818 Abs. 2 objektiv und somit nach dem Verkehrswert zu bemessen ist.[437] Maßgeblicher Zeitpunkt für die Ermittlung des Wertes ist nach h.M. der **Eintritt der Rechtsänderung**.[438]

**Beispiel:** Bei der Errichtung eines Gebäudes ist der Zeitpunkt der Vollendung maßgebend.

Soweit der Rechtserwerb dem Erwerbenden unerwünscht ist, kann es zu einer **aufgedrängten Bereicherung** kommen. Dann kann der Bereicherungsanspruch des Verlierenden entfallen oder jedenfalls beschränkt werden.

- Ist etwa derjenige, der auf fremdem Grund gebaut hat, zur Beseitigung des Gebäudes gemäß § 1004 oder § 823 verpflichtet, so entfällt der Vergütungsanspruch wegen Rechtsmissbrauchs, wenn der Eigentümer Beseitigung verlangt.[439]

- Ferner kann der Erwerbende dem Zahlungsverlangen des Verlierenden einredeweise die Gestattung der Wegnahme entsprechend § 1001 S. 2 entgegensetzen, soweit der Rechtserwerb ohne seine Zustimmung erfolgte.[440]

- Versagen die zuvor genannten Abwehrmittel, so ist für die Höhe des Anspruchs des Verlierenden der **subjektive Nutzen** des Rechtserwerbs für den Erwerbenden maßgebend.[441] Dafür spricht der Rechtsgedanke des § 818 Abs. 3.

---

435 BGH BGHZ 55, 176, 179; Jauernig/Berger § 951 Rn. 20.
436 BGH NJW 1989, 2745, 2746; Huber JuS 1970, 342.
437 MünchKomm/Schwab § 951 Rn. 24.
438 BeckOK/Kindl § 951 Rn. 16.
439 BGH NJW 1965, 816; Palandt/Herrler § 951 Rn. 19.
440 Jauernig/Berger § 951 Rn. 20; Palandt/Herrler § 951 Rn. 20.
441 Palandt/Herrler § 951 Rn. 21.

## V. Klausurtypische Fallkonstellationen

### 1. Erwerber selbst führt den Eigentumsverlust herbei

Hat der Erwerber des Eigentums die Verbindung, Vermischung oder Verarbeitung selbst ohne Einverständnis des Berechtigten vorgenommen, kann der Berechtigte vom Erwerber gemäß §§ 951, 812 Wertersatz verlangen. **255**

**Beispiel:** N entwendet vom Ziegeleigrundstück des E Steine und errichtet auf seinem Grundstück eine Garage. E verlangt von N Bezahlung der Steine.

Anspruch des E gegen N gemäß §§ 951, 812 Abs. 1 S. 1
**I.** N hat gemäß §§ 946, 93, 94 das Eigentum an den Steinen erworben. Diese wurden mit dem Einbau wesentlicher Bestandteil des Grundstücks.
**II.** Da § 951 einen Rechtsgrundverweis enthält, ist ein Bereicherungsanspruch des E gegen N nur gegeben, wenn auch die Voraussetzungen des § 812 Abs. 1 S. 1 vorliegen.
**1.** N hat mit dem Eigentumserwerb etwas erlangt.
**2.** Dies geschah nicht durch Leistung des E, sondern in sonstiger Weise auf Kosten des E, da N die Steine ohne den Willen des E an sich gebracht hat und diese eingebaut hat.
**3.** Der Eigentumserwerb erfolgte ohne Rechtsgrund, denn die §§ 946 ff. regeln nur die Eigentumsfrage, sind aber kein Rechtsgrund für das Behaltendürfen.
Rechtsfolge der §§ 951, 812: Vergütung in Geld

***Hinweis:*** *Dabei stehen die §§ 987 ff. einem Anspruch aus §§ 951, 812 nicht entgegen. Denn auch wenn ein Schadenersatz gemäß §§ 989, 990 in Betracht kommt, bleiben Wertersatzansprüche davon unberührt. Durch § 993 Abs. 1 a.E. werden nämlich lediglich anderweitige Schadenersatzansprüche gesperrt.*

### 2. Dritter führt den Eigentumsverlust nach §§ 946 ff. durch

In den Fällen der §§ 946–950 tritt der Eigentumsverlust nicht durch ein Verfügungsgeschäft ein, sondern kraft Gesetzes. Auch die zugrunde liegenden Verpflichtungsgeschäfte verpflichten häufig nicht zur Übertragung des Eigentums. So ist etwa ein Bauunternehmer aus dem Werkvertrag zur Errichtung des Bauwerks verpflichtet, nicht aber zur Übereignung der Baumaterialien, da diese kraft Gesetzes übergehen. Da also **keine Verpflichtungen zur Eigentumsübertragung** bestehen, fragt sich, ob das Eigentum in diesen Fällen überhaupt Gegenstand einer Leistung sein kann. **256**

- Die Rspr. hält auch im Rahmen des § 951 sowohl am Leistungsbegriff als auch am Subsidiaritätsgrundsatz fest. Danach liegt in den Einbaufällen eine Leistung des Werkunternehmers vor, da sich der Eigentumswechsel aufgrund eines Werkvertrags vollzieht.

- Nach der Lit. wird die Eingriffskondiktion nicht ohne Weiteres von der Leistungskondiktion verdrängt, weil nach §§ 946 ff. das Eigentum „kraft Gesetzes" übergeht und damit unabhängig von einer zweckgerichteten Zuwendung ist. Es ist vielmehr anhand der Wertungsmodelle der §§ 816, 932 ff. zu ermitteln, wann eine Leistung und wann ein Eingriff vorliegt.[442]

442 Vgl. Looschelders § 57 Rn. 22–24 m.w.N.

### a) Eigentumserwerb mit Einverständnis des Eigentümers bewirkt

257 Wird die Verbindung, Vermischung oder Verarbeitung im Einverständnis mit dem Eigentümer vorgenommen, hat der Erwerber auch das **Eigentum durch Leistung erlangt**, sodass ein Erwerb in sonstiger Weise auf Kosten des Eigentümers wegen der Subsidiarität der Nichtleistungskondiktion nicht in Betracht kommt.

**Beispiel:** Baumaterialienhändler B hat sein Baumaterial unter verlängertem Eigentumsvorbehalt an N übertragen. N errichtet für E unter Verwendung der Materialien ein Haus. Da N nicht zahlt, verlangt B Bezahlung von E.

B könnte gegen E einen Anspruch aus §§ 951, 812 Abs. 1 S. 1 Alt. 2 haben.
**I.** Der Tatbestand des § 951 ist verwirklicht. E hat gemäß § 946 das Eigentum erlangt. B hat das Eigentum verloren.
**II.** Voraussetzungen des § 812 Abs. 1 S. 1 Alt. 2
**1.** E hat das Eigentum an den eingebauten Sachen erlangt.
**2.** Dies müsste in sonstiger Weise auf Kosten des B erfolgt sein.
B hat E das Eigentum nicht zweckgerichtet zugewandt. Er wollte weder eine Verbindlichkeit gegenüber E erfüllen noch einen anderen rechtsgeschäftlich vereinbarten Zweck erreichen.
Ein Erwerb in sonstiger Weise auf Kosten des B kommt nicht in Betracht, wenn E durch Leistung des N Eigentum erworben hat. N hat aufgrund des Werkvertrags dem E die Baumaterialien geliefert und eingebaut. Da der Einbau aufgrund eines Vertrags erfolgte, ist der Bauunternehmer grundsätzlich als Leistender anzusehen. Fraglich ist, ob eine andere Beurteilung erforderlich ist, weil die Sachen im Eigentum des B standen. Jedoch hat dieser konkludent im Rahmen des verlängerten Eigentumsvorbehalts in die Weiterverwendung eingewilligt. Daher hätte der N dem E auch das Eigentum verschaffen (§ 185 Abs. 1) und somit leisten können, wenn er die Materialien nach § 929 übereignet hätte, sodass ein Erwerb des E in sonstiger Weise auf Kosten des B ausscheidet.
B hat gegen E keinen Anspruch aus §§ 951, 812 Abs. 1 S. 1 Alt. 2.

### b) Eigentumserwerb ohne Einverständnis des Eigentümers bewirkt

258 Wurde der Eigentumswechsel ohne Einverständnis des Eigentümers bewirkt, ist der Erwerber jedenfalls dann schutzwürdig, wenn er auf ein Einverständnis des Eigentümers vertrauen durfte.

**Fall 30: Bösgläubige Bauherrin**

Der N soll für die E ein schlüsselfertiges Haus errichten. N bezieht die Baumaterialien unter verlängertem Eigentumsvorbehalt von B. Da N nicht zahlt, widerruft der B sein Einverständnis zum Einbau. Die E erfährt davon, unternimmt aber nichts. Nachdem über das Vermögen des N das Insolvenzverfahren eröffnet worden ist, verlangt B von E Zahlung unter Hinweis auf die Bösgläubigkeit der E. Zu Recht?

B könnte gegen E einen Anspruch aus **§§ 951, 812 Abs. 1 S. 1 Alt. 2** haben.

I. Die Voraussetzungen des § 951 sind erfüllt. B hat einen Rechtsverlust gemäß § 946 erlitten, weil die Baumaterialien mit dem Einbau durch N wesentlicher Bestandteil des Grundstücks des E geworden und damit gemäß §§ 946, 93, 94 in das Eigentum der E übergegangen sind.

II. Es müssten ferner die Voraussetzungen des § 812 Abs. 1 S. 1 Alt. 2 vorliegen, weil § 951 nach ganz h.M. einen Rechtsgrundverweis enthält.

1. E hat das **Eigentum** an den Baumaterialien **erlangt**.

2. Dies müsste E ferner **in sonstiger Weise auf Kosten des B** erlangt haben.

   B hat die Baumaterialien dem Grundstückseigentümer E nicht **zweckgerichtet** zugewandt. Ein Erwerb der Baumaterialien durch die E in sonstiger Weise auf Kosten des B kommt nach dem **Grundsatz der Subsidiarität** nicht in Betracht, wenn E die Baumaterialien durch Leistung des N erworben hat.

   a) Nach der Ansicht des BGH liegt grundsätzlich eine **Leistung** des N an E vor, da sich der Eigentumswechsel aufgrund des Werkvertrags, also **aufgrund eines Vertrags, der gerade auf die Tätigkeit gerichtet ist, die unmittelbar den Rechtswechsel herbeiführt**, vollzieht. Der BGH hat aber bisher offen gelassen, ob in den Fällen eines Drei-Personen-Verhältnisses, bei dem der Erwerber hinsichtlich der Einwilligung des Eigentümers zum weiteren Einbau bösgläubig ist, eine Leistung des Vertragspartners, hier also des N, zu bejahen ist.[443] **259**

   b) Nach der h.Lit. wird die Eingriffskondiktion nicht voraussetzungslos durch die Leistungskondiktion verdrängt.[444] Das Gesetz kenne nur einen einzigen Kondiktionsausschlussgrund, nämlich denjenigen des gutgläubigen entgeltlichen Erwerbs, wie sich aus § 816 Abs. 1 S. 1 i.V.m. Abs. 1 S. 2 ergebe. Folglich vermöge nicht das Vorliegen einer Leistung allein den Ausschluss der Eingriffskondiktion zu rechtfertigen, sondern lediglich die vollständige, auch die subjektiven Voraussetzungen **umfassende Analogie zu den §§ 932, 816**. Der Empfänger habe das Eigentum folglich erst dann kondiktionsfest erworben, wenn er **gutgläubig** war. Dass bei § 951 der Erwerbstatbestand nicht durch Einigung und Übergabe, sondern kraft Gesetzes eintrete, könne keinen Unterschied machen. Danach ist hier ein Direktkondiktionsanspruch zu bejahen, da E bösgläubig war.

   c) Zwar kann in Übereinstimmung mit der Rspr. angenommen werden, dass in den Einbaufällen der gesetzliche Eigentumswechsel auf einer **vertraglichen Leistung** beruht. Für die Frage der Kondiktionsfestigkeit des Erwerbs ist es dann aber nur konsequent, zumindest analog auch die Voraussetzungen des **rechtsgeschäftlichen** Eigentumserwerbs zur Anwendung kommen zu lassen. Zusätzliche Voraussetzung für einen kondiktionsfesten Erwerb ist daher neben einer Leistung die Gutgläubigkeit des Erwerbers. Der Grundsatz der Subsidiarität wird in diesen Fällen folglich abgeschwächt. Trotz einer Leistung von Seiten des N kommt mangels Gutgläubigkeit des E daher ein Kondiktionsanspruch des B gegen E aus §§ 951, 812 Abs. 1 S. 1 Alt. 2 in Betracht.

3. Ein Vertragsverhältnis bestand zwischen B und E nicht. Fraglich ist deshalb allein, ob die Vorschrift des § 946 hinreichender Rechtsgrund für den Eigentumserwerb ist. Aus § 951 Abs. 1 S. 1 ergibt sich jedoch, dass die Bestimmungen der §§ 946 ff. für sich allein keinen rechtfertigenden Grund für die Vermögensverschiebung abgeben.[445] Folglich hat die E das Eigentum **ohne Rechtsgrund** erlangt.

---

443 BGH NJW-RR 1991, 343 ff., wobei er die h.A. in der Lit. ausführl. erörtert, nicht aber ablehnt. Eine Festlegung der Rspr. war bisher nicht erforderlich, da in den zu entscheidenden Fällen der Empfänger gutgläubig war.

444 Vgl. Brox/Walker § 42 Rn. 1 f.; Looschelders § 57 Rn. 21.

445 BGH BGHZ 55, 176, 177.

4. Als **Rechtsfolge** ist eine Vergütung in Geld, also Wertersatz zu zahlen. Der für die Baustoffe gezahlte Kaufpreis kann gemäß **§ 818 Abs. 3 nicht** in Anrechnung gebracht werden, da § 951 an die Stelle des § 985 tritt. Gegenüber § 985 hätte sich E aber auch nicht darauf berufen können, dass sie für den Gegenstand etwas gezahlt hat.

B hat gegen E einen Anspruch auf Wertersatz aus §§ 951, 812 Abs. 1 S. 1 Alt. 2.

---

### 3. Abhandengekommene Sache wird vom Anspruchsgegner verarbeitet

260 Hier ist die Kenntnis des berühmt-berüchtigten „Jungbullenfalles", der auf einer Entscheidung des BGH[446] aus den 70er Jahren beruht, ein absolutes Muss.

**Fall 31: Alles Wurscht**

Bauer B war Eigentümer zweier Jungbullen, die ihm von N gestohlen wurden. N veräußerte sie für je 1.700 € an den gutgläubigen Fußballmanager E, der die Tiere schlachtete und in seiner Fleischwarenfabrik zu Wurst verarbeitete. Als sich der Sachverhalt herausstellt, verlangt B von E einen Betrag von 3.400 €, der dem Wert der Tiere vor der Schlachtung entspricht. Zu Recht?

Da wegen des fehlenden Verschuldens des E Schadensersatzansprüche ausscheiden, kommt für B nur ein Ausgleichsanspruch aus **§§ 951, 812 Abs. 1 S. 1 Alt. 2** in Betracht.

I. Bis zur Verarbeitung der Jungbullen ist E deren unrechtmäßiger Besitzer und B Eigentümer. Die Regeln über das **Eigentümer-Besitzer-Verhältnis** schließen einen Bereicherungsanspruch aus §§ 951, 812 jedoch nicht gänzlich aus. Der unrechtmäßige Besitzer soll nicht durch die §§ 987 ff. privilegiert werden, wenn er sich den Wert der Sache durch einen objektiv unberechtigten Eingriff in das Eigentum verschafft.[447]

II. Die Voraussetzungen des § 951 Abs. 1 S. 1 sind erfüllt, da E durch die **Verarbeitung gemäß § 950** Eigentümer der gewonnenen Fleischwaren geworden ist und B damit das Eigentum an den Jungbullen verloren hat.

III. Es müssen außerdem die Voraussetzungen des § 812 Abs. 1 S. 1 Alt. 2 gegeben sein, weil § 951 nach ganz h.M. einen **Rechtsgrundverweis** enthält.

1. E hat gemäß § 950 Abs. 1 S. 1 das **Eigentum** an den Wurstwaren **erlangt**.

2. Dieses erlangte Etwas hat B dem E nicht zweckgerichtet zugewandt, sodass ein Erwerb des E **in sonstiger Weise auf Kosten des B** gegeben sein könnte. Allerdings ist der Erwerb in sonstiger Weise subsidiär gegenüber dem Leistungserwerb. Was

---

446 BGH BGHZ 55, 176 ff.

447 BGH BGHZ 55, 176, 179.

E durch Leistung des N erlangt hat, kann er nicht gleichzeitig in sonstiger Weise auf Kosten des B erworben haben.

a) Nach der Rspr. und einem Teil der Lit. hat N dem E nur den Besitz an den Jungbullen geleistet. Dies zeigt sich daran, dass vor der Verarbeitung B die Bullen von E gemäß § 985 hätte herausverlangen können. Ein gutgläubiger Erwerb des E gemäß den §§ 929 ff. scheiterte nämlich an § 935. Das Eigentum an den Tierprodukten hat E deshalb auch nicht durch eine ziel- und zweckgerichtete Mehrung fremden Vermögens durch N erlangt. Er hat vielmehr das Eigentum an den Fleischprodukten erst durch seine **autonome Entscheidung**, die Jungbullen i.S.d. § 950 zu verarbeiten, kraft Gesetzes erlangt. 261

   Eine Nichtleistungskondiktion des B gegen E gemäß §§ 951, 812 Abs. 1 S. 1 Alt. 2 ist demnach nicht ausgeschlossen.[448]

b) In der Lit. wird zum Teil die Auffassung vertreten, dass der Nichtberechtigte N dem E mit der Übertragung des Besitzes zum Zwecke der Erfüllung einer Verbindlichkeit auch die Möglichkeit zur Verarbeitung geleistet habe und daher auch das Eigentum durch Leistung des Nichtberechtigten erworben werde. Doch aus dem **Wertungsmodell der §§ 932, 935** ergebe sich, dass der Erwerber das erlangte Eigentum nicht endgültig behalten dürfe, wenn die verbundene, vermischte oder verarbeitete Sache dem Eigentümer abhanden gekommen sei. Das war hier durch die Verarbeitung der Fall.

3. Ein Vertragsverhältnis bestand zwischen B und E nicht. Fraglich ist deshalb allein, ob die Vorschrift des § 950 hinreichender Rechtsgrund für den Eigentumserwerb ist. Aus § 951 Abs. 1 S. 1 ergibt sich jedoch, dass die Bestimmungen der §§ 946 ff. für sich allein keinen rechtfertigenden Grund für die Vermögensverschiebung abgeben können.[449] Folglich hat E das Eigentum **ohne Rechtsgrund** erlangt.

4. Die **Rechtsfolge** ist, dass E dem B nach § 951 eine Vergütung in Geld, also Wertersatz, schuldet. Dabei ist der **Wert der Jungbullen vor ihrer Verarbeitung** maßgebend. Ein Wegfall der Bereicherung gemäß § 818 Abs. 3 wegen des an den N gezahlten Entgelts kommt nicht in Betracht, weil die für den Erwerb der Sache an Dritte erbrachten Leistungen im Rahmen des § 818 Abs. 3 nicht berücksichtigt werden.

A hat gegen E einen Anspruch i.H.v. 3.400 € aus §§ 951, 812 Abs. 1 S. 1 Alt. 2.

---

448 BGH BGHZ 55, 176, 179; Loewenheim/Winckler JuS 1983, 684, 686.

449 BGH BGHZ 55, 176, 177.

262

## Bereicherungsausgleich im Mehrpersonenverhältnis

### Zuwendung auf Anweisung

- Ist ein Schuldverhältnis oder sind beide Schuldverhältnisse unwirksam, so erfolgt die bereicherungsrechtliche **Rückabwicklung grundsätzlich zwischen den am fehlerhaften Schuldverhältnis beteiligten Personen** – Kondiktion übers Dreieck.
- Auch wenn die Weisung fehlerhaft ist, bleibt es bei dem Grundsatz der Rückabwicklung zwischen den Vertragsparteien.
  Eine **Direktkondiktion** ist aber dann möglich,
  - wenn der Empfänger weiß oder infolge grober Fahrlässigkeit nicht weiß, dass die Weisung fehlerhaft ist, oder
  - wenn überhaupt keine zurechenbare Weisung erteilt worden ist (Fälschung, mangelnde Geschäftsfähigkeit, nicht veranlasste Weisung, Doppelzahlung), eine Leistung an einen anderen Empfänger erfolgt, oder
  - wenn gesetzliche Wertungsgesichtspunkte dies ergeben (z.B. Vertrauensschutz).

### Vertrag zugunsten Dritter

- Bei einem unwirksamen Vertrag zugunsten Dritter erfolgt die bereicherungsrechtliche Rückabwicklung **grundsätzlich innerhalb der fehlerhaften Schuldverhältnisse**. Mit Zuwendung an den Dritten wird (wegen § 335) eine Leistung an den Versprechensempfänger erbracht.
- **Ausnahmen**:
  - wenn Anspruch des Dritten allein vom Bestand des Deckungsverhältnisses abhängig ist, etwa bei Zuwendung an den Dritten zu dessen Versorgung, § 330
  - Verzicht des Versprechensempfängers auf den Anspruch aus § 335

### Abtretung

Wird im Hinblick auf einen abgetretenen Anspruch eine Zuwendung erbracht und ist der Anspruch unwirksam, ist die Rückabwicklung umstritten.

- Teilweise wird die Erfüllung der Forderung als vorrangig angesehen und eine Leistung an den Neugläubiger bejaht.
- Die h.M. nimmt eine Leistung an den Altgläubiger aufgrund des mit ihm bestehen gebliebenen Schuldverhältnisses an.

### Zahlung auf fremde Schulden gemäß § 267

- Besteht die zu tilgende Verbindlichkeit, kann der Zahlende (Dritter) von dem Schuldner Ausgleich verlangen.
- Besteht die Forderung des Empfängers gegen den Schuldner nicht, so ist der Dritte berechtigt, den übertragenen Vermögenswert mit der Leistungskondiktion herauszuverlangen. Der Dritte ist Leistender.
- Will der Dritte eine vermeintlich eigene Schuld tilgen, so kann er die erbrachte Leistung vom Empfänger gemäß § 812 zurückverlangen. Umstritten ist, ob eine nachträgliche Fremdbestimmung zulässig ist.

### Ausgleich gemäß §§ 951, 812

- § 951 ist **Rechtsgrundverweis**; die Voraussetzungen des § 812 müssen also vorliegen; ob sich der Verweis nur auf den Tatbestand der Nichtleistungskondiktion, sondern **auch auf die Leistungskondiktion** bezieht ist, streitig.
- Im Mehrpersonenverhältnis gelten folgende Grundsätze:
  - Sind die Voraussetzungen der §§ 946 ff. im Einverständnis mit dem Eigentümer bewirkt worden, findet ein Bereicherungsausgleich nur innerhalb der fehlerhaften Schuldverhältnisse statt.
  - Umstritten ist die Lösung, wenn das Einverständnis fehlt und der Erwerber dies erkannt hat oder erkennen musste.
  - Ist die Sache abhanden gekommen, kann der ehemalige Eigentümer direkt vom Erwerber kondizieren.
- **Rechtsfolge: Vergütung in Geld**, also Wertersatz

## Stichwortverzeichnis

Die Zahlen verweisen auf die Randnummern.